LE

SAHARA ALGÉRIEN

LES DÉSERTS DE L'ERG

423

DU MÊME AUTEUR

La Vengeance d'Ali, trad. de l'arabe. — Genève et Paris, Sandoz et Fischbacher, 1875.

Flore saharienne (*Histoires et Légendes*), trad. de l'arabe. — Genève et Paris, Sandoz et Fischbacher, 1879.

Le Pays de Rirha, Ouargla, Voyage à Rhadamès. — Paris, Hachette et Cie, 1879

1851. — Imprimerie A. Lahure, rue de Fleurus, 9, à Paris.

LE

SAHARA ALGÉRIEN

LES DÉSERTS DE L'ERG

PAR

V. LARGEAU

Membre des sociétés de Géographie de Paris
de Genève, de Berlin, de Lyon, de Bordeaux, de Marseille et de Rochefort
de la société de statistique et d'archéologie des Deux-Sèvres
Membre fondateur de la Société de Topographie de Paris
Membre du Congrès international des sciences géographiques en 1875
Médaille de 1re classe de la Société de Topographie de Paris, etc.

OUVRAGE PUBLIÉ SOUS LE PATRONAGE

DE M. GUSTAVE RÉVILLIOD

DEUXIÈME ÉDITION

REVUE, CORRIGÉE ET CONTENANT 17 GRAVURES ET 3 CARTES

PARIS

LIBRAIRIE HACHETTE ET Cie

79, BOULEVARD SAINT-GERMAIN, 79

1881

A MONSIEUR GUSTAVE REVILLIOD

C'est grâce à votre bienveillant et constant appui qu'il m'a été permis d'écrire ce livre. Je ne puis mieux faire que de vous le dédier.

Voyageur philosophe et poète, vous avez toujours aimé cette vieille terre de l'Islam toute remplie de chevaleresques souvenirs Humble apôtre de la civilisation, je la parcours aujourd'hui, semant sur ma route des paroles de paix et de fraternité, apres tant de siècles de guerres cruelles et fratricides.

Comme tant d'autres, je lutte : je combats l'influence des sectaires qui, en propageant l'esprit de parti, divisent les hommes et retardent les progrès de l'humanité.

Quels que soient les visages, les mœurs et les religions, tous les hommes sont frères, parce qu'ils sont tous fils de Dieu, e que leurs prières s'adressent au Père commun.

Vous avez respiré autrefois, en Algérie, l'air parfumé du Sahel sur les riants coteaux de Mustapha ; plus tard, en compagnie d'hommes illustres, vous êtes allé saluer l'œuvre de M. de Lesseps et inaugurer, pour l'Égypte transformée, une ère nouvelle de progrès et de civilisation.

Des Pyramides, vous avez entrevu le Désert ; grâce à vous, m'a été donné d'en sonder les mystères.

Vous avez aidé mes premiers pas dans ces vastes solitudes qui séparent l'Algérie du Pays des Noirs.

Me sera-t-il permis de nouer, entre le Soudan et la France, qui fut aussi la patrie de vos pères, des relations pacifiques qui puissent apprendre aux hommes à se connaître et à s'apprécier?

Unies par la réciprocité des intérêts, l'Europe et l'Afrique Équatoriale doivent-elles un jour, à travers le Sahara, se tendre une main fraternelle?

C'est là ma conviction, et je poursuivrai sans relâche l'œuvre commencée.

Puisse le Dieu Unique couronner mes efforts!

Genève, le 1er septembre 1876.

V. Largeau.

PRÉFACE

DE LA PREMIÈRE ÉDITION

J'ai l'honneur de soumettre à l'appréciation du public les résultats de mon premier voyage d'exploration dans les parties inconnues du Sahara, dans le bassin de l'oued Igharghar, dans le Zemoul-el-Akbar et à Rhadamès.

Mais avant d'entamer la relation de ce voyage, je crois devoir faire connaître les personnes grâce à l'appui desquelles j'ai pu concevoir l'espoir de le mener à bonne fin.

Après m'être assuré de la haute protection de M. le général Chanzy, gouverneur général de l'Algérie, ce fut à M. Gustave Revilliod, le savant appréciateur de l'Orient, que je parlai le premier de mon projet d'explorer le Sahara et le Soudan au double point de vue scientifique et commercial; c'est grâce à lui que j'ai pu obtenir l'appui si précieux de M. Bouthilier de Beaumont, président de la Société de Géographie de Genève, et des membres les plus distingués de cette Société.

Ainsi ce sont les savants genevois qui, après M. le général Chanzy, ont été mes premiers patrons. Grâce à eux, j'ai pu me présenter, en France, aux principaux membres de la Société de Géographie de Paris : à M. Henri Duveyrier dont les sages conseils, dictés par une longue expérience et par une profonde connaissance des hommes et des choses du Sahara, m'ont été si utiles ; à M. Maunoir qui, après m'avoir franchement exposé les souffrances et les dangers qui m'attendaient dans les régions inhospitalières du Sud, n'a cessé depuis de porter le plus vif intérêt à mon entreprise, et enfin à M. Hertz, secrétaire général de la Commission de Géographie commerciale, dont l'appui moral et matériel ne m'a jamais manqué pendant les deux périodes de préparation et d'exécution de mon voyage.

Bien avant de me rendre à Paris, j'avais écrit à M. le général de Lacroix-Vaubois pour lui demander aussi son appui et ses conseils. Le général m'avait aussitôt honoré d'une réponse, m'assurant qu'il était tout disposé à m'appuyer et à me donner tous les conseils et tous les renseignements dont je pourrais avoir besoin. Je ne pus voir M. le général de Lacroix pendant mon séjour dans la capitale, mais il m'envoya, en Algérie, une lettre pour l'agha de Touggourt, le priant de faire tout ce qui serait humainement possible pour faciliter ma tâche.

Dans une longue tournée que je fis ensuite en France, je recueillis quelques souscriptions à Lyon et à Niort, ma ville natale, auprès des négociants et des savants, et de mes anciens compagnons d'armes devenus mes amis.

La Chambre consultative des Arts et Manufactures de Poitiers m'honora d'une souscription officielle ; mais l'appui des grands centres commerciaux me fut refusé, et tout en voyageant de la façon la plus modeste, l'argent que je recueillis dans cette tournée suffit à peine pour couvrir les frais du voyage.

Mais je ne perdis pas courage et, possesseur de 2 000 fr. environ, je m'acheminai vers Marseille avec l'intention bien arrêtée de m'embarquer pour l'Algérie et d'entreprendre, à la rigueur, mon voyage avec les moyens dont je disposais.

Arrivé dans la grande et riche cité marseillaise, je frappai inutilement à la porte de la Chambre de commerce. Cependant, grâce à la sollicitude constante de M. Hertz et aux lettres de recommandation qu'il m'avait données, je devais trouver, dans cette ville, un appui qui me fut des plus précieux.

Je suis heureux de pouvoir donner ici un témoignage de ma reconnaissance aux deux hommes éminents qui dirigent l'École supérieure de commerce de Marseille : M. Rosier, directeur, et M. Bainier, sous-directeur de cette école, me firent l'accueil le plus sympathique ; ils voulurent intéresser leurs élèves à mon entreprise, et ils organisèrent, dans l'école même, une souscription qui produisit 350 fr. ; ils me présentèrent à leurs amis, me donnèrent et me firent donner plusieurs lettres qui me furent très utiles en Algérie, et ils ne cessèrent, pendant plusieurs jours, de faire des démarches très actives pour faire souscrire les Sociétés et les Cercles marseillais ; malheureusement ces démarches ne furent pas couronnées de succès : ils se heurtèrent contre l'indifférence générale. Cependant M. Armand, administrateur des Transports maritimes, m'honora d'une souscription ; MM. Touache et Valéry m'offrirent gracieusement de me faire profiter, à bord de leurs navires, des privilèges accordés aux employés de l'État.

M. Bainier, Alsacien demeuré fidèle à la Patrie malheureuse, est l'auteur d'une *Géographie commerciale* très estimée, pour laquelle il a été couronné au Congrès international des sciences géographiques de Paris; c'est assurément le meilleur ouvrage sur la matière qui ait paru jusqu'à ce jour[1].

Je m'embarquai pour l'Algérie le 5 novembre 1874, à bord du *Cettois*, commandé par M. le capitaine Blondeau, auquel M. Touache m'avait chaleureusement recommandé et dont j'ai pu apprécier la parfaite urbanité pendant le temps que dura la traversée.

A Alger, M. le général Chanzy, gouverneur général, m'accueillit avec la plus parfaite bienveillance ; il daigna m'exposer ses vues sur la commerce du Sud ; il me donna des conseils que je n'oubliai jamais et que je ne cessai d'observer pendant le cours de mon voyage ; enfin, il m'entoura de sa haute protection, sans laquelle il m'eût été impossible de m'aventurer dans l'intérieur, et il me donna des lettres me recommandant de la façon la plus expresse aux chefs les plus influents du sud de l'Algérie.

M. le commandant Aublin, chef du Bureau politique, me témoigna combien il s'intéressait à mon entreprise, en me disant qu'il se mettait à ma disposition pour tous les renseignements nouveaux dont je pourrais avoir besoin. J'aurais usé plusieurs fois des bonnes dispositions

[1] *Géographie appliquée à la marine, au commerce, à l'agriculture, à l'indsutrie et à la statistique*, par P.-F. Bainier. Paris, Eugène Belin, rue de Vaugirard, 52.

de M. le commandant Aublin, si les circonstances m'eussent permis de correspondre avec quelque facilité.

Grâce toujours à M. Hertz, je reçus encore, à Alger, l'accueil le plus sympathique de M. Paul Blanc, membre du Conseil général, qui fit pour moi les mêmes démarches que MM. Rosier et Bainier à Marseille ; il m'honora de sa souscription et me présenta à M. Dessolier qui, outre l'appui de son estimable journal, la *Vigie algérienne*, m'a encore aidé de son argent. M. le directeur de l'*Akhbar* voulut bien aussi me consacrer un bon article et me promettre son appui pour l'avenir.

M. Paul Blanc me conseilla d'adresser une demande de subvention au Conseil général, me promettant son appui et celui de M. le colonel Fourchault, pour qui il me donna une lettre ; mais il m'engagea à ne faire ma demande que lorsque mon voyage étant commencé, j'aurais donné des preuves que je pouvais le continuer utilement, à cette condition, il pouvait y avoir des chances de succès.

Avant de quitter Alger, et toujours sur les conseils de M. Blanc, j'allai faire une visite à M. le docteur Warnier, député à l'Assemblée nationale, qui me reçut avec la plus parfaite bienveillance, me donna sur les hommes et les choses du Sud les renseignements les plus étendus, et me promit de demander pour moi une subvention à l'Assemblée dès que les circonstances le permettraient. Ce n'est pas sans une profonde douleur que j'ai appris, en rentrant à Touggourt, la mort de cet éminent patriote.

Prenant passage à bord d'un navire de la Compagnie Valéry, qui me fit profiter des mêmes avantages que la Compagnie Touache, je me rendis ensuite à Philippeville, où je me présentai chez M. Toustain, sous-préfet, à qui j'étais recommandé par M. Rosier, et chez M. Teissier, président de la Chambre de commerce, pour qui j'avais une lettre de M. Gigandet, de Marseille ; l'appui de ces Messieurs me fut aussitôt acquis. Je me présentai également chez M. Walet, alors maire de Philippeville, qui me promit d'être mon interprète auprès du Conseil municipal.

M. Henri Teissier était trop malade pour convoquer immédiatement la Chambre de commerce, mais il me donna une liste des membres, en tête de laquelle il s'inscrivit, après avoir écrit quelques lignes pour engager ses collègues à suivre son exemple. Le montant de cette souscription s'éleva à 440 fr.

De son côté, le Conseil municipal vota 200 fr. Je quittai Philippeville et arrivai à Constantine le 26 novembre.

M. Brunache, maire de Constantine, avec qui j'étais déjà en correspondance et qui m'avait envoyé, en France, plusieurs renseignements utiles, me promit son appui auprès du Conseil municipal, qui vota 300 fr.

M. le préfet Desclozeaux m'assura que mon projet ne manquerait pas d'intéresser le Conseil général. M. le président étant alors absent, j'adressai à M. le préfet une demande officielle que me promirent d'appuyer plusieurs membres du Conseil, et entre autres M. Stanislas Mercier, président de la Commission départementale, et M. Joly de Brésillon, conseiller général. Le Conseil général du département de Constantine vota 2000 fr.

Je me présentai à l'hôtel de la division, où M. le général Liébert me reçut avec la bienveillance qui le distingue : il m'exposa aussi ses vues sur le commerce du Sud, acheva de me renseigner sur l'état du Sahara et du pays des Touareg, et me donna des conseils qui m'évitèrent bien des tâtonnements et me préservèrent de bien des dangers. Il me donna, en outre, une excellente lettre pour Sidi-Mâammar, chef politique de la zaouïa de Temacinn et frère de Sidi Mohhammed-El-Aïd.

La sollicitude de M. le général Liébert ne s'arrêta pas là, car plus tard, en rentrant de mon voyage, je trouvai à El Oued une lettre de lui me prévenant que je ne pouvais m'aventurer trop au Sud sans courir les plus grands dangers, parce que le pays des Touareg était de plus en plus agité.

M. le colonel Fourchault, outre les renseignements qu'il me donna aussi, me promit encore d'appuyer chaleureusement la demande de subvention que je me proposais d'adresser au Conseil général d'Alger, dont il était membre.

Encouragé par mes succès dans la province de Constantine, voyant que la saison était déjà très avancée et voulant profiter de la réunion des Conseils généraux qui avait lieu à cette époque, je résolus d'adresser, sans plus de retard, des demandes de subventions à MM. les présidents d'Alger et d'Oran. Le résultat de ces démarches fut le suivant : vote négatif du Conseil général d'Alger, malgré les efforts de M. Paul Blanc et de M. le colonel Fourchault ; allocation de 1000 fr. votée par celui d'Oran.

Je quittai Constantine le 8 décembre pour arriver le 11 à Biskra, où je devais passer 27 jours à attendre soit des envois de fonds, soit des marchandises destinées à être offertes en cadeau aux personnages les plus influents des contrées que je devais traverser.

Je fus très bien accueilli dans cette ville par M. Crouzet, commandant supérieur du cercle, qui déjà, dans une lettre qu'il m'avait écrite à Genève, avait bien voulu m'assurer que je pouvais compter sur lui pour tous les renseignements dont je pourrais avoir besoin, et qui s'était obligeamment offert à me procurer des guides de confiance choisis parmi les Souafa de son commandement.

Je remercie aussi M. le capitaine Lefroid, chef du bureau arabe, ainsi que le caïd Si Mohhammed-Cerhir ben Gana, et tous ceux de sa famille, mais particulièrement Si Mohhammed, cheikh de Sidi-Okba, dont l'obligeance ne s'est jamais démentie.

Les sommes recueillies pour ce voyage s'élèvent à 7475 fr., dont il faut déduire 1000 fr. dépensés en voyages en France, en fausses démarches et en attentes inutiles, et les 1000 fr. votés par le Conseil général d'Oran que je ne pus toucher qu'à mon retour. C'est donc avec la modeste somme de 5475 fr., sur laquelle 3000 fr. au moins furent consacrés en achats d'instruments, de costumes et de cadeaux, que j'ai dû effectuer mon voyage.

On comprendra sans peine que mon outillage était très défectueux. Je manquais notamment de moyens d'emballage et mes collections de plantes se perdirent en route; j'étais obligé de loger mes échantillons de minéralogie au fond des *chouaris* (paniers) dans lesquels se trouvaient les vivres et la batterie de cuisine; comme zoologie, je dus me borner à quelques sujets peu susceptibles de se détériorer; enfin, mes moyens ne me permettant pas de payer mes chameliers à la journée, mais seulement à prix fait pour aller d'un lieu à un autre, je ne pus m'arrêter partout où j'aurais pu faire des observations ou des études intéressantes.

Je n'ai point la prétention d'offrir au public une œuvre de littérature et encore moins un livre de science, car en visant trop haut je manquerais certainement mon but. Je me borne à faire purement et simplement le récit de mon voyage, en m'efforçant de donner une description aussi rigoureusement exacte que possible des lieux que j'ai traversés, et en notant avec le plus grand soin tout ce qui peut être de nature à intéresser mes lecteurs. S'il m'arrive parfois de faire quelques commentaires, c'est surtout dans le but de démontrer que, quel que soit le milieu dans lequel il vit, l'homme est partout l'esclave des mêmes passions et que quiconque, se croyant meilleur que son frère, se rit de ses faiblesses, obéit souvent, sans s'en douter, à des préjugés tout aussi ridicules.

PRÉFACE

DE LA DEUXIÈME ÉDITION

La première édition de cet ouvrage a été écrite au courant de la plume, entre deux voyages : aussi renfermait-elle beaucoup de lacunes et d'imperfections. Elle n'en a pas moins reçu un accueil favorable.

Ce succès m'encourage, et je me décide, quelque temps après mon retour d'un troisième voyage en Afrique, à donner une seconde édition du SAHARA.

Édition tellement refondue, tellement augmentée d'observations nouvelles et de notes relatives à la flore, à la faune, au climat du Grand-Désert, que j'offre presque une œuvre nouvelle au public français.

Depuis 1875 j'ai poursuivi mon plan d'explorations sahariennes. Je suis revenu à Rhadamès, mais, faute d'argent, je n'ai pu dépasser cette oasis ; l'insouciance de nos commerçants de France et d'Algérie ne m'a point permis de créer entre nous et les Rhadamésiens le courant d'affaires qui serait si profitable aux uns comme aux autres; et d'ailleurs, diverses causes, qu'il me serait pénible d'indiquer toutes, ont détourné les négociants de Rhadamès de me suivre en Algérie.

Puis est venu mon troisième voyage : il avait pour but spécial de reconnaître les voies par lesquelles il serait possible de conduire le chemin de fer transsaharien. Je voulais remonter le vallée de l'Oued-Miyâ jusqu'au Tidikelt, puis tirer sur le Soudan par une ligne d'eau qui, d'après mes informations, descend du versant occidental du Hhoggar pour aboutir au Niger. Ce voyage a été brusquement interrompu par l'inimitié des gens du Désert. J'en ai rendu compte dans un ouvrage ayant pour titre LE PAYS DE RIRHA, OUARGLA, ET VOYAGE A RHADAMÈS[1].

Le livre qu'on va lire est une œuvre sincère : incapable de souffrir un joug officiel ou un joug officieux, j'écris en dehors de toute influence politique ou religieuse, de tout esprit de coterie, en pleine et saine liberté.

V. LARGEAU.

[1] Paris, Hachette et Cie. 1879.

NOTE

POUR LA LECTURE DES MOTS ARABES

La transcription en français et la lecture des mots arabes présentent de grandes difficultés.

Plusieurs modes de figuration ont été employés.

Le plus logique, à mon avis, est celui de M. Alexandre Bellemare, dans sa belle grammaire de l'arabe algérien[1] ; c'est celui que j'adopte, à une petite différence près, qui se rapporte à la lettre ع (àïn), comme on le verra ci-dessous.

Les caractères arabes, au nombre de 28, sont les suivants (lisez de droite à gauche) :

ا ب ت ث ج ح خ د ذ ر ز ط ظ ك ل م ن

ص ض ع غ ف ق س ش ه و ي

Sur ces 28 lettres, 15 ont leurs équivalents dans l'alphabet français :

ا ب ت ث ذ[2] ر ز ك ل م ن ف س ه ي

y h s f n m l k z r d t t b a

[1] *Grammaire arabe* (idiome d'Algérie), par Alexandre Bellemare. Paris, Maisonneuve et Cie, 15, quai Voltaire ; Alger, Dubos, frères.

[2] Régulièrement cette lettre devrait avoir la valeur du *th* anglais ; mais cela n'a pas lieu en Algérie.

Quatre peuvent se rendre exactement par la combinaison de deux lettres françaises :

و	ش	ذ	ج
ou	*ch*	*dz*	*dj*

Pour les 9 autres, je vais essayer de donner leur valeur approximative et leur prononciation, en indiquant le mode de figuration que j'ai cru devoir employer :

ح (*hh*). La prononciation de cette lettre s'obtient par une aspiration très forte qui doit sortir du fond de la poitrine sans temps d'arrêt et sans grasseyement. Exemples : *hhammam* (bains), *ouahh* (oasis), *hhaïk* (vêtement) *Mohhammed* (nom d'homme).

خ (*kh*). S'obtient au moyen d'une aspiration et d'un fort raclement dans le gosier. C'est le *ch* des Allemands et la *j* des Espagnols. — Exemples : *cheikh* (vieillard), *sebkha* (marais salant), *khelkhel* (anneau de pied), *Kharfalla* (nom d'homme), *khaoukha* (une pêche).

ط (*th*). C'est un ت (t) prononcé avec emphase et en faisant sortir le son du gosier. Exemples : *chotth* (lac formé par l'élargissement d'un fleuve), *thaleb* (savant), *thebib* (médecin), *tharfa* (tamarix).

ظ (*dh*). C'est un د (d) prononcé avec emphase. Exemples : *dhahar* (nord), *dheb* (espèce de lézard), *dhamrann* (plante).

ص (*Ç*). C'est le س (s) prononcé avec emphase. Exemples : *Çahhara* (plaine vaste, fauve et nue), *Çalhhinn* (saints), *Çalahh* (nom d'homme), *Çfâr* (espèce de graminée).

ض (*dh*). Mêmes observations que pour le ظ

ع (*â*, *ê*, *eu*, *î*, suivant les cas). Le son de cette lettre s'obtient au moyen d'une puissante contraction du gosier dont il est impossible de donner ici une idée. Exemples : *âïn* (œil ou source), *Sâïd* ou *Sêïd* (nom d'homme), *êrg* ou *eurg* (veine de sable et, par extension, désert de sable), *ârtha*, *âzel* (noms de plantes).

غ (*rh* ou *gh*) est un ر (r) très fortement grasseyé. Exemples : *Rhadamès* (nom de ville), *Rhezal* (gazelle), *Rirh* (nom de pays), *Rhât* (nom de ville).

Cependant les Arabes sahariens le rendent quelquefois par un g prononcé du gosier et avec emphase. Exemples : *agha* (dignitaire), *ghourd* (montagne de sable).

ق (*q*). C'est un ك (k) emphatique dont la prononciation doit sortir du gosier et être fortement accentuée. Exemples : *qadhi* (magistrat), *qorann* (le livre sacré), *qahoua* (café), *qaïd* (dignitaire), *qaïmaqam* (dignitaire). Les Arabes sahariens le rendent souvent par notre g dur. Exemples : *ganndoura* (vêtement), *gabra* (tombe), *gour* (rocher isolé), *Tolga* (nom de ville).

Les sons *an*, *en*, *in*, n'existent pas en arabe ; il faut prononcer *ane*, *ène*, *ine*, cette prononciation est indiquée par le redoublement de la consonne. Cependant, j'ai cru devoir écrire à la française les mots qu'un long usage a, en quelque sorte, vulgarisés parmi nous, tels que *Sahara* (pour *Çahhara*), *Ziban* (pour *Zibann*), *Coran* (pour *Qorann*), *ben* (pour *benn*, *fils*), etc.

LE SAHARA

PREMIÈRE PARTIE

LES ZIBAN. — L'OUED-RIRH

CHAPITRE PREMIER

Panorama saharien. — Les Ziban. — Biskra et ses environs. — Les Biskris, leurs mœurs. — Climat, maladies. — Séjour forcé, préparatifs de départ.

En descendant du col de Sfa par la route qui serpente au milieu des galets détachés par les ouragans des flancs escarpés du Djebel Bou-Rhezal [1] l'œil étonné du voyageur embrasse, au sud, une plaine immense, image fidèle de l'Océan : il serait difficile de dire exactement quelles sont ses limites.

Comme l'Océan, elle est parsemée d'îles arrosées et fertiles, tantôt isolées, tantôt groupées en archipels.

Comme l'Océan, elle a ses calmes énervants, et parfois ses flots de sable sont agités par des tempêtes horribles.

[1] Le *mont de la Gazelle.*

Cette plaine, c'est le SAHARA, dont le nom signifie *plaine vaste, fauve et nue*, et les îles dont elle est parsemée s'appellent *oasis*, en arabe *el ouahhat*[1], ou bien *rhieb*[2] c'est-à-dire *forêts*.

De ces archipels, celui des *Ziban*[3] se présente le premier à la vue du voyageur qui descend dans le Sahara par le col de Sfa, et l'oasis la plus rapprochée de la côte, laquelle est représentée ici par le Djebel *Bou-Rhezal* et le Djebel *Hhamar-Khaddou* (*Mont à la joue rose*), est l'oasis de Biskra.

Les Ziban comprennent quatre *Zab* : le *Zab de Biskra*, le *Zab-ech-Chergui* ou de l'est, le *Zab-el-Guebli* ou du sud, et le *Zab-edh-Dhaharoui* ou du Nord.

Le Zab de l'Est se subdivise en deux parties dont l'une, la plus orientale, a été détachée de l'administration des *Ziban*. La partie qui entre dans cette administration comprend dix oasis, qui sont :

Filiach.	254	hab.	Sidi Okba . . .	2339	hab.
El Alia.	15	»	Garta.	500	»
Oumach	213	»	Trouda	236	»
Chetma	386	»	Seriana	270	»
Drâa.	207	»	Sidi Khelil. . .	270	»

En tout : 4690 habitants.

Dans l'une d'elles, à Sidi-Okba, où se trouve une

[1] Au singulier, *el ouahh*.

[2] Au singulier, *rhaba*.

[3] *Ziban* زيبان (se prononce *Zibane*), singulier *Zab* زاب signifie oasis; mais cette dénomination s'applique spécialement aux oasis qui s'étendent immédiatement au sud de la province de Constantine. Si ce nom n'est pas d'origine berbère, il dérive probablement de la racine زَابَ *zâba*, mot qui indique l'*instabilité*, et qui signifie, en outre, *boire à grands traits, en se dépêchant ;* ou bien encore de la racine زَابَ *zaba*, qui signifie *couler*, en parlant de l'eau.

école de droit musulman, les indigènes vénèrent le tombeau du grand conquérant arabe dont l'oasis porte le nom.

La partie du Zab de l'Est détachée des Ziban s'étend vers le sud-est, sur la route du Djerid. Elle forme un caïdat séparé, qui comprend six oasis :

Liana.	324 hab.	Zeribet-el-Oued. .	882 hab.
Oçar.	104 »	Zeribet-Ahhmed.	103 »
Badès	325 »	Aïn-enn-Naga .	000 »

Soit, environ, 2000 habitants.

Le *Zab-el-Guebli* ou du Sud comprend neuf oasis ;

Mellili et Zaouïet Mellili	103 hab.	Benn Thious et Mekhadma . .	397 hab.
Bigou et Zaouïa.	258 »	Lioua.	128 »
Ourlal	301 »	Sahira	94 »
El Menahhla. . .	158 »		

En tout : 1311 habitants.

Le *Zab-edh-Dhaharoui* ou septentrional, au sud-ouest de Biskra, comprend sept oasis :

Bou-Chagroun. .	419 hab.	El Bordj	811 hab.
Lichana	789 »	Fourhala . . .	160 »
Farfar.	522 »	El Amri	530 »
Tolga.	1578 »		

En tout : 4809 habitants; et pour l'ensemble des Ziban, sans Biskra, environ 13 000 âmes.

La ville de Zaatcha fut prise et détruite, en 1849, par le général Herbillon, après une défense opiniâtre de 52 jours. Terrible exemple pour les Arabes de ces contrées, il fut décidé que Zaatcha ne se relèverait jamais de ses ruines. Les survivants, demeurés sans asile, élevèrent alors, tout près de la ville détruite, le joli village de

Lichana, où l'on fabrique des tapis estimés. L'oasis de Zaatcha est encore renommée pour l'excellence des raisins que l'on y récolte.

Pareillement, El Amri a été prise et détruite par les Français, à la suite d'une révolte, en 1876.

On remarque à *Tolga*, qui fabrique des couvertures (*hhaoulis*) et des pantoufles en cuir jaune (*toubias*), une grande école de droit musulman et la zaouïa de *Rahhmenia*, dont le chef est Si Ali ben Amor, l'un des chefs les plus influents de l'ordre religieux des *Khouan*.

Outre la population sédentaire des *Ziban*, d'origine berbère, il y a dans ce coin du Sahara, des Arabes nomades : une de leurs tribus, forte de 843 hommes, les *Oulad-Sidi-Salahh*, vit sous la tente au sud et au sud-est de Biskra, au sud du Zab-ech-Chergui.

Le pays des Ziban forme un caïdat qui a pour chef, en ce moment, Si Mohhammed-Cerhir ben Gana; chaque oasis est administrée par un *cheikh*[1] qui relève du caïd; celui-ci relève à son tour du commandant supérieur du cercle qui réside à Biskra; or la juridiction d'un commandant supérieur s'étend sur plusieurs caïdats ou aghaliks.

En général, les habitants des oasis s'occupent surtout de la culture du palmier, de l'élevage du bétail (chèvres, moutons et chameaux), du tissage des vêtements et des tapis.

Outre les palmiers, au nombre de 556,442, dont 74,559 pour la seule oasis de Biskra, l'on y cultive encore l'orge en grande quantité, la garance et le henné, et aussi le

[1] *Cheikh* شيخ signifie littéralement *vieillard*, *ancien*, *vénérable par l'âge*; de la racine شاخ *chakha*, *devenir vieux*, *ancien*, *vénérable* (*par l'âge*). C'est le nom que l'on donne à un chef de tribu, comme en général à tout individu qui est à la tête d'un groupe.

figuier, l'olivier, l'oranger, le citronnier. Les raisins y sont excellents et la vigne y donne deux récoltes, mais elle n'y est pas abondante.

Il y a dans les Ziban deux moulins importants, l'un à Biskra et l'autre sur l'Oued Mellili, plus vingt autres petits, dont huit pour les huiles.

L'instruction est donnée dans deux cents écoles, dont neuf exclusivement religieuses (*zaouïa*) et neuf de droit musulman.

Les gens des *Ziban* sont d'origine berbère, mais ils ont perdu leurs traditions nationales en même temps que leur langue. Laborieux, doux, ils émigrent en grand nombre vers les villes du Tell, en qualité de commissionnaires, de portefaix, de décrotteurs. C'est improprement qu'on les appelle *Biskris*, puisque l'oasis de Biskra n'est qu'une toute petite partie des *Ziban*. Les *Souafa* (gens du Souf), qui s'expatrient en aussi grand nombre, sont toujours confondus avec les gens des *Ziban* par les Européens, qui leur donnent la même dénomination de *Biskris*.

J'ai dit plus haut que la première oasis dans laquelle pénètre le voyageur qui entre dans le Sahara par le col de Sfa[1], est celle de Biskra[2]. Occupée par les Français

[1] *Sfa*, سفا signifie *fente, crevasse*, de la racine سَفَا *safa, être fendu, crevassé.*

[2] M. Belkacem ben Sedira, l'auteur d'un *Cours pratique de langue arabe* que l'on ne saurait trop recommander aux arabisants, prétend que sa ville natale s'appelait autrefois *sekra*, c'est-à-dire *la Sucrée*, et que c'est de ce mot que l'on a fait *Biskra*. On peut cependant donner à ce nom une autre étymologie qui ne manque pas de vraisemblance : *Biskra* serait, à mon sens, une contraction des trois mots بِ *bi* (dans), *es* (article, pour ال *l'*), et سكرة *sekra* (ivresse); *Biskra* signifierait donc *dans l'ivresse*. Ce genre de contraction se rencontre à tout instant dans la langue arabe. Maintenant, de quel genre d'ivresse s'agit-il? est-ce de l'ivresse produite par la

depuis le 4 mars 1844, cette oasis a été, depuis lors, en partie transformée.

Tout d'abord l'on aperçoit une ville à moitié cachée sous des flots de verdure : c'est la cité française, le *Nouveau-Biskra*, dont les rues, tirées au cordeau, sont bordées de belles et solides constructions ; le premier étage de chaque maison repose sur d'élégantes arcades, abritant ainsi les trottoirs et protégeant les promeneurs contre les rayons du soleil. Dans les larges rues, sur les places, sur les promenades, aux alentours de la ville, la verdure est partout, l'eau coule à flots sous l'ombre et la fraîcheur ; c'est un séjour de délices.

Il y a dix ans à peine, le Nouveau-Biskra, bâti au nord et en dehors de la forêt de palmiers au milieu de laquelle est cachée la ville arabe, s'élevait misérablement sur une plaine d'argile, unie, presque nue, au milieu de laquelle végétaient quelques maigres palmiers.

Après la crise terrible qui avait failli nous faire perdre l'empire de l'Afrique du Nord, après la guerre contre les Indigènes qui avait suivi nos grandes défaites en Europe, c'est alors qu'arriva à Biskra un homme droit, intelligent, actif, le commandant Crouzet.

Aussitôt installé, le commandant Crouzet se mit à l'œuvre, suivant le plan que lui avait tracé le pacificateur du Sud, le général de Lacroix-Vaubois : un barrage en

beauté du ciel, du climat, par la prospérité, ou bien de l'ivresse que procurent l'abus des liqueurs fermentées et la fumée du kif? Il est certain que la beauté du ciel et l'excellence du climat de Biskra ont été, avec raison, chantées par les poètes ; il est aussi avéré que cette ville fut autrefois grande, riche et prospère ; mais il est vrai également que ses habitants ont été, de tout temps, portés au culte de Bacchus, car bien avant l'occupation française, tandis que le menu peuple s'abrutissait avec le kif et le lagmi, les riches avaient le privilège de puiser l'ivresse dans d'excellent vin qui leur arrivait, on ne sait d'où, par Constantine. Heureux temps néanmoins, car alors les Juifs ne leur vendaient pas d'absinthe.

maçonnerie fut solidement établi dans le lit de l'oued qui coule, du nord au sud, à l'ouest de la ville; les eaux, dirigées par de nombreuses *séguias*[1] (canaux), s'infiltrèrent partout dans l'argile, et l'on vit surgir, comme par enchantement, ces belles et vigoureuses plantations qui font aujourd'hui les délices des habitants et l'admiration des touristes.

Vue générale du Nouveau-Biskra.

Au nord-est de la ville s'élève le fort Saint-Germain, vaste et solide, édifié en 1849. Ce fort a la forme d'un carré long, il est construit en pierres et peut servir de refuge à toute la population européenne de la ville ; son enceinte bastionnée enferme huit hectares.

La rue principale, où se trouvent l'*hôtel du Sahara* et

[1] C'est le mot arabe ساقية *saqia* (pl. siqaïat) francisé ; dérive de سقى *saqa, porter, fournir de l'eau, arroser*.

le Cercle des Officiers, n'a de maisons que d'un côté ; ses arcades, qu'on croirait en pierres sont, comme presque toutes les maisons de la ville, en briques séchées au soleil, soigneusement recrépies et blanchies à la chaux ; de l'autre côté de la rue, un immense square, complanté de palmiers, de cyprès, de gommiers, de lauriers-roses et d'autres essences, attire les promeneurs sous ses frais ombrages. Parmi les « monuments », nous citerons un grand marché couvert, sur arcades, au centre d'une place entourée de maisons indigènes, l'église, l'école. Au milieu de la ville s'étend un vaste jardin public.

Sur la terrasse de la maison d'école est installé l'observatoire météorologique fondé et entretenu par M. Landon de Longueville. Cette école, que fréquentent 70 enfants arabes et 12 français, est l'œuvre d'un homme rare, modeste autant qu'utile : M. Colombo, c'est son nom, a passé plus de trente ans à Biskra sans se mêler à aucune intrigue et surtout sans s'enrichir : un hommage lui est dû.

Les Arabes, si défiants à l'égard des Européens, surtout quand il s'agit de confier leurs enfants, ont pour M. Colombo un véritable culte. Son nom est connu et vénéré jusque chez les nomades Châamba ; plusieurs m'ont parlé de lui avec le même respect que s'il se fût agi d'un saint marabout de l'Islam.

Voilà ce qui explique comment M. Colombo a 70 élèves indigènes dans son école.

L'école congréganiste des filles, dirigée par les sœurs de charité de saint Vincent-de-Paul, est fréquentée par 30 élèves, dont 10 petits garçons au-dessous de sept ans et deux ou trois enfants israélites ; mais point de jeunes filles arabes, à cause du caractère religieux de l'établissement.

Sur les 1600 habitants de la commune de plein exercice de Biskra, l'on compte plus de 400 Européens ou Juifs, dont 250 Français. Les Français, les Européens s'occupent surtout de commerce : tissus, bimbeloterie, épicerie, comestibles, vins et liqueurs; quelques-uns font en grand le commerce des grains avec les Arabes du Sud, qui viennent ici faire leurs provisions; d'autres achètent des bestiaux du Tell pour la consommation du pays; d'autres, enfin, expédient en Europe des dattes et des laines du Sahara.

Les indigènes fabriquent des tapis estimés, des bernous, des hhaïks et des ouvrages en cuir; mais la plupart s'occupent exclusivement de la culture des palmiers qui suffit largement à leur existence. Les *Beni-Mzab* établis dans le pays font aussi le commerce des grains, des laines, des dattes et des tissus. Quant aux Israélites, ceux qui ne font pas le métier d'usuriers, vendent aux soldats et aux indigènes des liqueurs à bas prix de leur composition qui produisent, sur l'organisme de ceux-ci, ces accidents déplorables que l'on met trop facilement sur le compte du climat.

Les gens du Souf portent à Biskra des dattes fort appréciées appelées *Deglat-enn-Nour*, des hhaïks du Djerid, des bernous, des laines, des œufs et des plumes d'autruche, des éventails, des cannes de palmier et des étoffes de Tunis pour les femmes. Ceux de l'Oued-Rirh y apportent aussi des dattes, de la luzerne, qui pousse en abondance dans leur pays, et des laines. Les Châamba y viennent vendre quelques bernous, des laines brutes, des chapeaux, des éventails, des peaux et des cornes de gazelle, et ils s'en retournent chargés de blé et d'orge.

Les Biskris sont de mœurs dissolues.

Oublieux des préceptes du Coran, ils trouvent trop souvent, dans l'abus journalier qu'ils font des liqueurs fortes, l'oubli de leurs autres devoirs. L'absinthe est leur liqueur favorite; ils en boivent à toute heure du jour, et l'ivresse que leur procure cette funeste boisson est encore aggravée par la fumée du *kif*[1], dont beaucoup font un usage immodéré.

Et que dirai-je de l'amour du jeu? On joue ici, je parle des indigènes, jusqu'à son dernier bernous — si tant est qu'on en ait plusieurs — et jusqu'à sa dernière femme!

Les courtisanes, très nombreuses, occupent tout un quartier; mais les femmes du pays ne forment qu'une faible partie de cette cohorte; presque toutes appartiennent à la fameuse tribu des *Oulad-Naïl*, qui occupe un vaste territoire au nord-est de Laghouat. Les jeunes filles de cette tribu s'adonnent au libertinage du consentement de leurs parents et elles se rendent en grand nombre dans les parties méridionales du Tell, ainsi que dans les principaux centres sahariens, jusqu'à Ouargla et jusque dans le Touât. Au bout de quelques années de « travail », elles reviennent, plus ou moins riches, aux lieux qui les ont vu naître, et s'y marient bien mieux que celles de leurs compagnes qui n'ont jamais quitté le toit paternel; car c'est une croyance invétérée chez ces pauvres gens que leurs filles font œuvre pie en allant ainsi courir le monde.

Ces mœurs singulières se retrouvent dans d'autres parties de l'Afrique septentrionale, et notamment dans le Djebel Nefouza (Tripolitaine), mais chez des tribus d'origine berbère. J'en suis donc à me demander si les Oulad-Naïl ne sont pas des Berbères arabisants qui ont conservé le genre de vie nomade.

Hérodote rapporte que toutes les filles de la Lydie (ancienne province de l'Asie Mineure) faisaient le métier de courtisanes pour se procurer une dot; « elles le con-

[1] Têtes du chanvre, qu'on fume comme du tabac.

tinuent, ajoute l'historien, jusqu'à ce qu'elles trouvent à se marier, et c'est ainsi qu'elles se mettent en état de choisir un époux[1]. »

Un grand nombre de tribus berbères étant venues d'Asie, je me demande donc si celles chez lesquelles existent ces mœurs singulières ne seraient pas originaires de la Lydie.

Au nord-est de la ville, on pouvait voir, avant 1877, année où les derniers restes en ont été enlevés, un petit fort en terre perché sur une colline pierreuse. C'est là que les Turcs venaient s'installer pour le recouvrement des impôts que les indigènes ne payaient jamais bien régulièrement. Les soldats du bey de Constantine arrivaient là par troupes de 100 à 200 hommes, munis d'un canon en bois. Si les Biskris refusaient de payer (et cela arrivait le plus souvent), les Turcs s'en retournaient, mais ils revenaient plus nombreux l'année suivante, et détournaient les eaux de l'oued auxquelles les oasis doivent leur fertilité; les indigènes payaient alors leurs impôts, plus les frais de déplacement et d'occupation. Sur l'emplacement du fort on a élevé un blockhaus et une batterie commandant directement le barrage établi dans le lit de l'oued. Ce barrage en maçonnerie, le *Rass-el-Ma* ou *Tête de l'eau* des Arabes, est aussi commandé par les canons du fort Saint-Germain : il détourne les eaux de la rivière dans les canaux qui pourvoient la ville et l'oasis.

A 500 mètres environ au nord-ouest de la ville, la petite oasis des *Beni-Morra*, ancienne pépinière du gouvernement louée à un particulier, est toujours agréable

[1] *Hérodote*, traduction de A.-F. Miot. Paris, Firmin-Didot.

à visiter malgré l'état d'abandon de ses belles plantations, de ses belles avenues.

A 7 kilomètres de là toujours au nord-ouest, à 600 mètres environ du pied du Djebel Sfa, à la base d'un monticule de travertins formés par le dépôt des eaux, jaillit la source minéro-thermale de *Hhammam-es-Çalhhinn*, en français, le *Bain des saints*, plus connue sous le nom de *Fontaine chaude*. D'un débit de 2400 litres par minute, sulfureuse, à 44 degrés, elle sort, en bouillonnant, au milieu d'un bassin carré entouré de constructions dans lesquelles sont disposées, d'un côté, plusieurs piscines destinées au commandant supérieur, aux officiers, aux malades civils et militaires et aux indigènes; en tout cinq piscines; les autres faces sont occupées par des gardiens ou des industriels arabes.

Les eaux de *Hhammam-es-Çalhhinn* sont excellentes pour les affections rhumatismales, qu'elles modifient au bout de quelques jours, quelque invétérées qu'elles soient, ainsi que pour les maladies syphilitiques. Un projet existe, m'a-t-on dit, pour amener ces eaux dans l'oasis des *Beni-Morra*, presque aux portes de la ville, où un établissement serait édifié à l'ombre des palmiers.

A l'est de la source, dans une dépression arrondie toute blanche de sel, dort un lac de 30 à 35 mètres de diamètre, de 6 mètres et demi de profondeur, dont les eaux couleur vert de bouteille, sans écoulement, à 14 degrés, ont le goût de celles de la mer; les Arabes l'appellent *Hhammam-el-Djerab*, c'est-à-dire le *Bain de la gale*: ses eaux ont, en effet, la propriété de guérir cette maladie.

A une faible distance, et au nord-ouest de la *Source chaude*, se trouve encore un autre lac dont les eaux, moins salées, d'un vert clair, abreuvent les gazelles qui paissent dans ces parages.

Biskra. — Village et tentes dans les palmiers.

Au sud du Nouveau-Biskra, à 500 mètres environ, et au delà d'un village en terre, habité par les anciens esclaves nègres devenus libres, le *Vieux-Biskra*, tout construit en terre, est composé de quartiers dispersés, souvent à de grandes distances, au milieu de la belle oasis. Il y a sept de ces quartiers, savoir : *El-Msid* (l'École), *Bab Edrôb* (Frappe à la porte), *Bab Erhleg* (Ferme la porte), *Gaddecha* (Élève, au féminin), *Bab el Khaoukha* (la Porte du Pêcher), *Rass el Gueria* (Tête du village) et *Zgag Sidi Barkat* (la rue du Sidi Barkat). En tout 6000 habitants, qui ne s'occupent que de la culture des palmiers.

Au Vieux-Biskra, l'on peut visiter la mosquée de Sidi Ben Ferdha et les ruines de l'ancienne Casba, celle qui fut prise par les Français, en 1844, et dans laquelle ceux-ci s'établirent d'abord : elle était construite en terre, comme toutes les habitations, et entourée d'un large fossé, aujourd'hui desséché, que les indigènes appellent encore *el Bahhar*, ou la Mer de Biskra.

Un charmant, un adorable bijou, c'est la villa de M. Landon de Longueville, sur la rive droite de l'oued. A mon premier passage à Biskra, je n'avais pu visiter que très superficiellement, en l'absence du maître, cette belle propriété; mais à mon retour de voyage, M. Landon me fit lui-même, avec l'urbanité qui le distingue, les honneurs de sa délicieuse oasis et de sa table hospitalière; je pus donc admirer alors tout à mon aise ces jardins ombreux où se trouvent réunis, par ses soins, les plus beaux types des flores africaine et exotique. L'eau coule partout abondamment, dans les allées sinueuses et dans les bosquets, et l'on peut vivre, dans ce riant séjour, sans s'apercevoir des chaleurs de l'été. Chaque année une distribution de plantes, dont l'acclimatement est parfait, est faite gratuitement aux amateurs et aux colons sahariens qui s'occupent de culture.

On peut faire, autour de Biskra, des chasses très agréables : dans les montagnes qui sont au nord on trouve la gazelle, le mouflon, le bœuf sauvage appelé *alcélaphe bubale*, et le sanglier ; au sud, dans la plaine, le lièvre, l'outarde, une espèce de courlis et, sur les bords de l'oued, des bécassines, des canards et divers échassiers.

La température de Biskra est très élevée en été : le thermomètre alors monte souvent, dans les appartements, jusqu'à 40 degrés centigrades ; mais, en hiver, il oscille le jour entre 10 et 30 degrés : en cette saison, la ville et l'oasis forment un séjour délicieux, malheureusement trop peu connu des touristes et des malades.

L'altitude de Biskra n'est que de 117 mètres, mais grâce à la pente du sol le climat est sain, les fièvres rares, sauf chez les soldats et les colons qui s'adonnent aux liqueurs fortes. Cependant les personnes qui y passent l'été sont exposées à voir poindre, sur leur corps, une excroissance, lente à pousser et aussi lente à disparaître, que l'on appelle vulgairement le *clou de Biskra*, mais que les docteurs Bertherand et Sériziat nomment plus justement *chancre* ou *ulcère saharien*.

Cet ulcère, qu'on ne saurait mieux comparer qu'au fameux *bouton d'Alep*, dont il a, du reste, tous les caractères, ne respecte aucune partie du corps : il pousse indifféremment sur les joues, sur le front ou sur le nez, aussi bien que dans le dos, sur la poitrine, aux bras ou aux jambes ; mais il est toujours la conséquence d'une égratignure le plus souvent invisible à l'œil nu, d'une piqûre de moustique, d'une écorchure faite en se grattant, etc., etc. Sa durée moyenne est de cinq mois, il laisse toujours après lui une cicatrice plus ou moins apparente.

Quelques-uns ont d'abord attribué ce mal à l'eau qu'on

Vieux Biskra : Mosquée de Sidi Ben Ferdha.

boit à Biskra; mais des personnes riches en ont fait venir de très loin pour ne pas boire de celle de l'oued, qui contient beaucoup de sels en dissolution, et cependant elles n'ont pas été préservées.

A quoi faut-il donc attribuer cette désagréable excroissance? On ne sait encore et la science hésite. Voici, là-dessus l'opinion du docteur Sériziat, dans ses très remarquables *Études sur l'oasis de Biskra* [1].

« Pour nous, dit-il, la cause est extrêmement complexe. L'ulcère saharien n'est pas produit seulement par les eaux de mauvaise qualité, ni par l'excès de la chaleur, ni par les poussières irritantes, ni par les variations extrêmes de température : *il est l'œuvre de toutes ces causes réunies.* Il naît à la suite de la débilitation de l'été, des nuits sans sommeil, de l'anoréxie, des transpirations excessives, de la diarrhée légère, mais permanente, qui trahit l'action des eaux salines; il est, comme le rupia, l'expression d'une cachexie particulière, cachexie produite par le climat saharien. — Comme le bouton de la variole, comme l'ulcération de la fièvre typhoïde, comme le chancre dont M. E.-L. Bertherand lui a donné le nom, il ne constitue pas une maladie; il n'est que le signe d'une diathèse, d'une affection générale.

« Mais comment agissent ces causes pour faire naître le clou de Biskra? Nous ne pouvons en dire davantage. »

Obligé de rester à Biskra pour y attendre la décision du Conseil général de Constantine et l'envoi de fonds qui pourrait la suivre, j'appris, le 18 décembre, l'arrivée de l'agha de l'Oued-Rirh et du Souf, Si Mohhammed ben el Hhadj ben Driss, auquel j'étais recommandé par le général Chanzy et le général de Lacroix-Vaubois. Il se rendait à Touggourt, chef-lieu de son commandement.

[1] *Paris*, CHALLAMEL, rue Jacob, 5, et rue des Boulangers, 30.

Descendu au même hôtel que moi, à l'hôtel du Sahara, il me fit visite dès son arrivée, et m'assura que tous ses efforts tendraient à la sécurité, à la facilité de mon voyage. Il me proposa de m'emmener avec lui jusqu'à Touggourt, mais il ne me fut pas possible de quitter Biskra aussitôt que lui, le 29 décembre.

Je pris à mon service un jeune Soufi, Mohhammed-ou-Ali ben Emmbarek, d'El Guemar, grand et vigoureux mulâtre de 18 ans, au teint chocolat, aux traits réguliers ; il parlait assez bien notre langue et avait fait un petit apprentissage culinaire à l'hôtel du Sahara.

Je l'armai d'un fusil, d'un pistolet à deux coups; je lui donnai poudre et balles pour se faire des cartouches et ses yeux brillèrent de joie.

Quant à moi, mon armement consistait en une excellente carabine système Martini, achetée chez M. Peter, armurier à Genève, d'un solide revolver de cavalerie à percussion centrale, d'un coutelas et d'un bon fusil double pour la chasse, que M. Médan, mon hôtelier, avait eu l'obligeance de me céder au prix coûtant.

Le premier janvier 1875, je *m'arabisai*, par l'achat de deux costumes arabes complets, composés comme suit :

2 bernous de laine.	70f
1 hhaïk djeridi	80
2 seraouel (larges culottes)	16
3 ganndouras (sorte de robes blanches).	26
1 ceinture.	12 50
1 chachia (calotte rouge) et son turban en poils de chameau	30
1 chachia de Faz.	15
2 turbans en cotonnade blanche.	9
1 veste et deux gilets en drap bleu	100
1 paire de messtt (bottes rouges)	24
2 paires de souliers noirs.	9
2 — — jaunes	7
1 grosse couverture de laine	40
1 djebira (sacoche en cuir rouge du Maroc). . . .	19
Total.	457f,50

Ali, à qui je fis quelques dons et quelques avances, compléta également sa garde-robe.

Le lendemain, nous achetâmes les ustensiles de cuisine en usage chez les Arabes, c'est-à-dire une marmite à double fond pour le couscoussou, un grand plat en bois et une douzaine de cuillers *de même métal* ; nous joignîmes à cela une cafetière, quelques tasses, un pot en fer battu, deux casseroles en fer, deux petits seaux pour puiser l'eau, etc.

Je n'achetai en grande quantité, à Biskra, que les provisions de bouche qu'il me serait impossible de me procurer à Touggourt ou bien que je risquerais d'y payer trop cher. Outre les remèdes destinés à combattre les maladies du pays, telles que maux d'yeux, fièvres, dyssenterie, morsures de vipères, piqûres de scorpions, etc., je pris deux flacons d'*alcool de menthe de Ricqlès* qui me rendirent les plus grands services. Je ne connais rien de tel en Afrique pour combattre les dérangements causés par la mauvaise nature des eaux qui, toutes, sont plus ou moins imprégnées de magnésie, et pour réagir avec énergie contre les refroidissements et autres accidents dont, certes, le Sahara n'est pas avare.

Je fis faire deux caisses allongées, l'une pour les provisions, l'autre pour les ustensiles de cuisine et différents objets peu susceptibles de détérioration. Mes effets, mes papiers et mes livres furent enfermés dans des malles de cuir assez petites pour entrer, sans difficulté, dans les *tellis* ou grands bissacs imperméables que les chameaux portent suspendus à leurs bâts. Un sac de cuir enferma mes instruments de météorologie et autres menus objets.

Comme chamelier, je pris Mohhammed ben Hemli, de la smala de Si Bou-el-Akhras ben Gana, qui moyennant 50 francs et la nourriture, me loua deux chameaux pour bagages, jusqu'à Touggourt ; j'eus aussi une mule, par voie de réquisition.

Si Mohhammed ben Smati, cadi de Biskra, m'ayant prié d'attendre son frère, qui, récemment nommé cadi de l'Oued-Souf, désirait faire route avec moi jusqu'à Touggourt, je ne pus partir le 4, ainsi que je l'avais décidé ; mais, ledit caïd de l'Oued-Souf me demandant un nouveau délai, je fixai mon départ au 6, « irrévocablement et *sans* remise, » comme on dit, à 7 heures précises du matin[1].

[1] Le mot قاضي *qadhi* (que j'écris *cadi* pour me conformer à l'usage) signifie *qui décide, qui tranche*, et désigne *un juge, un magistrat musulman*. Ce mot dérive de la racine قضى *qadha, décider, prescrire, trancher, juger*. Le mot espagnol *alcade* a la même origine.

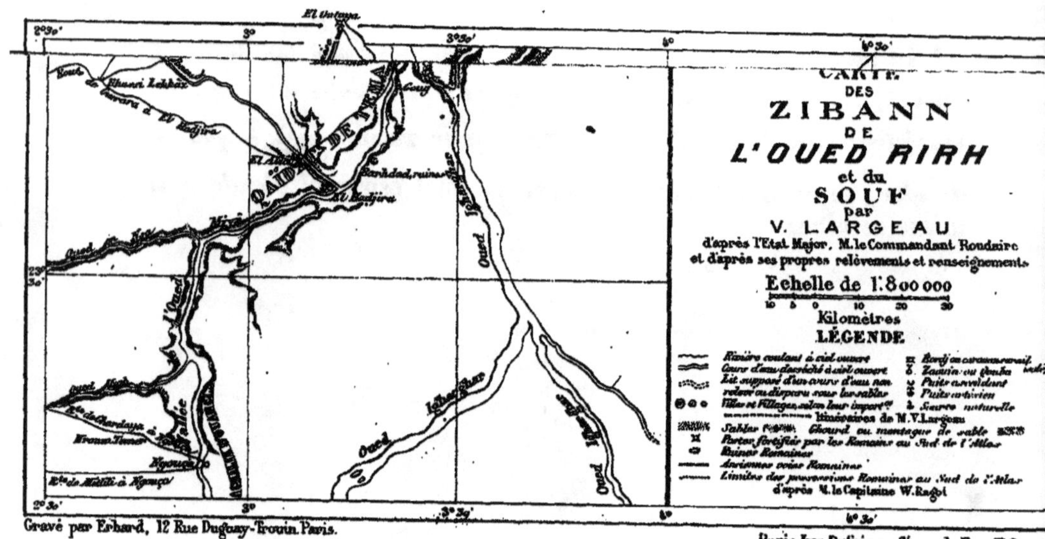
CARTE
DES
ZIBANN
DE
L'OUED RIRH
et du
SOUF
par
V. LARGEAU
d'après l'Etat Major, M. le Commandant Roudaire
et d'après ses propres relèvements et renseignements.
Echelle de 1:800 000
10 5 0 10 20 30
Kilomètres
LÉGENDE
Puits artésien
Source naturelle
Itinéraires de M.V.Largeau
Ruines Romaines
El Outaya
El Hadjira
2°30'
3°
3°30'
4°
4°30'
Gravé par Erhard, 12 Rue Duguay-Trouin. Paris.
Paris_Imp Dufrénoy_34. rue du Four St Germ

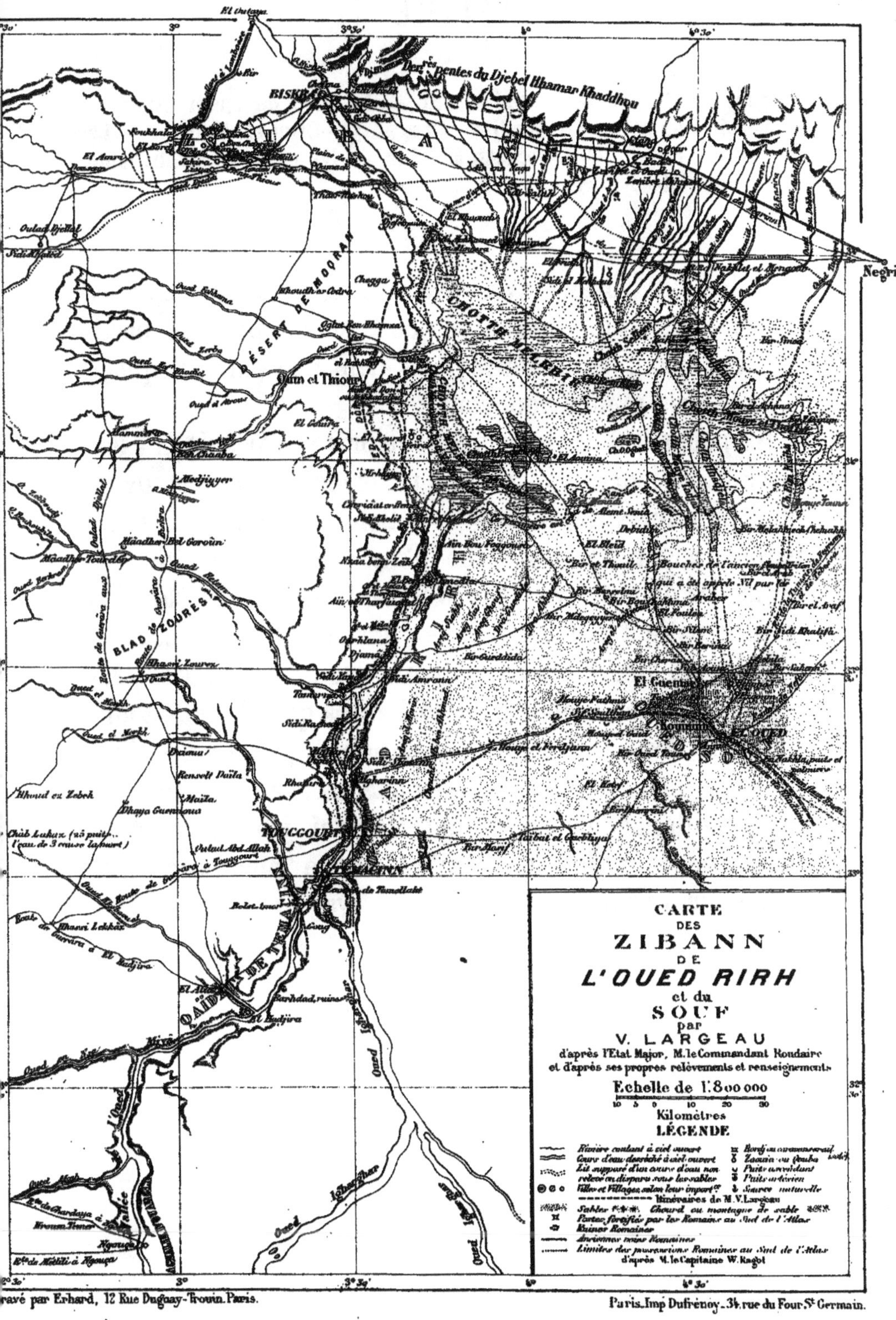
CARTE
DES
ZIBANN
DE
L'OUED RIRH
et du
SOUF
par
V. LARGEAU
d'après l'Etat Major, M. le Commandant Roudaire
et d'après ses propres relèvements et renseignements
Echelle de 1:800 000
10 5 0 10 20 30
Kilomètres
LÉGENDE
Rivière coulant à ciel ouvert
Cours d'eau desséché à ciel ouvert
Lit supposé d'un cours d'eau non relevé ou disparu sous les sables
Villes et Villages selon leur import^ce
Itinéraires de M. V. Largeau
Sables
Ghourd ou montagne de sable
Postes fortifiés par les Romains au Sud de l'Atlas
Ruines Romaines
Anciennes voies Romaines
Limites des possessions Romaines au Sud de l'Atlas d'après M. le Capitaine W. Ragot
Bordj ou caravansérail
Zaouia ou Qouba
Puits artésien
Source naturelle
pentes du Djebel Ahmar Khaddhou
BISKRA
Negri
CHOTT MELRHIR
DÉSERT DE MOGRAN
BLAD ZOURÈS
Oum el Thiour
El Guemar
EL OUED
TOUGGOURT
Chegga
Ouled Djellal
Sidi Khaled
3°
3°30'
4°
4°30'
Gravé par Erhard, 12 Rue Duguay-Trouin. Paris.
Paris, Imp. Dufrénoy, 34, rue du Four St Germain.

CHAPITRE II

Départ de Biskra. — L'oued Djeddi. — Le bordj de Thaerrashou. — Le bir Djefer. — Le bordj de Chegga. — Oum-ett-Thiour. — Les puits de Stheïl. — Le choith Melrhir. — Le puits de Mahhadalou. — Koudiat-ed-Dôr.

Celui qui voyage avec des Arabes doit tout d'abord s'armer de résignation : il ne doit jamais dire : Je partirai tel jour, à telle heure ; — mais : je partirai quand Dieu et mes guides voudront.

Ne pouvant faire autrement, je pris le parti de m'exercer à la patience et j'y réussis tellement, qu'au retour de mon premier voyage j'eus la satisfaction d'entendre ces paroles sortir de la bouche d'un vieillard : « Dieu te protégera dans tes voyages, ô Nacer ! car tu es le chrétien le plus patient qui ait jamais pénétré dans le Sahara. »

Donc, au lieu de nous mettre en route à 7 heures précises du matin, il était bien 11 heures quand nous tournâmes le dos à la « Reine des Ziban, » grâce à la bienheureuse lenteur, à la placide nonchalance du chamelier et du muletier. J'étais à pied ; je n'ai jamais aimé le cheval ou le mulet, et il m'est arrivé bien rarement de monter à chameau durant mon voyage.

A 11 h. 40, nous sortîmes de l'oasis; nous marchâmes sur un sol argileux, recouvert d'une légère couche de sable, solidifié par la magnésie; la flore, assez abondante, se compose en cet endroit de *tarf*, de *guetef* et de touffes de *tamarix* peu élevées.

Le temps était superbe; il soufflait une bonne brise du nord-ouest, et mon thermomètre-fronde ne marquait que 19 degrés.

Nous laissâmes à gauche la petite oasis de Filiach, et à droite, à une distance de 600 mètres environ, la charmante oasis de Cora; plus loin, nous apercevions, à gauche, la grande et belle oasis de *Sidi-Okba*.

Devant nous, à l'horizon, des ombellifères de haute taille, assez nombreuses dans ces parages, nous paraissaient être des arbres gigantesques.

A 2 h. 35, nous passâmes près d'un coude formé par l'*oued ez Zerzour*[1] ou *des Etourneaux*, dans le lit duquel serpente un maigre filet d'eau. A partir de ce point, la plaine argileuse et humide se couvre de guetef et de hauts taillis de tamarix, faibles restes de l'ancienne forêt de Sâada, qui ne tarderont pas eux-mêmes à disparaître par le vandalisme des nomades. A cinq heures nous traversâmes l'*oued Djeddi*[2], complètement à sec; cet oued, venu, par Laghouat, du Djebel Amour, est incontestablement le *Nigris* de Ptolémée et de Pline; après quoi nous montâmes au bordj de *Sâada* ou de *Thaerrashou*[3], à

[1] C'est la continuation de l'oued Biskra.

[2] Du verbe-racine جَدَّ *djadda, être rempli, dégoutter d'eau;* a presque la même signification que *djedda, littoral* ou *ville du littoral;* mais جَدِّي *djeddi* désigne plus particulièrement *un fleuve coulant aux confins d'un pays* ou encore *un fleuve coulant aux pieds des montagnes.*

[3] *Thaerrashou* est formé de trois mots : طَرَّ *tharra, il a fendu*

24 kilomètres de Biskra. Crénelé, bastionné, il est flanqué d'une tourelle avec télégraphe aérien. Le cheikh Si Mahhmoud ben Kharfalla m'y reçut avec bonne grâce et j'y mangeai le couscoussou[1] traditionnel, avec le café de rigueur qui eût été excellent si l'eau du pays n'était détestable.

Le 7, à sept heures, nous quittâmes Thaerrashou par un splendide soleil levant, couronnant d'une longue ligne pourprée l'horizon uni du Désert; à huit heures nous croisâmes 32 chameaux portant à Biskra des dattes de l'Oued-Rirh; à dix heures nous déjeunâmes au puits de *Djefer*[2], creusé dans l'argile : il n'a ni seuil, ni coffrage; l'eau, à 3 mètres du sol est fraîche (17°), un peu amère.

Puis nous marchâmes sur un plateau ayant des touffes de *guetef*[3], de *hharmel*[4], de *souéda*[5], (*suæda vermicu-*

ou *coupé* (dont *thaer* est un barbarisme); راس *ras*, *tête*, et ه *hou*, affixe pronominal masculin. Ce nom signifie donc : *on a coupé* ou *fendu sa tête*.

[1] *Couscouss*, *couscoussou* ou *couscoussi*, selon les pays, vient du verbe-racine كسكس *kaskassa* qui signifie *broyer*, *piler*. C'est une pâte préparée en très petits grains, comme la semoule. Dans le fond d'une marmite on prépare une sauce, avec de la viande ou une poule, des oignons, des tranches de citrouille, des navets, du beurre, du poivre rouge, etc., etc., que l'on recouvre d'un double fond percé de petits trous, comme une passoire, et c'est dans ce double fond que l'on met la semoule, qui cuit ainsi à la vapeur de la sauce. Après une cuisson suffisante, on la verse dans un grand plat, et après l'avoir bien assaisonnée avec du beurre aussi rance que possible, on y mêle la sauce ou bien, pour ceux qui le préfèrent, du lait, du miel ou du sucre. La viande ou la poule couronne le plat.

[2] Nom donné à un puits qui est *plus large vers le fond qu'en haut*, de la racine جفر *djafara*, *être large*, *détendu*.

[3] *Atriplex Halimus*, L. Le nom arabe signifie *qui arrache*, *qui déchire*.

[4] *Peganum Harmala*, L.

[5] Dérive de سود *sada* qui, à la 2e forme, signifie *noircir*.

lata), plante tinctoriale, et de *sedra*[1] (*Zizyphus lotus*), beaux arbrisseaux de 2 à 3 mètres qui, de distance en distance, élèvent leur tête au-dessus des autres plantes. Outre trois grandes outardes, que je ne pus tirer, je remarquai beaucoup d'alouettes huppées, et le *djerd*[2], gros rat des champs, qui creuse sa demeure dans l'argile, entre les racines des plantes.

A deux heures, nous étions à *Chegga* (*la crevasse*), petit bordj dans la cour duquel jaillissent les eaux peu abondantes (24 à 25 litres par minute) d'un puits artésien foré par les Français en 1857 : eaux purgatives, saturées de magnésie, à 22°,50, arrosant quelques jeunes palmiers, mal soignés, qui végètent; son orifice n'est qu'à 22 mètres d'altitude, sa profondeur est de 40 mètres. A 130 pas de là, autre puits artésien, profond de 50 mètres, et donnant 1250 litres par minute d'une eau à 23°,20, moins amère que celle du premier; de trois autres puits voisins, l'un est d'un débit presque nul et les deux autres sont comblés. Partout aux alentours le sol est blanc de magnésie; l'oasis, jadis verdoyante, a été dévastée en 1871 par Ali-Bey qui prétendait venger sur les gens de l'Oued-Rirh le meurtre de ses frères assassinés par Bou-Choucha. Je fis aux environs un petit tour de chasse avant le coucher du soleil et ma promenade m'amena par hasard à un petit cimetière. Les Arabes ne placent pas, comme nous, leurs morts dans des cercueils; ils les étendent au fond d'un trou creusé dans l'argile à une faible profondeur; ils protègent le cadavre avec des pierres plates,

[1] De سَدَر *sader* qui, à la 7e forme, signifie *descendre une pente*, parce que cet arbrisseau ne croît que sur les pentes ou dans les dépressions humides.

[2] C'est-à-dire le *nu*, parce qu'il a le poil ras et lisse; de جَرَدَ *djarada, dépouiller, rendre nu*.

placées en travers de la fosse, à ras du sol, et recouvrent le tout d'un petit monticule de terre. Trois sur cinq de ces tombes avaient été violées, la nuit, par les chacals; les cadavres avaient été enlevés lambeau par lambeau et traînés au milieu de la plaine, où ils avaient servi de pâture à ces bêtes immondes.

Les gardiens du bordj, que j'interrogeai à mon retour, me dirent que les *diyab*[1] venaient toutes les nuits rôder autour de ces tombes; mais ils ne parurent pas s'en émouvoir autrement.

Le 8, au moment de partir, nous fûmes rejoints par trois hommes, dont l'un était Si Aïssa ben Ahhmed es Smati el Djellali, ce cadi du Souf que je n'avais pu attendre à Biskra aussi longtemps qu'il me le demandait : il me parut avoir trente à trente-cinq ans; de taille moyenne, vigoureux, sa figure marquait la franchise et la bonhomie; c'était un joyeux compère dont les bons mots, les histoires, les plaisanteries m'amusèrent.

Cheminant sur un sol tantôt argileux, avec quelques touffes d'arbustes clairsemés, tantôt gypso-calcaire avec graviers, tantôt légèrement sablonneux et graveleux, vers neuf heures, nous aperçûmes une grande ligne bleue se dessinant à l'horizon; au-dessous de cette ligne, rebord du plateau de Moqrann, on me fit voir, dans le lointain, la délicieuse petite oasis d'*Oum-ett-Thiour*, dont le nom signifie *Lieu aimé des oiseaux*, que nous devions laisser à droite.

Oum-ett-Thiour est une oasis nouvelle : le premier puits y fut foré en 1857 par le lieutenant Lehaut; à peine fût-il creusé qu'on mit à profit les bonnes dispositions de la tribu des *Selmia*, qui sous la direction de son

[1] *Diyab*, pluriel de *dib*, chacal, de ذَأَبَ *dâba* ou mieux *dsâba*, *être laid, hideux, faire peur, effrayer.*

cheikh, Si Aïssa ben Sbâ, renonça à la vie nomade, construisit là un village et y planta 1200 palmiers; malheureusement, cet exemple ne fut pas suivi, et cette petite oasis n'a guère prospéré depuis lors.

Le premier puits d'Oum-ett-Thiour, à 16 mètres seulement d'altitude, descend jusqu'à la profondeur de 108 mètres; son débit qui était d'abord de 180 litres par minute, n'est plus que de 108 litres, à 25°. Deux autres puits, dus au même officier (1858 et 1860), donnent moins d'eau que celui de 1857.

Après avoir passé près d'un puits à moitié ensablé qui, nous dit-on, donnait de l'eau salée, nous arrivâmes un peu avant midi aux puits de *Stheïl* ou des *Seaux*, ainsi nommés à cause de leur forme : ils étaient deux, dans le lit sablonneux de l'oued Itel[1], qui déverse souterrainement ses eaux dans le chotth Melrhir; leur nombre varie souvent. Quand un orage un peu fort les comble de sable, on en recreuse à côté, plus ou moins suivant les besoins du moment; les nomades en entretiennent un ou deux pour la soif de leurs troupeaux. L'eau que nous y bûmes était un peu bourbeuse, mais très fraîche. On y déjeuna pour traverser ensuite un pays accidenté, sablonneux, avec beaucoup d'*alennda* (*ephedra alata*), arbrisseaux d'un beau vert à feuilles aciculaires. A 2000 mètres environ sur notre droite nous remarquâmes des pyramides de pierres brutes, hautes de 2 à 5 mètres; elles perpétuent, me raconta-t-on, le massacre d'une *nezla* ou fraction de tribu de 14 tentes, ici surprise et exterminée il y a trente ans, ou à peu près.

Vers deux heures nous arrivâmes, après une descente rapide, en vue d'une immense dépression, parfaitement unie, dont les contours abrupts et peu élevés bordent au

[1] *Itel* signifie *gorgé d'eau.*

loin l'horizon ; nous avions devant nous le CHOTTH MELRHIR[1], le *Triton* des Anciens, et le soleil ayant, en ce moment, percé les nuages, nous y fûmes les témoins émerveillés d'un splendide mirage.

A trois heures nous étions au puits artésien de *Mahhadalou*, ce qui signifie *creusé en biais :* il est au bord du chotth, près des pentes des *Koudiat-ed-Dôr* ou *Dour*, autrement dit *Collines de la retraite.* On raconte que les premiers conquérants arabes qui s'avancèrent dans le Sahara campèrent au pied de ces collines ; mais effrayés par l'aridité du pays qui s'étendait devant eux, ils s'en retournèrent dans le Tell. D'autres prétendent que les conquérants, ayant passé la nuit au pied de ces collines, trouvèrent leurs armes tellement rouillées, le lendemain matin, par les émanations salines du chotth Melrhir, qu'ils en furent épouvantés et revinrent sur leurs pas. Foré par le capitaine Zickel, en 1865, comme en témoigne l'inscription : COMPAGNIE DES SONDAGES 1865, il a 95 mètres de profondeur et fournit 270 litres par seconde d'une eau légèrement amère et purgative qui va se perdre au milieu de grands roseaux[2]. Là nous campâmes, le cadi

[1] شطّ *chotth*, que l'on devrait écrire *chothth*, désigne ***l'élargissement d'un fleuve s'étendant en une vaste nappe*** ou ***se divisant en deux branches***, de la racine شطّ ***chaththa être éloigné***, ou شطّا ***chaththa être séparé en deux bras*** (se dit d'un fleuve).

ملغير *Melrhir* dérive, d'après les uns, du verbe-racine غرّ *rharra* ***(l'eau) a été absorbée (par les terres)*** ; ce mot signifierait donc ***terrain bas, plat et marécageux***. Suivant d'autres il dériverait de غرا ***rhara, enduire*** ou ***recouvrir une surface d'une matière visqueuse*** ou ***agglutinante***, comme c'est le cas pour ce chotth dont les eaux souterraines sont recouvertes d'une croûte de sable agglutiné avec du sel. Dans l'un ou l'autre cas on devrait régulièrement dire *Mrhir :* Melhrir est un barbarisme.

[2] Les chiffres relatifs aux sondages exécutés antérieurement à 1875,

étant très fatigué, et presque aussitôt nous vîmes passer une nouvelle caravane, seize chameaux chargés de dattes allant de Touggourt à Biskra.

La nuit fut superbement belle, comme toutes les nuits du Sahara. Les étoiles scintillaient sous la voûte bleue du ciel, le calme le plus parfait régnait sur la terre, pas un cri de chacal ne troublait au loin le silence majestueux du Désert ; seule, l'eau qui coulait dans le ruisseau voisin faisait entendre un léger murmure, semblable à une douce musique, comme si quelque génie caché dans les roseaux, eût voulu charmer ma rêverie en jouant, sur son instrument champêtre, l'air le plus doux et le plus mélancolique qui convienne au silence de la nuit.

sont empruntés aux renseignements publiés par le regretté M. Ville, inspecteur général des Mines en Algérie. Cet homme de bien, aussi instruit que modeste, est un des fonctionnaires qui ont fait leur carrière en Algérie sans s'enrichir.

CHAPITRE III

Le Melrhir. — Les oasis d'el Ourir et de Msièqa. — L'oasis d'El Mrhayer. — Les puits artésiens. — Les sources naturelles. — Cheriâet-er-Remel. — Aïn-el-Kerma. — L'oasis de Sidi-Khelil. — Nzâa-ben-Zeïk. — Aïn-ett-Tharfaïann. — L'oasis d'Ourhlana. — L'oasis de Djamâ. — Le cheikh Si Ahhmed ben Slimann. — L'hospitalité saharienne. — Sidi-Amrann. — Le chotth Mgharinn. — Arrivée à Touggourt.

Le samedi, 9 janvier, les premières minutes de notre marche furent embellies par un surprenant mirage dans le bassin desséché du chotth : je n'en ai jamais vu de pareil et je n'aurai certes pas l'audace de le décrire.

Il remplit un instant le Melrhir d'eaux pures, comme en eut sans doute ce lac quand il n'était pas encore un champ de boue sèche et de sel.

Ce *palus Tritonis* des Romains reçoit ouvertement en grande crue, souterrainement en temps ordinaire, les eaux d'un des plus grands bassins sahariens, bassin qui a pour ceinture :

Au nord, l'Atlas ;

A l'ouest, la chaîne de hauteurs qui, passant au sud de Laghouat, va, par El-Goléa, se confondre avec le Djebel Samani, à l'est du Gourara ;

Au sud-ouest, par le Djebel Tidikelt;

Au sud, par les plateaux de Mouydir, du Ahhaggar (le Hhoggar des Arabes) et du Tassili;

A l'est enfin, par le rebord du plateau de la Hamada-t-el-Hhomra[1], qui s'étend au sud et à l'est de Rhadamès, et par le Djebel Douirat au sud du golfe de Gabès.

Ce grand bassin du Melrhir se divise en quatre sous-bassins :

Celui du Djeddi (ancien Nigris) au nord;

Celui de l'Oued-Miyâ[2], au sud-ouest;

Celui de l'Igharghar[3], au sud;

Et celui du Souf[4] (ancien fleuve Triton), au sud-est.

L'Igharghar et l'oued Miyâ se réunissaient près de Touggourt pour former l'oued Rirh[5], large vallée qui

[1] Le mot *hamada*, حمادة qui signifie *lieu brûlé et sans végétation*, s'applique aux *plateaux sahariens pierreux où aucune plante ne croît et où la chaleur est accablante*. *Hhômra* signifie *rouge*, au féminin.

[2] *Oued* signifiant *vallée*, *fleuve* ou *rivière*, et *miyâ* le nombre *cent*, ce nom veut dire : *fleuve aux cent affluents*.

[3] De la racine غرغر *gharghara*, *gargariser* ou *faire entendre un bruit de gargouillement*, signifie : *le fleuve qui gargouille*.

[4] D'après certains lettrés, on devrait écrire صوف *Çouf*, de la racine صفا *çafa*, *être pur*, *clair* (se dit de l'eau et du ciel). Il est de fait que le Souf est le pays où se trouve la meilleure eau du Sahara. Quelques autres écrivent سوف *Souf*, de la racine سفّ *saffa*, dont ils font dériver ce mot, lequel signifie : *tacheté de blanc et de noir* (comme un serpent). C'est bien là en effet l'aspect de cette vallée ensablée, où les jardins sont autant de fosses profondes et où l'on n'aperçoit que les têtes des palmiers dont la couleur sombre se détache sur le sable blanc sous lequel l'ancien fleuve est enseveli; mais il est plus logique de croire que *Souf* est simplement un mot *chaouïa* (berbère) qui, comme le mot *oued*, signifie *fleuve* ou *rivière*.

[5] De la racine رغ *rarh*, *être gras*, *fertile*; d'où ريغ *rirh*, *terre fertile*.

comprend la partie inférieure de l'ancien pays de Rirha.

Il est hors de doute que le Melrhir et les chotths tunisiens où M. le commandant Roudaire a exécuté de si remarquables travaux géodésiques, étaient autrefois réunis, et formaient le lac Triton dans les bas-fonds duquel se trouva engagé le navire *Argo*, poussé par un vent violent. Il y a seulement à observer que le palus Tritonis n'était pas formé par les eaux de la mer, mais par la réunion des eaux de plusieurs fleuves.

Je suis également convaincu que M. le commandant Roudaire est dans le vrai en affirmant, avec les anciens géographes, que ce grand lac communiquait avec la Méditerranée; mais cette communication devait avoir lieu par un passage si étroit, qu'au dire d'Hérodote, Jason eut beaucoup de peine à le retrouver lorsqu'il voulut regagner la haute mer. Cet étroit canal a dû être relié, depuis, par une dune de sable, aux deux chaînes de hauteurs rocheuses qui s'étendaient au nord et au sud, au fond de la Syrte.

L'opinion que cet ancien lac n'a jamais communiqué avec la Méditerranée n'est plus soutenable pour moi, après l'exploration que j'ai faite des grands fleuves sahariens. Le lit de l'Igharghar, profondément creusé, a encore 6 kilomètres de largeur à 30 lieues au sud de Touggourt; l'oued Miyâ, le fleuve Triton, le Nigris et nombre d'autres rivières qui descendent de l'Aurès lui apportaient aussi leur tribut. Comment supposer que, recevant une pareille quantité d'eau, le lac Triton ne se déversât pas dans la Méditerranée?

Ce lac a cessé de communiquer avec la mer et a commencé à se transformer en marais en même temps qu'a commencé le dessèchement des grands fleuves sahariens qui l'abreuvaient.

Par suite de l'évaporation considérable le volume de

ses eaux a diminué; la salure, devenue déjà plus forte par l'effet de cette même évaporation, a encore été augmentée par le lavage des plateaux environnants; car la croûte sédimentaire saharienne est partout salée; ces eaux alors sont devenues beaucoup plus denses; puis, les plateaux dénudés s'étant desagrégés sous les influences atmosphériques, les sables, produits de la désagrégation des roches de sédiment, ont été charriés dans son lit par les vents, et il s'est produit là ce que j'ai observé dans tous les chotths ou sabkhas[1] du Sahara, c'est-à-dire que la quantité de sable en suspension dans les eaux a fini par être telle, qu'une croûte mince d'abord, composée de sables fins et de sels agglomérés, a fini par se former à la surface; puis, cette croûte, sans cesse accrue par de nouvelles alluvions aériennes, est devenue si épaisse en certains endroits, qu'elle peut maintenant porter des caravanes.

Cependant, il est toujours dangereux de s'aventurer sans guide dans un chotth ou dans une sebkha, surtout après les pluies, parce que la croûte est encore çà et là si mince, ou bien elle se désagrège tellement par les pluies qu'elle cède sous le poids d'un homme; il se produit alors comme un effet d'aspiration si puissant, qu'on ne peut arracher à la mort l'infortuné qui se trouve ainsi pris.

[1] *Sebkha* سبخة littéralement *terrain salsugineux*, dérivé de la racine سبخ *sabakha*, *être salant*, *salsugineux* (se dit du terrain). Il y a cette différence entre le chotth et la sebkha que le premier est produit par l'élargissement d'un cours d'eau, comme par exemple le lac de Genève; tandis que la sebkha est une dépression, une cuvette sans écoulement dans laquelle se rassemblent les eaux et les alluvions d'une contrée; or, comme ces eaux et ces alluvions contiennent beaucoup de sels, il en résulte que la sebkha est un véritable marais *salant* qui se comble de la même façon que le chotth.

A ce point de vue, mes observations s'accordent parfaitement avec ce que rapporte Diodore de Sicile dans son histoire de l'Égypte.

« Il y a, dit l'historien grec, entre la Cœlé-Syrie et l'Égypte, un lac très peu large, d'une profondeur prodigieuse, et d'une longueur de deux cents stades environ : il s'appelle Serbonis[1], et fait courir, au voyageur qui s'en approche, des périls imprévus. Son bassin étant étroit comme un ruban et ses bords très larges, il arrive qu'il se recouvre de masses de sable qu'apportent les vents continuels du midi. Ce sable fait disparaître à la vue la nappe d'eau et confond son aspect à celui du sol. C'est ainsi que des armées entières ont été englouties par l'ignorance de ce lieu et après s'être trompées de route. Le sable, légèrement foulé, laisse d'abord la trace des pas et engage, par une funeste sécurité, les autres à suivre, jusqu'à ce qu'avertis du danger, ils cherchent à se secourir au moment où il ne reste plus aucun moyen de salut. Car un homme ainsi englouti dans la fange ne peut ni nager, le mouvement du corps étant empêché, ni sortir de là, n'ayant aucun appui solide pour se soulever. Ce mélange intime d'eau et de sable constitue quelque chose de mixte où l'on ne saurait ni marcher ni naviguer. Ainsi, ceux qui s'y trouvent engagés sont entraînés jusqu'au fond de l'abîme, puisque les rives de sable s'enfoncent avec eux. Telle est la nature de ces plaines auxquelles le nom de *Barathres* convient parfaitement[2]. »

L'ancien lac Tritonis n'est donc pas complètement desséché (pas plus que ne le sont les autres chotths sahariens), et il ne saurait l'être puisque les grands fleuves d'autrefois l'alimentent encore aujourd'hui de leurs

[1] Il est situé par 31° longitude ouest, et par 31° 8′ de latitude nord.
[2] *Diodore de Sicile*, trad. de M. Ferd. Hoeffer. Paris, Hachette et Cie.

cours souterrains. Il se peut qu'il communique encore avec la mer par un canal caché : peut-être même qu'en cherchant bien au fond de la Syrte, on découvrirait le débouché de ce canal.

On doit croire que ces cours d'eau souterrains sont moins considérables que les anciens fleuves à ciel ouvert, parce que les pluies du Sahara étant toujours courtes et torrentielles, sur une carapace rocheuse surchauffée par un soleil brûlant, l'évaporation est énorme et réduit énormément la masse des eaux d'infiltration.

Parmi ces fleuves souterrains je citerai l'oued Souf, dont les Souafa savent retrouver les eaux en déblayant les sables et en creusant des fosses profondes de 15 mètres en moyenne, au fond desquelles ils établissent leurs jardins de palmiers. Quant à l'Igharghar, il coule encore ouvertement pendant environ cinquante lieues à partir de ses sources.

L'oued Djeddi, après avoir arrosé l'oasis de Laghouat, disparaît sous terre, puis reparaît et disparaît jusqu'au point où ses eaux sont enfin complètement absorbées par les sables, au sud-est de Sâada, à une journée de marche de Biskra. L'aspect de ce fleuve n'a pas trop changé depuis les temps anciens, d'abord parce qu'il reçoit les eaux vives de l'Atlas et ensuite parce que, se déroulant tout à fait au nord du Sahara, son lit a été moins encombré par les alluvions aériennes. Quand les pluies tombent sur l'Atlas, il coule même partout à ciel ouvert jusqu'au-dessous du bordj de Sâada : j'ai vu ses eaux débordées couvrir plus d'un kilomètre de la plaine de Sâada, sur la rive gauche.

L'oued Rirh, formé, comme je l'ai dit plus haut, par l'Igharghar et l'oued Miyâ, se divisait en bras peu profonds, embrassant dans leurs cours sinueux des îlots calcaires où l'on découvre de nombreux fragments de silex taillés.

Après avoir joui pendant quelques minutes de l'éblouissant mirage, nous entrâmes, pour peu de temps, dans le lit même du chotth dont le sol argileux, recouvert en cet endroit d'une légère couche de sable solidifié par le sel, a été rendu raboteux par le passage journalier des caravanes; un peu plus loin, vers l'est, où les caravanes ne s'aventurent pas, le sol, blanc de sel et de magnésie, est uni comme une glace.

Vers les neuf heures et demie, nous aperçûmes, sur une chaîne de collines basses, la petite oasis d'*El Ourir*, que nous allions laisser à gauche; nous en passâmes tout près, ainsi que de celle de *Msiéqa*. A elles deux, El Ourir et Msiéqa comprennent 5500 palmiers; non loin de là, près du chotth, il y en a 5000 autour de *Neïra*, jadis village, aujourd'hui ruine, à côté des sources. A midi et demi, fatigués, mourants de faim, nous entrions dans l'oasis d'*El Mrhayer*[1], qui déjà fait partie de la grande et large vallée de l'Oued-Rirh.

A El Mrhayer j'admirai de beaux et nombreux jardins très bien cultivés, divisés en petits carrés pour rendre l'irrigation plus facile: sans eau rien ne pousserait sur ce dur sol argileux trop rarement mouillé par les pluies.

Après avoir marché longtemps dans un chemin tortueux, entre deux murs en terre, couronnés de palmes, nous arrivâmes au village qui s'élève à l'extrémité sud de l'oasis. Les maisons, très irrégulièrement disposées, toutes construites en terre, n'ont généralement qu'un rez-de-chaussée et sont couvertes en palmes. La population est un mélange de blancs et de nègres sahariens, ceux-ci de beaucoup les plus nombreux.

Le cheikh, si Mohhammed ben el Hhadj, ami de mon compagnon le cadi du Souf, nous attendait sur sa porte:

[1] Ce nom est, au fond, le même que Melrhir.

c'était un homme de quarante-cinq ans, de taille élevée, de figure bronzée, de physionomie intelligente. Le déjeuner qu'il nous offrit fut le bienvenu. L'oasis qu'il administre, El Mrhayer, n'était arrosée antérieurement à 1861 que par des puits indigènes fort peu abondants, au nombre de huit, d'une profondeur moyenne de 40 mètres, d'un débit moyen de 385 litres par minute. Le premier puits français, foré en 1862 par le capitaine Zickel, a 48 mètres de profondeur et donne 1525 litres par minute, d'eau à 24°,30. D'autres puits, creusés aussi par les Français, et tous plus ou moins abondants, ont porté à plus de 10 500 litres par minute, à 178 litres par seconde, l'élément d'irrigation dont dispose cette oasis, qui a 500 habitants et 50 000 palmiers.

Ici comme partout, les puits artésiens français sont entourés d'une enceinte en briques séchées au soleil, dans laquelle on a planté quelques palmiers; la clef de cette enceinte est toujours entre les mains du cheikh.

A deux heures, nous sortîmes d'El Mrhayer en passant près du *Bordj-el-Baïlek* (fort, maison du gouvernement). Il est à propos de dire que toute oasis, située sur la route de Biskra à Touggourt, possède un bordj ou caravansérail plus ou moins bien établi et entretenu, où pourraient se réfugier, au besoin, les détachements de puisatiers militaires ou autres qui se trouveraient isolés dans le pays en temps d'insurrection; or, le bordj d'El Merhayer est, par exception, une véritable forteresse.

Laissant à gauche la petite oasis de *Cheriâa* (l'abreuvoir), nous vîmes quelques groupes de palmiers isolés sur la plaine calcaire, sablonneuse, parsemée de lamelles de gypse, tachetée de quelques maigres touffes d'arbustes. Les groupes de palmiers disséminés sur de petits monticules, dans le Sahara algérien, indiquent presque toujours la présence d'une source naturelle, très douce, dont la

Oasis de d'El Mrbayer. — Extérieur du puits artésien

température dépasse rarement 16°, et autour de laquelle s'arrêtent les sables charriés par les vents. Ce sont ces sables qui, fixés par l'humidité, forment les monticules sur lesquels croissent les palmiers par groupes plus ou moins considérables, selon le débit de la source.

A quatre heures vingt-cinq minutes, nous bûmes à la source de *Cheriâet-er-Remel*, c'est-à-dire de l'*Abreuvoir sablonneux*, laquelle est délicieusement ombragée par quatre palmiers. Son eau (1 litre par seconde), est excellente. Nous passâmes ensuite près de l'*Aïn-el-Kerma* ou *source de la Vigne*, très bonne à boire, qui sort d'un mamelon entre cinq vigoureux palmiers. Au soleil couchant nous nous engagions dans le chemin tortueux, bordé de murs en terre, qui précède le village de *Sidi-Khelil*, où le cheikh, si Aïssa ben Slimann, nous donna l'hospitalité, avec couscoussou et café à la mode arabe. Cette oasis, d'environ 5000 palmiers, est arrosée par des puits artésiens indigènes, des puits artésiens français d'un faible débit (Sidi-Khelil étant en dehors du grand courant souterrain de l'Oued-Rirh) et des *behhour* (pluriel de *bahhar*, mer, étang), sources naturelles à 19°,5, tandis que l'eau des puits artésiens est à 24°.

Sidi-Khelil doit son nom à un célèbre jurisconsulte musulman. La soirée que nous y passâmes fut, comme d'habitude, variée par des conversations quelquefois embarrassantes pour moi, car on ne doit blesser les préjugés de personne.

Ainsi par exemple, on me demanda pourquoi les Français avaient aboli l'esclavage.

Je répondis par cette autre question :

— Quel est le père de tous les hommes?

— Dieu ! exclama vivement un petit homme maigre, qui me parut être un lettré.

— Après Dieu, quel est le père?

— Notre Seigneur Adam.

— Puisque nous sommes fils de Dieu et d'Adam, nous sommes tous frères. Or, est-il écrit quelque part qu'il soit permis de réduire son frère en esclavage ?

— Mais les idolâtres?

— Les idolâtres ne sont idolâtres que parce qu'ils ne sont pas instruits ; votre devoir, à vous qui savez, est de les instruire, et si vous ne le faites, vous en répondrez devant Dieu. Que diriez-vous, par exemple, si le Prophète (Que le salut soit sur lui ! exclama l'assistance), au lieu d'enseigner la vérité à vos pères par le Coran, les eût réduits en esclavage sous le prétexte qu'ils étaient idolâtres?

Comme personne ne répondait, j'ajoutai :

« Ne soyez donc pas plus sévères pour les autres que le Prophète ne l'a été pour vos pères. »

Le dimanche, 10 janvier, nous quittâmes, vers 7 heures et demie, le village, qui est défendu par un mauvais mur d'enceinte et entouré d'un fossé à moitié rempli d'une eau stagnante et corrompue, auquel les indigènes donnent aussi le nom de *bahhar*, mer. Immédiatement après, nous traversâmes le lit desséché d'une rivière que mes compagnons me dirent s'appeler *oued Chotth*, puis nous marchâmes sur un sol calcaire, couvert de lamelles de gypse et ne nourrissant qu'une végétation maigre et clairsemée. A 11 heures, nous déjeunions à *Nzâa*[1]*-ben-Zeïk*, près d'un puits artésien creusé à la sortie d'un col que les Arabes nomment *El Bab* (*la Porte*). Ce puits, entouré d'un mur circulaire assez élevé, dans le voisinage d'un bouquet de palmiers et d'un bordj en ruines ou à peu près, date de 1868 ; on le doit au lieutenant Lehaut ; profond de 92 mètres, il donne des eaux très amères, à 23°.

[1] *Nzâa* signifie *chemin à travers la montagne.*

Il est en dehors du grand courant artésien de l'Oued-Rirh ; ceux des petites oasis de *Tenedla* et d'*El Berd*, peu éloignées, sont au contraire sur ce courant même.

A 1 heure nous traversions l'*oued el Melahh-ett-Tharfaïann* ou *Rivière salée des Tamarix*, à sec comme tous ses confrères, et à 1 heure 45, nous dégustions l'eau de l'*Aïn-ett-Tharfaïann* ou *Source des Tamarix :* ombragée par des palmiers, elle est à 23°,8 et me parut fort douce.

A 2 heures 40, nous traversâmes encore une petite rivière à sec appelée *oued el Melahh.*

A partir de là, le pays est tout parsemé d'oasis peu éloignées les unes des autres. Ainsi, nous laissâmes successivement à gauche *Cheriâet (l'Abreuvoir) Bel-Kassem-ben-Thaïeb, Zaouïa, Bahhar-enn-Nakhlat* ou la *Mer des Palmiers ;* sur la droite, nous vîmes *Zaouïet-er-Rehieb*[1] avec ses deux puits artésiens français et son *bahhar*, et *Sidi-Omrann.*

Nous passâmes ensuite au pied du mamelon couronné d'un bordj en terre assez vaste mais à moitié ruiné, qui domine la grande et belle oasis d'*Ourhlana*[2] qui a 30 000 palmiers et dispose de 150 litres par seconde, sans compter ce que lui fournissent quatre *behhour*. L'un des trois puits creusés par les Français est surmonté d'un petit monument à la mémoire du lieutenant Lehaut, qui mourut à Batna de fièvres contractées pendant les forages de l'Oued-Rirh. Ourhlana a 316 habitants.

A 4 heures trois quarts, nous entrions dans la superbe

[1] زاوية *Zaouïa, angle, coin* (de la chambre de Dieu), ou *monastère*, dérive du verbe-racine زوى *zaoua, se retirer, vivre à l'écart.*

راهب *Rehieb, moine*, dérive de رهب *rahiba, embrasser la vie monastique.*

[2] *Ourhlana* signifie *notre refuge.*

oasis de *Djamâ*, où nous devions passer la nuit. Nous nous présentâmes chez le cheïkh, Si Ahhmed ben Slimann, grand diable de negro d'une cinquantaine d'années, qui bondit de joie en nous apercevant et mit toute sa maison sens dessus dessous pour nous être agréable.

Il bondissait et gesticulait, ses yeux brillaient de joie. « Demandez! demandez! nous cria-t-il; tout ce qu'il y a ici vous appartient, et je suis votre serviteur! »

Chez tous les Musulmans, mais particulièrement chez les Nègres et les Arabes sahariens, plus intelligents, plus laborieux et aussi bien plus riches que les gens du Tell, l'hospitalité est considérée comme un devoir sacré. Dès qu'un étranger se présente dans une *déchera*[1] ou dans un douar, les habitants se disputent à qui l'aura chez lui, et celui qui parvient enfin à l'entraîner dans sa maison de gré ou de force (car l'étranger ne sait à qui répondre) est considéré comme un homme heureux, et ses voisins envient son bonheur.

Vers 8 heures, on nous servit le plat national avec la poule traditionnelle. Ce couscoussou répandait une odeur appétissante; mais je sentis mon estomac se révolter lorsque je vis le cheikh saisir la poule à pleines mains, la déchiqueter et nous en offrir les morceaux entre ses doigts dégoûtants.

Bism Illah! (au nom de Dieu!) exclama mon compagnon en saisissant le premier morceau.

Bism Illah! répétai-je en soupirant, et j'acceptai une aile que je portai à ma bouche en fermant les yeux.

Le repas achevé, je poussai un *El hhamdou lillah!* (louange à Dieu!) de satisfaction qui fut entendu du dehors : à peine l'exclamation m'eut-elle échappé qu'une douzaine de pouilleux accroupis devant la porte sautèrent

[1] Nom des villages dans l'Oued-Rirh.

dans la salle comme des chacals affamés pour dévorer nos restes; mais nos gens, qui avaient flairé le danger, firent autour du plat un cercle tellement serré, que les pauvres diables durent s'en retourner le ventre vide, comme ils étaient entrés.

Djamâ est irriguée par de nombreux puits indigènes, deux puits français très abondants (54 et 77 litres par seconde, à 26°) et un *bahhar* à 21° dont l'eau est douce. En quittant, le lendemain matin ce village de 300 habitants, je fus émerveillé de la propreté des rues, de l'élégance relative des maisons, dont plusieurs sont en calcaire du pays et bien entretenues, et de la bonne physionomie de la population dont, ici comme partout dans l'Oued-Rirh, la plus grande partie est composée de nègres. Des femmes lavaient leur linge dans de petits bassins *ad hoc* ou dans les *séguias* (canaux d'irrigation), et ces femmes, proprement vêtues, au visage agréable, aux grands yeux intelligents, ont de la grâce et de l'élégance. Le bien-être, fruit du travail, règne dans cette belle oasis.

En sortant de Djamâ, nous laissâmes à droite de la route une petite oasis dont le nom m'a échappé. A 7 heures et demie, nous étions dans la grande oasis de *Sidi-Amrann*, où l'eau coule partout à flot dans les *séguias*, eau tirant de la magnésie qui la sature un goût fort désagréable. C'est qu'elle est arrosée par des *Cheriâat*, qui sont, comme les *behhour*, des sources naturelles, par des puits indigènes et deux puits français, l'un donnant 80 litres par seconde, l'autre 66 à 67. Aussi peut-elle, au lieu de ses 12 000 palmiers, en avoir bientôt le double. Le village est bien loin de valoir celui de Djamâ; beaucoup de maisons, en terre et en calcaire brut, sont à moitié ruinées; les quelques habitants que j'aperçois sont sales et déguenillés; une femme aux traits flétris porte péniblement sur ses reins, retenu par un pan de son manteau, un maigre avorton qui s'accroche au dos de sa mère comme une chauve-souris au tronc rugueux d'un vieil arbre. Ici c'est la misère, et cette misère a peut-être pour cause la visite du trop célèbre Ali-Bey.

Dans cette même matinée nous croisâmes encore une caravane, de 30 chamaux, portant des dattes de Tong-gourt à Biskra ; vers une heure, d'un plateau où l'alennda domine, nous jouîmes d'une vue magnifique.

Devant nous s'étendait une grande plaine unie, sans végétation, parsemée çà et là de quelques flaques d'eau, réelles cette fois : c'est le chotth *Mgharinn*[1], dans le lit duquel fut livré, en 1854, contre Ben Djellab, le combat qui fit tomber l'Oued-Rirh sous la domination française. Deux monticules assez élevés se dressent à une faible distance, dans le lit du chotth, de chaque côté de la route. On aperçoit à droite les oasis de *Sidi-Rached* et d'*El-Herihira*, dont le nom signifie *eau abondante qui murmure;* à gauche celle de *Sidi-Slimann*, et en face l'oasis de *Mgharr*[2] : toutes ces oasis ont des puits artésiens français.

Le lit du chotth Mgharinn est couvert, dans la plupart de ses parties, d'efflorescences de sel et de magnésie de forme conique, creuses et tronquées, élevées quelquefois de 50 millimètres au-dessus du sol ; si l'on marche dessus, elles font entendre, en s'affaissant, un bruit semblable à celui de la neige gelée sous la semelle de la chaussure.

Après avoir passé près de l'oasis de *Qçour*, nous longeâmes, pendant près d'une heure, la grande et belle oasis de *Mgharinn;* puis, ayant contourné une flaque d'eau

[1] *Mgharinn* ou *Mrharinn* veut dire *les Trous* ou *les Grottes.*
[2] *Mghar* ou *Mrhar*, singulier de *Mgharinn;* veut dire *le Trou.*

qui va baigner la *Petite-Mgharinn*, séparée de la grande par des monticules gypseux, nous gravîmes, à 5 heures et demie, les collines qui bordent le chotth du côté de Touggourt. La nuit nous surprit en cet endroit.

Nous marchâmes alors, sur le sable très épais dans ces parages, au milieu d'une obscurité presque complète, pendant plus d'une heure, n'ayant pour guide que ma boussole, car les traces des chameaux, quoique assez apparentes sur le sable, allaient s'éparpillant dans toutes les directions.

L'agha Si Mohhammed ben Driss, que j'avais fait prévenir, m'avait envoyé deux Arabes munis d'une lanterne; ce furent eux que nous rencontrâmes d'abord; bientôt nous entendîmes des hennissements et des cliquetis d'armes; bientôt après, nous nous trouvâmes en présence d'une troupe de cavaliers : c'était l'agha lui-même, qui venait à notre rencontre avec Si Mohhammed ben Sayah, médecin indigène, M. Britch, maréchal des logis de spahis, son secrétaire français, ses frères et plusieurs autres personnes de sa maison. Malgré l'obscurité qui régnait et mon costume arabe, sous lequel il ne m'avait pas encore vu, Si Mohhammed ben Driss me reconnut très bien, et il m'embrassa cordialement en me souhaitant la bienvenue; puis il me fit monter sur un cheval tout harnaché, qu'un nègre tenait par la bride et qu'il avait amené exprès pour moi.

Je fis ainsi mon entrée à Touggourt, le 11 janvier 1875, à 7 heures 15 du soir.

CHAPITRE IV

L'agha Si Mohhammed ben el Hhadj ben Driss. — Description de Touggourt. — Les Touggourtins. — Les Nègres sahariens. — Les mœurs. — Le hhenna et le kohheul. — Cultures, commerce, industrie. — Le palmier. — Le lagmi et la mahhia. — Superstitions. — Les sauterelles. — Les nomades.

Si Mohhammed ben el Hhadj ben Driss est un homme de belle taille; sa tête qu'il porte toujours haute, sa démarche pleine de fierté, annoncent l'homme du commandement; son visage bronzé est encadré d'une barbe noire, courte, frisée; ses traits sont fortement accentués.

Son père, chef de bonne tente de la tribu des *Sahari*, faisait partie du makhzenn de Cheikh-el-Arab ben Gana, plus connu sous le nom fameux de *Serpent du Désert;* il a trois frères dont l'aîné, Si Sâïd ben Driss, est à la tête de l'aghalik d'Ouargla; les deux autres, plus jeunes, font partie de son makhzenn.

Si Mohhammed est né deux années après la prise de Constantine, c'est-à-dire en 1839; il s'engagea aux spahis le 15 avril 1855, et étudia la langue française sous le sergent Colombo, de la légion étrangère, qui dirigeait déjà avec succès, à cette époque, l'école arabe-française de Biskra. Ses progrès furent rapides.

Sous-lieutenant en 1865, il se distingua au premier siège de Paris, et il fut nommé chevalier de la Légion d'honneur le 8 décembre 1870. Pendant la Commune il se signala de nouveau, fut blessé le 22 mai 1871, lors de l'entrée des troupes dans la capitale, et fut promu, le 22 juillet, au grade de lieutenant.

Le 14 juillet 1872, Si Mohhammed rentra en Algérie et fut nommé agha d'Ouargla; là, il se signala de nouveau par son intelligence et par son énergie à combattre les ennemis de la France; sous son habile direction, son frère Sâïd parvint, après une marche inouïe à travers les sables, à s'emparer d'un brigand qui était la terreur du Sud, Bou-Choucha qui, blessé dangereusement quelque temps auparavant par l'intrépide Moulay-el-Arbi, ne fuyait qu'avec peine et lenteur.

Il fut ensuite nommé agha de Touggourt, de l'Oued-Rirh et du Souf, avec le grade d'officier de la Légion d'honneur; Si Sâïd, promu chevalier, prit la place de son frère à la tête de l'aghalik d'Ouargla.

Tel est cet homme qui me plut beaucoup d'abord, mais dont il me semble que depuis j'ai eu beaucoup à me plaindre; je m'abstiendrai autant que possible, fuyant avec horreur les personnalités, de dire pourquoi et comment.

L'oasis de Touggourt est à 205 kilomètres sud de Biskra; sa plus grande longueur est, du nord au sud, de 8 kilomètres; à son extrémité ouest s'élève la ville; à l'est de celle-ci, au delà d'une grande place irrégulière, s'élève la Casba, réparée depuis l'occupation. C'est dans cette forteresse que se trouve la maison de l'agha, ainsi que la nouvelle caserne des tirailleurs indigènes, isolée par un mur bastionné, crénelé, et formant en quelque sorte un réduit dans la Casba.

La place est bordée, du côté de la ville, de maisons peu

Casba et oasis de Touggourt.

élevées dont les toitures reposent sur des arcades irrégulières et grossières.

La plupart des maisons sont en calcaire jaune du pays; les autres sont en thôb, briques pétries avec de la paille et séchées au soleil. La principale rue, étroite et tortueuse, est couverte et par conséquent obscure, quoique çà et là des trous donnent passage à la lumière; les rues sont assez propres, malgré les chèvres qui s'y promènent à volonté. Les maisons n'ont généralement qu'un étage; elles sont couvertes de terrasses en palmes garnies d'argile, supportées par des poutres en palmier.

La ville est ouverte aux deux extrémités de la place qui la sépare de la Casba; ailleurs, elle est encore entourée de son vieux mur d'enceinte à moitié ruiné; le fossé (*bahhar*), autrefois rempli d'eau stagnante, qui défendait les approches de l'enceinte, a été comblé et planté par l'agha.

La grande mosquée (*Djamâ Kebir*), sur la place, en face de la Casba, est surmontée d'un dôme et flanquée d'un minaret carré; trois des côtés de l'édifice, enduits de ciment, sont percés de petites fenêtres à pleins cintres très élevées au-dessus du sol; sa voûte repose sur des piliers carrés: le sol est recouvert de nattes sur lesquelles s'installent les fidèles pour faire la prière; ici comme partout, l'on se déchausse pour entrer dans le lieu saint.

Deux coupoles ont été ménagées dans la voûte, l'une au centre, de laquelle pend un vieux lustre en fer qui doit être contemporain du Prophète; l'autre, au-dessus de la chaire de l'*imam*[1], est ornée d'arabesques fouillées dans le plâtre et de dessins à couleurs vives.

[1] Ce nom qui signifie littéralement *chef*, *guide*, est donné au marabout qui, dans la mosquée (djamâ), récite la prière à haute voix et fait l'instruction; il dérive du verbe-racine أمّ *âmma*, *mar-*

La chaire de l'imam, adossée à la muraille, ne paraît pas moins ancienne que le lustre; elle a une valeur artistique bien supérieure : les côtés des gradins qui y montent offrent de jolies sculptures à jour qui ont pour sujets les principaux versets du Coran. A côté de la chaire, dans l'épaisseur de la muraille, est une petite niche dont la voûte s'appuie sur deux colonnes de marbre aux fûts ronds et unis, surmontés de chapiteaux ornés de feuilles de vigne et de raisins artistement sculptés; c'est là le *mehharib*[1] qui indique la direction de la Mecque, et où se place l'imam pour faire la prière.

Touggourt a dix autres mosquées dont l'une, située dans la Casba, a été transformée en atelier de maréchalerie; son minaret, autrefois dominé par celui de la grande mosquée, d'où les ennemis faisaient feu sur la garnison, a été exhaussé et percé de meurtrières.

Le quartier des *Mehadjeria*[2], qui comprend une rue, est habité par des Israélites convertis par force à l'islam, il y a environ deux siècles. Malgré cette conversion, ces fils d'Israël ont conservé tous les caractères de leur race et ne se marient qu'entre eux; aussi ne sont-ils guère aimés des Arabes, qui leur reprochent de pratiquer en secret leur ancienne religion. Ils s'occupent de la fabrication des hhaïks, mais leurs femmes ne font absolument rien, pas même la cuisine, dit-on, et ne sortent jamais.

Dans la plaine sablonneuse qui s'étend au nord-ouest de

cher en tête, donner l'exemple. Les fonctions de l'imam sont à peu près celles du pasteur protestant dans son temple et dans sa paroisse Toutefois, l'imam peut être en même temps chef militaire.

[1] Ce nom dérive du verbe-racine حرب *hharaba, être guide, indiquer le chemin.*

[2] Au singulier مهجري *mehadjeri.* Ce nom signifie *séparé des siens,* du verbe-racine هجر *hadjara, rompre avec les siens, se séparer d'eux, les fuir.*

la ville, s'élèvent plusieurs petits monuments carrés, d'aspect assez gracieux : ce sont les tombeaux de la famille des Benou Djellab, qui a régné sur le pays jusqu'en 1854. Le dernier sultan, Si Selmann ben Djellab, se réfugia dans la Tripolitaine après le combat du chotth Mgharinn, qui donna l'Oued-Rirh à la France.

L'oasis de Touggourt renferme, en outre, trois villages, *Sidi Mohhammed ben Moussa*, *Zaouïa Sidi bou Aziz* et *Nezla*, ce dernier derrière la Casba et presque aussi considérable que la ville même.

Les blancs sont, à Touggourt, en bien plus grand nombre que dans les autres oasis de l'Oued-Rirh; ils forment même ici un quart de la population sédentaire.

Leur costume est celui de tous les Arabes algériens, avec cette différence que les Sahariens se tiennent plus propres que les gens du Tell et s'habillent avec plus de recherche. Tous les hommes un peu aisés portent le hhaïk, fixé autour de la chachia par une corde en poils de chameau, dont la longueur et le volume sont en rapport avec la fortune de l'individu; les plus pauvres se contentent du turban ordinaire et de la ganndoura, ou bien encore d'un hhaïk commun retenu à la tête par trois ou quatre tours de corde. Presque tous portent par-dessous une large culotte (*seroual*) en toile de coton; quelques-uns, les plus riches, ont le gilet et la veste maures et des *messtt* (bottes en maroquin rouge sans semelles) avec des souliers plats.

Les vêtements des femmes sont en toile de coton de couleur blanche, bleue, ou rouge avec des raies blanches; c'est la couleur bleue qui domine, la blanche est la plus rare.

Leur costume se compose d'une ample robe appelée *malhhafa*, ouverte sur les côtés, avec de larges manches ne recouvrant que la partie supérieure des bras; cette robe est serrée, au-dessus des hanches, par une ceinture de laine rouge; autour de leur tête est enroulé un turban en étoffe de Tunis plus ou moins riche; quelques-unes, lorsqu'elles sortent, se couvrent d'un voile de même étoffe ou d'un simple foulard en coton, d'autres s'enveloppent dans une sorte de manteau appelé *ghannsa;* la plupart ont les pieds nus.

De larges boucles d'oreilles, les plus lourdes supportées par la chevelure, pendent jusque sur leurs épaules; les cheveux disparaissent sous un énorme paquet de fausses tresses en poils de chèvre; des quantités de bracelets en argent ou en corne cachent la moitié de l'avant-bras; elles portent, suspendues au cou par de longues chaînes, de larges boîtes en argent dans lesquelles sont conservés les *hheurouz* (talismans), et des tubes de même métal, des *mkahheula*, pour mettre le kohheul; quelques-unes ont encore aux jambes des *khelakhel*, sorte de bracelets ou plutôt de jambières qui reposent sur le cou-de-pied; les plus riches, enfin, portent en guise de ceinture une cuirasse en argent, large de 20 centimètres, qui doit les gêner passablement pour se baisser; quand elles marchent, elles font entendre un bruit semblable à celui que devaient faire les anciens chevaliers revêtus de leurs armures. Toutes se teignent les sourcils et les cils avec le kohheul et se jaunissent les mains avec le hhenna.

L'usage du hhenna[1] et celui du kohheul[2] remontent à la plus haute antiquité.

Le *hhenna* (*laousonia inermis*) est un arbuste cultivé dans toutes les oasis du Sahara où on l'emploie comme

[1] Le nom de cette plante dérive du verbe-racine حنا *hhanâ, être verdoyant* (se dit d'une plante).

[2] Ce nom signifie *collyre*, de كحل *khahhala, enduire les yeux* (*de collyre*).

Femme et enfant d'un grand chef arabe du Sahara.

médicament et comme cosmétique; pour ce dernier usage, on fait sécher les feuilles, on les broie, on les réduit en poussière et on y ajoute de l'eau : on obtient de la sorte une pâte qu'on applique pendant quelques heures sur la partie du corps que l'on veut colorer. Les hommes ne s'en mettent guère qu'aux ongles; quelques-uns seulement se teignent une main. Les femmes se teignent les ongles, les deux mains et souvent les deux pieds jusqu'au-dessus des chevilles. La couleur ainsi obtenue est d'un rouge orange.

Le *kohheul* (sulfure d'antimoine), qu'une femme qui se respecte porte toujours dans une petite fiole en métal, sert à teindre les cils et les sourcils et à donner plus d'éclat aux yeux; c'est, en outre, un excellent médicament contre les ophthalmies, si communes dans le Sahara.

Il y a différentes préparations de kohheul; quelquefois c'est un composé de sulfate de cuivre, d'alun calciné, de clous de girofle, de musc, de safran, de benjoin, etc., le tout mêlé et réduit en poudre très fine.

La couleur des Touggourtins varie du blanc pur au noir le plus foncé.

Les trois quarts sont de race nègre, et sur ce nombre, un quart seulement appartient à la race du Soudan, anciens esclaves devenus libres après la conquête.

Les blancs, également un quart, sont Arabes, Berbères ou Juifs. Les Arabes, aristocratie du pays, sont cheikhs, magistrats ou marabouts; qnelques-uns vivent d'un petit commerce de tissus et de bimbeloterie. Les Berbères, de la famille des Beni-Mzab, font en grand le commerce des dattes, des laines et des tissus; ils sont surtout usuriers. Les individus de race juive sont les *Mehadjeria* dont j'ai déjà parlé.

La moitié de la population appartient donc à la race

nègre saharienne, celle des aborigènes, des plus anciens maîtres du sol. Cette race, que nous rencontrons depuis l'oasis d'El Mrhayer, a la peau couleur pain d'épice, le nez gros sans être épaté, les lèvres épaisses, mais non pas allongées, les cheveux plantés par touffes comme chez les peuples du Soudan, mais crépus sans être laineux, et longs chez les femmes. Les individus des deux sexes sont de taille moyenne, hauts de buste, courts de jambes et larges d'épaules. Ces nègres sont dans tout le Sahara la race agricole par excellence; sobres, laborieux et doux, les *Rouarha* (c'est ainsi qu'on les appelle ici) ne demandent qu'un peu de protection pour redevenir ce qu'ils ont dû être autrefois, un peuple nombreux, capable de transformer le Sahara, autant que le Sahara peut se transformer.

Naturellement gais, les Touggourtins aiment le chant et la musique. Je leur connais trois instruments : l'un appelé *rhaëta* a presque la forme et le son du hautbois; le second, appelé *banndir*, ressemble au tambour de basque; le troisième, qui n'a jamais pu charmer que les oreilles des Nègres, est le *thebel*, grosse caisse sur laquelle on frappe avec un morceau de bois crochu.

Malheureusement, la plupart sont ivrognes : il n'est pas rare de voir deux ou trois individus assis autour d'une bouteille d'absinthe, liqueur qu'ils préfèrent à toutes les autres.

Ici comme aux Ziban, le vin, bien que formellement défendu par le Coran, était connu dans ces contrées bien avant l'occupation française; il pénétrait dans l'Oued-Rirh par la Tunisie et Constantine; mais comme il coûtait fort cher alors, les riches seuls avaient le privilège de s'enivrer. Le commun des mortels était réduit au *lagmi* et à la *mahhia;* nous en reparlerons.

Beaucoup de courtisanes, comme à Biskra; mais les

Sahariennes n'en fournissent que fort peu, le gros de la troupe se recrutant, comme partout, dans la féconde tribu des Oulad-Naïl.

La principale industrie du pays est la fabrication des hhaïks, renommés pour la beauté, la solidité du tissu qui est soie et laine; ces hhaïks, dont le prix varie entre 50 et 60 francs, sont vendus aux nomades qui les transportent dans le Sud; on les exporte aussi dans le Tell et jusque sur le littoral, où ils se vendent de 80 à 100 francs. On y fabrique aussi des bernous de qualité moyenne, allant de 30 à 40 francs et qui s'exportent principalement vers le Sud; des souliers et d'autres ouvrages en cuir; des cordes avec les filaments qui recouvrent l'écorce de la partie supérieure des palmiers et que l'on enlève chaque année; des *qefef* (au singulier *qouffa*), sorte de paniers en feuilles de palmier et de la poterie faite au tour par les femmes; et enfin des bracelets et autres ornements grossiers.

Les productions du sol sont : le palmier-dattier, qui donne des dattes de deux principales qualités, les *Deglat-enn-Nour*, très estimées, qui se vendent 30 francs le quintal métrique en moyenne, et les *rhars* qui valent 20 francs dans les bonnes années[1]; l'orge et la luzerne qu'on cultive en toutes saisons sous les dattiers[2]; des figuiers, des grenadiers, des abricotiers et quelques vignes pour la consommation locale; la carotte, le navet et l'oi-

[1] Les dattes sont transportées à Biskra à dos de chameau, et de là on les dirige sur le Tell; on en vend aussi aux Mokhadma et aux Châamba : ceux-ci les revendent aux Mzab qui en font le commerce.

[2] J'ai vu l'orge en épis le 15 janvier. On cultive l'orge et la luzerne sous les palmiers, non pas, comme quelques-uns l'ont rapporté, pour les garantir des ardeurs du soleil, mais afin de faire servir à leur arrosage l'eau qui sert à l'irrigation des palmiers. Dans toutes les oasis du Sahara où l'eau est abondante, on sème de préférence les céréales et les légumes en dehors de la forêt de palmiers.

gnon sont à peu près les seuls légumes cultivés par les indigènes; on y récolte aussi des pastèques, des citrouilles, des tomates et des piments rouges. J'ai remarqué, dans le jardin de l'agha, des gommiers, des ricins et de magnifiques plantations de cotonniers.

Deux qualités de coton ont été essayées par l'agha : le coton de la province d'Oran, qui est bien venu, et le coton à tige rouge du Soudan dont la réussite a dépassé toutes les prévisions.

Les terrains salés de l'Oued-Rirh conviennent admirablement à cet utile arbuste, qui fut sans doute autrefois cultivé dans ces contrées, car on le retrouve à l'état sauvage dans quelques oasis. Au nord et au sud de Touggourt, d'immenses dépressions aux fonds unis et toujours humides, formés d'un mélange d'argile, de sable et de sel, sont éminemment propres à cette culture.

L'oasis de Touggourt a 72 000 palmiers, imposés à raison de 35 centimes par tête, y compris les centimes additionnels pour l'entretien du makhzenn, des courriers, etc.; chaque palmier rapporte en moyenne 8 francs par an.

Touggourt, qui a 2000 habitants, l'oasis entière qui en a 5600, doivent, en somme, leur existence au dattier, qui est l'arbre par excellence du Sahara. Son fruit, la datte, se mange vert ou sec ; après la dessiccation, qui se fait sur l'arbre même, la datte se conserve d'une année à l'autre; de la datte sèche, on extrait un miel qui n'est pas à dédaigner; avec les débris, mélangés à de la farine d'orge, on fait un pain qui se conserve longtemps; du palmier, on extrait un vin agréable; la tête de l'arbre, dégagée de ses branches et de son écorce, est comestible et a le goût de noisette; avec les folioles on tresse des corbeilles, des chapeaux et l'on fait des éventails; les branches donnent d'excellentes lattes pour les terrasses;

les filaments qu'on prend autour du tronc, au-dessous des palmes, sont assemblés en cordes solides; enfin, du tronc même, on fait des poutres pour les maisons ou des pièces pour le coffrage des puits.

Comme tous les Rouarha, les Touggourtins cultivent leurs palmiers avec le plus grand soin. Au printemps, ils plantent les jeunes pousses qui, au bout de quatre années, commenceront à donner des fruits; au mois de mars, ils recueillent le pollen fécondant du palmier mâle pour le répandre sur les fleurs du palmier femelle.

Leur principale nourriture, naturellement, est la datte ; ils mangent aussi de la *rouina*, sorte de bouillie faite avec de l'orge grillée et pilée que l'on délaye dans de l'eau ou du lait et que l'on fait cuire avec des piments et des navets; sauf les riches, ils usent rarement de viande. Ils boivent l'eau des puits, qui est magnésienne et fort incommode à qui n'y est pas de longtemps habitué ; du lait de chamelle ou de chèvre, par exception; et comme boissons fermentées la mahhia et le lagmi. La *mahhia* s'extrait des dattes, tout comme le kirsch des cerises; le *lagmi* sort du tronc de palmiers auxquels on coupe radicalement la tête. D'abord doux, il s'aigrit par fermentation et devient enivrant; il ne se conserve pas longtemps.

Par suite de la stagnation des eaux dans les parties basses de l'oasis, les habitants de Touggourt sont exposés aux fièvres paludéennes qui règnent dans le pays à l'état endémique en mai et en octobre; ces fièvres portent le nom de *tehem*[1]. Pour les combattre, on emploie le singulier remède que voici : le malade mange un chien bouilli

[1] تهم *Teham* ou *tehem*, *odeur fétide*, dérive de la racine تَهِمَ *tahima*, *être gâté* ou *corrompu* et *sentir mauvais* (se dit des végétaux dans les marécages).

en ragoût avec des navets, des carottes, des dattes, de l'ail, des oignons, des piments, etc.; cela détermine une purgation drastique qui le dégage des engorgements viscéraux de la rate et du foie, et le soulage momentanément, mais ne le guérit pas.

Les coliques et les diarrhées, causées par les eaux et par le passage sans transition de la chaleur du jour à la fraîcheur de la nuit, sont aussi très fréquentes au printemps et en automne. Pour se guérir, ces bonnes gens se passent, autour du gros orteil, un fil de soie qu'ils serrent fortement et qu'ils conservent jusqu'à complète guérison; ils ajoutent à cela une large ceinture de laine sur le ventre, mais la guérison est toujours attribuée au fil de soie passé autour du gros orteil.

Les maux d'yeux sont également très communs, mais seulement dans la ville, où ils sont produits par le passage sans transition de l'obscurité profonde des habitations et des rues à la vive lumière du dehors, par l'habitude de dormir à la belle étoile sans se couvrir les yeux, et, ne l'oublions pas par beaucoup de négligence et de malpropreté.

Dès qu'un Arabe est mordu par un chien, il s'empare de l'animal et lui coupe du poil qu'il applique sur la morsure. Se doute-t-il que le chien est enragé, il le tue ou le fait tuer, lui ouvre le corps et lui arrache le cœur, qu'il fait griller pour le manger ensuite, remède infaillible, mais qui ne vaut pas le *hheurz*, la panacée universelle, irrésistible. Le *hheurz*[1] ou talisman est un papier plus ou moins sale sur lequel un marabout a écrit quelques versets du Coran ou une formule cabalistique;

[1] حرز *Hheurz*, au pluriel حروز *hheurouz*, *amulette* ou *talisman*, dérive de la racine حَرَزَ *hharaza*, d'où حَرُزَ *hharouza*, *être fortifié*, *bien muni*.

Touggourt — Place du marché et grande mosquée.

ce morceau de papier, soigneusement plié, est enfermé dans un petit sac en cuir que l'on porte suspendu au cou et que l'on applique au besoin sur la partie malade. Le *hheurz* préserve aussi du *mauvais œil*, c'est-à-dire des sortilèges. Le prix de ce talisman est très variable ; certains marabouts de renom ne se dérangent pas à moins de cinq douros (25 francs).

Au marché de Touggourt — il a lieu le vendredi et il est très fréquenté des gens de l'Oued-Rirh, de l'Ouargla et de l'Oued-Souf — je vis toute espèce d'objets, excepté des tissus de fabrication française ; mais je fus surtout frappé de l'énorme quantité de sauterelles étalées sur des nattes : pour cinq centimes, on m'en donna autant qu'un homme peut en empoigner avec les deux mains.

Les Sahariens, qui sont très friands de sauterelles, les recueillent et les font bouillir dans de l'eau avec du sel : elles prennent alors une teinte plus rouge que celle qui leur est naturelle et, dans cet état, elles peuvent se conserver pendant trois ou quatre mois. Pour les manger, on leur enlève les pattes et les ailes. Les nomades, pour qui c'est là une manne tombée du ciel, les mangent aussi bien crues que cuites, ou grillées sur la braise ou séchées au soleil et conservées dans des peaux de bouc. Le goût n'en est point désagréable.

Tout autour de l'oasis, à la saison des dattes, campe la tribu nomade des *Ftaïet* qui, après la récolte, remonte jusque dans le Tell pour y échanger des dattes et des laines contre les grains qui lui sont nécessaires ; cette tribu, ainsi que celle des *Oulad Moulat*, ancien makhzenn des anciens chefs de Touggourt, est établie sous des tentes au milieu des sables.

Ces nomades, qui opprimaient la population sédentaire et lui prenaient les quatre cinquièmes de la récolte de dattes, ont été mis à la raison par les Français ; ils ne tirent, aujourd'hui, que le produit des palmiers qu'ils possèdent en toute propriété, en vertu de titres bien et dûment établis : soit le quart environ des palmiers de l'oasis.

CHAPITRE V

Les puisatiers et les puits artésiens. — Les *rhethass* ou plongeurs. — Les puits du chotth Bou-Yrou. — Statistique de puits de l'Oued-Rirh. — Les écoles.

En dehors de quelques *behhour*, les oasis ne vivent que de leurs puits. Parlons donc des puisatiers.

La corporation des puisatiers de Touggourt, dont le chef actuel est le nommé Thaleb Abd-el-Kader, se compose de quatorze hommes.

Dès qu'un groupe de propriétaires a résolu de faire creuser un puits artésien, le puisatier, accompagné des khammès[1] des propriétaires et même de ceux des plus plus proches voisins, si les autres ne sont pas en nombre suffisant, se porte au centre du terrain à irriguer, et creuse un trou de cinq à six mètres de côté sur quatre à cinq de profondeur. Ce trou se remplit aussitôt d'une eau épaisse, appelée *el ma fessed* (eau corrompue), provenant d'une nappe ascendante qu'on rencontre toujours

[1] Le khammès est celui qui cultive les terres d'un propriétaire moyennant le cinquième de la récolte. Il dérive de la racine خمس *khamassa*, imposer d'un cinquième.

à cette profondeur; la tâche des khammès est surtout, à l'aide de petits seaux en cuir, d'épuiser cette *ma fessed*, travail souvent difficile à cause de l'abondance des eaux.

On coffre l'excavation au moyen de troncs de palmiers superposés, disposés en cadre de 80 centimètres de côté. Ce cadre ayant été consolidé par les terres qu'on tasse tout autour, on plante, à droite et à gauche de l'ouverture, deux troncs de palmiers inclinés qui se joignent par leurs extrémités supérieures, à 3 mètres environ au-dessus du puits; ces deux troncs sont reliés, à 1 mètre 50 de hauteur, par une forte traverse horizontale en bois dur, laquelle tient une corde où pend une *qouffa* (panier) en feuilles de palmier ou en cuir, destinée à enlever les déblais.

Le puisatier descend alors dans l'excavation, muni d'un instrument en forme de bêche, appelé *fas*, et c'est avec ce faible outil, le même qui sert à remuer la terre des jardins, qu'il perce la couche de calcaire gypseux qui se rencontre partout, dans cette partie du Sahara, sous la couche d'argile, à des profondeurs très variables. Les khammès remontent les déblais, épuisent les eaux d'infiltration, font les cadres en troncs de palmiers refendus, qui sont descendus au fur et à mesure dans le puits.

Le puisatier, qui travaille sans lumière, est exposé à de graves dangers : il arrive qu'on le retire asphyxié par des gaz ou l'eau qui, dès qu'il a percé la couche dure sous laquelle se trouve la nappe jaillissante, se précipite avec une telle violence qu'il n'a pas le temps de remonter.

La profondeur moyenne des puits arabes de l'oasis de Touggourt est de 48 mètres et, normalement, le coût varie entre 1500 et 1800 francs. Mais si le puisatier rencontre des roches très dures, que son instrument ne peut forer, le puits est abandonné. Très souvent aussi, les sables chassés violemment par les eaux jaillissantes, se tassent au fond du puits et l'obstruent complètement. C'est ici que le travail des puisatiers, des *rhethass*[1], comme on dit ici, devient périlleux, terrible.

A la traverse horizontale réunissant deux troncs de palmiers disposés comme nous l'avons indiqué plus haut, sont fixés, descendant jusqu'au fond du puits, deux cordes en écorce de palmier : à l'extrémité de l'une d'elles est attaché un panier destiné à recevoir les déblais; l'autre, plus forte, mais lisse cependant, sert d'échelle aux plongeurs.

Ceux-ci allument un grand feu près duquel ils se déshabillent, ne gardant qu'une étroite ceinture.

Assis près du feu, ils se bouchent les oreilles avec de la graisse de chèvre, puis l'un des plongeurs s'assied sur le bord du puits; il prend de l'eau dans ses mains, se mouille la tête et la poitrine, et descend peu à peu, ne s'arrêtant que lorsqu'il a de l'eau jusqu'au cou ; dans cette position il se mouille encore la tête, fait une courte prière mentale, et commence à souffler en allongeant sa respiration; enfin, ayant fait provision d'air, il disparaît.

Son compagnon, sur le bord du puits, tenant dans sa main la corde-échelle, se tient prêt à obéir aux signaux de détresse qui pourraient lui être faits d'en bas.

Au bout de 3 minutes en moyenne, on voit la corde se raidir avec un léger mouvement d'oscillation : alors un jeune homme, un apprenti ou un manœuvre, tire vivement la corde à l'extrémité de laquelle pend le panier rempli de déblais, et l'on ne tarde pas à voir poindre à la surface liquide la tête du plongeur, aussitôt saisie entre les mains de son compagnon. Après avoir respiré forte-

[1] Ce mot signifie *plongeur*, du verbe-racine غطس *rhathassa*, *plonger*.

ment pendant une demi-minute, le plongeur se lave encore la tête, replonge jusqu'au cou, et remonte pour aller se sécher près du feu. Bientôt son compagnon descend à son tour.

Les corporations de puisatiers ou de plongeurs existent de temps immémorial dans les oasis de l'Oued-Rirh. Il faut être bien constitué pour résister au métier. L'apprenti débute ordinairement à 20 ans; tout d'abord il se produit chez lui, deux ou trois fois de suite, des crachements de sang occasionnés par la rupture de vésicules pulmonaires, accidents accompagnés d'inflammations dans les oreilles, puis d'un écoulement de sang et enfin d'une suppuration des oreilles qui dure quelques mois. Les cas d'asphyxie sont rares et ne se produisent guère que chez les novices.

En général, les plongeurs sont prédisposés à la surdité; il est même rare que les vieux ne deviennent pas complètement sourds; mais leur santé ne paraît pas autrement altérée.

Le plongeur que j'ai observé au puits d'Aïn Bou-Dhlal est demeuré sous l'eau, montre en main, 2′ 45″, mais ils peuvent y tenir 3 minutes, et même davantage lorsque l'eau est claire. Si Mohhammed ben Sayah m'a affirmé avoir vu, à Temacinn, un plongeur demeurer sous l'eau 3′ 45″; la moyenne est de 3 minutes.

Malgré les difficultés, les dangers, ces pauvres gens gagnent peu : chaque panier de déblais, c'est-à-dire chaque plongeon, ne leur est payé que 35 centimes; or, comme un homme ne peut faire que cinq ou six plongeons par jour, il ne gagne que 1 fr. 75 à 2 fr. 10 par jour. Il est vrai qu'il est nourri et reçoit quelques cadeaux en nature.

Ce travail de récurage, toujours assez long, augmente de 1000 fr. à 1200 fr. le prix de revient d'un puits jaillissant, qui coûte finalement de 2500 fr. à 3000 francs. Quant aux puisatiers militaires français, qui emploient à forer la saison d'hiver, ils font des merveilles, leurs puissants appareils pouvant traverser jusqu'à trois et quatre nappes jaillissantes. Heureusement, car l'invasion des sables est rapide, et ce n'est pas trop de tous les efforts pour l'arrêter.

Dans aucun cas un particulier ne peut faire creuser un puits pour son usage propre ; seuls, les chefs de la zaouïa de Temacinn jouissent de ce privilège.

Après avoir essayé quelque temps, depuis l'occupation française, de coffrer leurs puits en briques, les indigènes en sont revenus à leur coffrage en bois de palmier, lequel bois passe à tort pour être incorruptible.

Une chose curieuse, c'est, lorsque les ouvriers arrivent à la nappe jaillissante, la quantité de petits poissons et de coquillages qui sont amenés à la surface par les eaux ; des crabes même sont sortis dans quelques sondages exécutés par M. de Lillo.

Deux essais de puits artésiens français ont été faits dans la Casba de Touggourt ; mais comme elle se trouve à 69 mètres au-dessus de la mer, en dehors du grand courant artésien, qu'on n'a poussé qu'à 76 mètres, ils ne donnent que le débit insignifiant de 20 litres 40 par minute.

De Touggourt à Temacinn, la route passe dans le chotth Bou-Yrou [1], grand fond d'argile uni, sans végétation, que dominent, d'un côté, des collines assez élevées portant une vaste plaine de sable. Les Arabes creusent maintenant, au pied de ces coteaux, des puits artésiens, dont le nombre ne cesse d'augmenter : il y en a bien trente, dont la moyenne profondeur varie entre 40 et

[1] C'est-à-dire de la *chaleur concentrée*.

45 mètres, et dont le rendement moyen peut être de 2000 litres à la minute. Les eaux de ces puits fécondent une belle oasis, de création récente.

En résumé, le nombre des puits artésiens français et des puits indigènes curés à l'aide de nos appareils se trouve réparti comme suit :

DÉSIGNATION DES LOCALITÉS	NOMBRE de puits français ou de puits indigènes curés à l'aide de nos appareils.	PROFONDEUR		DÉBIT PAR MINUTE		OBSERVATIONS
		TOTALE	MOYENNE	TOTAL	MOYEN	
Oued-Rirh jusqu'à Touggourt.......	56	3892.41	69.50	89895.60	1605.28	
Touggourt (ville et oasis)..........	28	1679.70	59.98	4812.60	172.24	26 curages de puits indigènes.
Temacinn et dépendances..........	2	110.16	55.08	519.80	150.90	2 curages de puits indigènes.
TOTAUX.....	86	5682.27	66.07	95028.00	1104.98	

En multipliant la profondeur, 5682 mètres, par 80 fr., prix du mètre courant de forage, on trouve que ces puits ont coûté 454 581 fr. 60, soit 5285 fr. 83 centimes par puits dont la moitié est payée par les intéressés, et l'autre moitié par l'Administration.

Si, au débit total de ces puits, on ajoute un débit égal pour les puits indigènes et les *behhour*, on obtient le chiffre de 190 056 litres par minutes (3.167 par seconde), et celui de 273 680 640 litres par 24 heures, pour les besoins d'une population sédentaire totale de 30 000 âmes environ, y compris Temacinn; cette population cultive 600 000 palmiers environ (20 palmiers par individu), répartis dans 28 oasis.

L'instruction est donnée à 814 enfants, dans 43 mosquées-écoles réparties dans les principales oasis. La ville de Touggourt possède à elle seule 8 écoles, le village de Nezla 4 et la grande oasis de Tebesbest 6. L'enseignement y consiste, au plus, à apprendre à lire et à écrire l'arabe; le plus grand nombre en sort sans savoir autre chose que réciter la prière.

CHAPITRE VI

Temacinn. — La Zaouïa de Tamellaht ou d'El-Hhadj-Ali. — Les marabouts. — Les ordres religieux dans le Sahara.

Mon séjour à Touggourt me fut agréable et profitable : agréable parce que Mohhammed ben Driss était un hôte aimable, attentif; profitable, parce que je vis et j'appris beaucoup.

Parmi les promenades à cheval que je fis avec l'agha, je mets au nombre des plus intéressantes la visite aux marabouts de Temacinn.

L'agha profitant de l'occasion pour faire sortir les spahis et tous les cavaliers de son makhzenn[1], notre suite était nombreuse.

C'est par le chotth Bou-Yrou qu'on se rend à Temacinn, cette dépression menant tout près de là jusqu'à 12

[1] Ce mot dérive de خَزَنَ *khazana, garder;* d'où خِزَانَة *khizana, trésor*, et مَخْزَن *makhzenn*, pluriel مَخَازِن *makhazinn* (d'où dérive notre mot *magasin*), *lieu gardé* et *garde du trésor*, et, par extension, en Algérie, *garde particulière d'un chef* ou *cavaliers entretenus par ce chef pour la police du pays*, comme c'est ici le cas.

kilomètres au sud de Touggourt. Je laisse à penser si les cavaliers de notre escorte oublièrent d'animer notre promenade par de brillantes fantazias sur le fond plat du chotth !

Non loin de l'extrémité méridionale du chotth, nous aperçûmes plusieurs personnages qui se dirigeaient gravement vers nous, montés sur des mules richement caparaçonnées : c'était Sidi Mâammar, cheikh de la zaouïa de Tamellaht, frère du mokhadem Sidi Mohhammed el Aïdet, marabout[1] lui-même, qui venait à notre rencontre, accompagné de plusieurs personnages de la zaouïa.

Sidi Mâammar est un homme de cinquante ans, laid, gros, court, très gras; sa petite tête ronde disparaît presque entre ses larges épaules; son teint est d'une couleur olivâtre très prononcée, son front bas et fuyant; au milieu de sa face ravagée par la petite vérole, un nez difforme se dessine; ses gros yeux rouges semblent vouloir sortir de leurs orbites; sa large bouche est encadrée de lèvres épaisses; sa barbe est peu fournie; mais c'est une intelligence supérieure, et le véritable chef de la zaouïa, le directeur de fait de l'ordre religieux auquel il appartient.

Temacinn, un peu plus grande que Touggourt, s'élève sur un mamelon, mal défendue par un mur d'enceinte à moitié écroulé et par un fossé dont l'eau corrompue, pestilentielle, engendre le terrible *tehem*. C'est le chef-lieu d'un caïdat comprenant, outre Temacinn, les oasis de *Belet-Amer*, *Goug*, *El-Hadjira*, *Thayebinn*, *El-Aliya*.

Il y avait grande affluence ce jour-là à Temacinn, et nous

[1] مربوط *Marabouth* signifie littéralement *lié*, *attaché*, de la racine ربط *rabatha*, lier, *attacher à quelque chose*. On donne ce nom à tout homme qui s'*attache* au service de Dieu et se voue à la vie spirituelle.

cûmes passablement de peine à nous frayer un passage au milieu d'une foule compacte.

C'était une merveille que de voir tout ce monde accourir et se presser autour de nous, au risque de se faire écraser par nos chevaux. Nègres, mulâtres et blancs, hommes, femmes, enfants, faisaient des efforts inouïs pour baiser soit la main, soit les genoux, soit un pan du bernous du marabout; l'empressement n'était pas moindre autour de l'agha, et enfin, se trompant assurément, ces bonnes gens faillirent aussi me renverser de cheval en me tirant par les mains et par mes vêtements, sur lesquels ils déposaient force pieux baisers : une brave femme, soulevant un marmot malpropre, lui colla le visage sur mon genou, où il laissa l'empreinte de ses lèvres; elle-même finit par attraper une de mes mains qu'elle baisa à plusieurs reprises.

La zaouïa est une sorte de grand village carré, entouré d'un mur en terre bastionné aux angles et percé de meurtrières si petites qu'on y pourrait à peine introduire le canon d'un fusil; sur cette enceinte, de distance en distance, des ossements sont censés éloigner les épidémies et empêcher l'ennemi d'escalader les murailles. Cet usage de placer des ossements d'homme ou d'animal sur les remparts se retrouve dans tout le Sahara

Nous fîmes notre entrée dans la maison sainte, au milieu d'une vraie foule de gens de toute espèce, serviteurs des marabouts ou indigents qui vivent de leur générosité. La population d'une zaouïa est toujours très mêlée, car ces couvents jouissent du droit d'asile, et les malfaiteurs y trouvent un refuge inviolable.

Nous attendîmes pendant une dizaine de minutes le mokhadem de l'ordre d'Ett Tidjani, Sidi Mohhammed-el-Aïd ben el Hhadj Ali-ett-Tidjani, homme pouvant avoir alors de cinquante-cinq à soixante ans. Assez gros et court de taille, il est de couleur plus foncée que son frère, ils sont nés de mères différentes; ses traits sont réguliers; l'ensemble de son visage annonce la bonhomie, la timidité même; il parle peu et tient ordinairement les yeux baissés. Il prit lecture des lettres de recommandation que j'avais pour lui.

Il nous mena dans sa chambre, vaste salle surmontée d'une grande coupole, et à la fois salon, chapelle et musée: salon, parce que le parquet y est recouvert de riches tapis de tous les pays du monde, et que tout autour sont alignés des canapés ou de moelleux divans garnis de velours; chapelle, parce que sur le fond de la coupole et sur les murs sont tracés en lettres de différentes couleurs, outre les principaux versets du Coran, le quatre-vingt-dix-neuf noms que les Musulmans donnent à la Divinité; musée, car nul étranger n'y entre sans déposer son offrande, et depuis l'occupation française il en est venu de bien des contrées.

Ce ne fut pas sans étonnement que je vis des Nègres apporter un grand plateau sur lequel étaient rangées une douzaine d'assiettes en porcelaine, toutes pleines de gâteaux, de biscuits, de dragées, de berlingots, etc., etc., provenant sans doute de la générosité de visiteurs européens. Certes, ces friandises n'étaient pas de première fraîcheur: la couche de poussière qui les couvrait en était la preuve éloquente.

L'ordre religieux d'*Ett Tidjani*, ou des *Tedjadjna*, fut fondé à Aïn-Madhi, en 1775, par Sidi Ahhmed-ett-Tidjani, homme instruit, qui avait fait de longs voyages en Orient et en Occident. Aïn-Madhi est une bourgade à l'ouest de Laghouat, au pied du Djebel Amour. Défendue victorieusement contre les Turcs en 1822, par Sidi Mohhammed-el-Kebir, fils du fondateur de l'ordre, elle le fut, en 1838, avec non moins de succès, contre Abd-el-Kader, par Sidi Mohhammed-es-Cerhir, frère du précédent.

Comme je l'ai dit plus haut, le vrai chef de l'ordre est Sidi Mâammar, homme perspicace, rusé, sorte de Richelieu au petit pied, qui dirige très bien sa barque au milieu de toutes les difficultés que ne cessent de lui opposer ses ennemis, dont l'agha de Touggourt n'est pas le moins ardent.

Le chef suprême de l'ordre, dont le pouvoir est absolu, prend le titre de cheikh ou d'*ouali*[1]; les zaouïas, ou centres religieux, sont gouvernées par des *mokhadem*[2], qui peuvent être déposés à volonté par le chef suprême; les affiliés ou clients se nomment *hhabbab*, c'est-à-dire *amis sincères :* ils se reconnaissent à des signes, à des mots de passe.

Les zaouïas vivent de contributions imposées aux fidèles, de dons ou de quêtes faites par les mokhadem ou leurs envoyés.

Tous les pauvres, même les criminels, trouvent, dans la zaouïa abri, nourriture et protection.

Si une tribu cliente perd ses biens ou ses troupeaux, et quelle qu'en soit la cause, la zaouïa lui prête le nécessaire, *sans intérêt*. La tribu rend petit à petit, *comme elle peut* et *quand elle peut*. Cela est beau.

L'ordre d'Ett Tidjani compte ses principaux clients

[1] والي *ouali, chef, gouverneur*, dérive, comme *moula* ou *moulay, maître, seigneur*, de la racine وَلِيَ *ouala, être maître, gouverneur, etc.*

[2] مخدم *mokhadem, maître qui a des gens à son service*, dérive de la racine خدم *khddama, travailler, servir un maître.*

parmi les Touareg dont un chef, El Hhadj Othmann, célèbre par son voyage à Paris, a fondé, au pied du plateau de Tassili, une petite zaouïa qu'il a nommée *Temacininn* ou *Temâssaninn*, c'est-à-dire *Petite-Temacinn*. Il a des ramifications dans l'Oued-Souf, où il possède, à El Guemar, une zaouïa, séjour d'été des chefs de Tamellaht et de leurs familles; il s'étend aussi en Tunisie, mais il a peu de clients dans la Tripolitaine.

Il est battu en brèche par un ordre beaucoup plus puissant, vulgairement appelé les *Khouann* (au singulier *Khaouni*), c'est-à-dire les *frères*: cet ordre a son siège à Nefta, dans le Djerid tunisien: il est très répandu en Tunisie, dans le Tell algérien, surtout en Kabylie et dans le Sahara algérien.

Il y a encore, dans le Sahara, quatre grands ordres religieux:

Celui d'*Es Snoussi*, qui a ses principaux clients dans la Tripolitaine et dans le Sahara oriental, à Rhadamès, à Rhât, dans le Fezzann; son siège est à la zaouïa de Djerhadjib, entre les oasis de Siyoua et de Djalla;

Celui de *Moulay Thayeb*, qui a son siège dans la ville d'Ouazzann, qui se trouve à quelque distance de la côte septentrionale du Maroc, au nord du fleuve Sébou; les clients de cet ordre très puissant sont répandus dans tout le Maroc et dans tout le Sahara du nord jusqu'à Rhadamès;

Celui des *Oulad-Sidi-Cheikh*, qui a son siège à El Abiodh-Sidi-Cheikh, dans le Sahara oranais, où il a ses plus nombreux adhérents, jusque dans le Touat et chez les Châamba. Le colonel Negrier vient justement (1881) de détruire leur maison-mère à El Abiodh et de transporter les os du Saint à Géryville;

Celui d'*El Bakkaï*, qui a son siège à Tombouctou. Les clients de cet ordre, qui peut être le plus répandu, se rencontrent depuis le Touat et le Tidikelt jusqu'au *Sénégal* et depuis le Bornou jusqu'au Maroc.

Parmi ces ordres religieux, il en est un, celui d'Es-senoussi, qui est fort dangereux par son fanatisme; il a été institué dans le but précis d'opposer une digue aux conquêtes de la civilisation européenne. Tout Européen qui voyage dans le Sahara doit se tenir soigneusement en garde contre ses adhérents: ils ne reculent devant aucun moyen, même devant l'assassinat, pour arrêter l'infidèle qui souille de sa présence le territoire sacré de l'Islam.

Voici dans quelles proportions les ordres religieux sont répandus dans l'Oued-Rirh et dans le Souf qui sont, avec les Ziban, les contrées les plus populeuses de la partie orientale du Sahara algérien :

DÉSIGNATION DES CONTRÉES.	TEDJADJNA.	KHOUANN.	MOULAY THAYEB.	TOTAUX.
Oued-Rirh de Touggourt à El Merhayer (29 villages)	197	2013	61	2271
Oued-Souf	2594	3989	»	6583
Totaux	2791	6002	61	8854

CHAPITRE VII

El Aïd el Kebir. — Une fantazia. — Le bahhar el Merdja. — Une noce. — Arrivée de mon guide. — Rabahh ben Amera.

Le lundi, 18 janvier, la poudre parla dès l'aurore dans l'oasis de Touggourt, car c'était l'*Aïd el Kebir*, la *grande fête*, commémoration du sacrifice d'Abraham. Elle s'appelle aussi la *fête des moutons*, parce qu'il est d'usage, dans chaque famille, de manger un mouton à cette occasion.

Vers neuf heures, nous sortîmes de la Casba, les uns, dont j'étais, dans une calèche attelée de deux mules ; les autres, infiniment plus nombreux, spahis, musiciens, gens du makhzenn, notables de l'oasis, les frères de l'agha, etc., caracolant sur de beaux chevaux. L'agha, vêtu d'un hhaïk de fine soie et d'un bernous rouge, montait un superbe alezan dont sa main exercée avait peine à contenir l'ardeur; la selle était de velours rouge, toute couverte de broderies d'or ; les brides étaient de même couleur et richement ornées, les étriers d'argent pur artistement ciselé.

Ayant rejoint l'imam, Si Mohhammed ben Ahhmed,

qui, suivi de marabouts, venait de la grande mosquée, tous montés sur des mules, nous nous dirigeâmes lentement, brillant cortège, vers les tombeaux des Benou-Djellab, anciens sultans de Touggourt. Des musiciens nous jouaient leur plus beaux airs, et derrière eux marchait silencieusement une foule immense.

Au delà des tombeaux on s'arrêta, tous les cavaliers mirent pied à terre, nous restâmes dans notre calèche. L'imam récita une courte prière, que j'étais trop loin pour entendre, puis un discours que je n'entendis pas plus : il y avait là plus de 5000 personnes, assemblée recueillie, s'il en fut. A ce discours succéda une nouvelle prière, assez longue, et de temps en temps le peuple, formé sur une longue ligne, face à l'orient d'où Dieu nous envoie la lumière, se prosternait par trois fois, à l'exemple du prêtre, et par trois fois les lèvres baisaient la terre. Scène simple et grande !

Puis le cortège se reforma et nous reprîmes le chemin de Touggourt. Entre les jardins et la ville l'agha fit faire halte. La musique entonna le meilleur morceau de son répertoire, malheureusement trop peu varié, et en un clin d'œil les terrasses se couvrirent de femmes qui, pour ce jour-là, s'étaient ornées de leurs plus beaux atours. Une immense clameur s'éleva de toutes parts : les femmes, en se frappant sur la bouche, saluaient l'agha par des *you! you! you!* prolongés; des hommes, armés de tromblons, se détachaient de la foule compacte, trépignaient en lâchant des cris discordants, puis se laissaient tomber sur le dos en lâchant leurs coups.

C'était un « lever de rideau » que suivit bientôt la pièce, la fantazia, qui fut splendide; les meilleurs cavaliers de l'Oued-Rirh y prirent part, sur d'admirables chevaux, légers comme des gazelles; montés sur leurs « buveurs d'air », les Sahariens étaient superbes : armés de longs fusils damasquinés, aux crosses incrustées de nacre et de corail, tous avaient mis leur costume des grands jours et les broderies d'or dont ils étaient couverts brillaient de mille feux sous le soleil d'Afrique.

Certes nos courses officielles, de quelques noms anglais qu'on les décore, sont insipides et presque ridicules avec leurs chevaux de parade montés par des jockeys étiques, pour peu qu'on les compare aux courses guerrières des fils du Sahara! Imitons en ceci les Arabes, et non pas les Anglais, et au lieu de rares *sportsmen*, nous aurons toute une jeunesse de cavaliers vigoureux maniant le fusil de maîtresse façon! Jusqu'au soir on ne cessait d'entendre des chants et des coups de fusil : j'ajoute avec regret que l'absinthe et le kif troublèrent plus d'une cervelle, et que plus d'un vieux musulman fut ce jour-là scandalisé à la vue des ivrognes allongés tout autour de la place dans les postures les plus diverses; très peu de buveurs d'absinthe portent des culottes et ceux qui les regardaient en passant étaient fort indignés.

Le 20, nous fîmes une excursion au lac salé que les indigènes nomment *Bahhar el Djadjat* ou *mer des poules*, mais il s'appelle véritablement *Bahhar el Merdja*, c'est-à-dire *Mer de la prairie marécageuse*.

A 10 kilomètres environ de Touggourt, nous arrivâmes à cette nappe d'eau que cache à la vue une ceinture épaisse de grands roseaux. Elle peut avoir 800 mètres de long sur 100 de large; ses eaux sont claires, mais salées comme celles de la mer; de nombreuses bandes de canards, rassurés par l'isolement du lieu, ont fait élection de domicile dans les roseaux qui l'entourent et trouvent dans ses ondes tranquilles une nourriture abondante, car le lac est très poissonneux; on y trouve surtout en grandes quantités une espèce qui ressemble fort à la carpe. De hautes touffes de tamarix poussent aux alentours.

Au retour, comme nous passions près du quartier de Nezla, nous entendîmes des chants discordants, une musique infernale.

C'était un mariage, au milieu d'une foule en liesse.

Nous nous arrêtâmes pour regarder plusieurs groupes de jeunes filles qui dansaient au son de la musique la plus acariâtre que j'aie jamais entendue. Ces jeunes filles étaient toutes dans l'âge de l'adolescence, propres, le visage découvert, franchement gaies.

Il y en avait là de toutes les couleurs et de tous les types, la plupart réellement jolies. En nous apercevant, quelques-unes (pas des plus laides, par ma foi !) firent mine de se cacher le visage dans les plis de leurs manteaux, mais comme cela les gênait pour la danse, elles finirent par y aller bravement, et nous pûmes tout à notre aise admirer leurs grands yeux noirs animés par la joie, et leurs charmants visages embellis par le sourire qui se jouait sur leurs lèvres roses. Presque toutes étaient tatouées au front, sur les joues et autour du cou, et leurs sourcils étaient agrandis avec le kohheul; mais cela n'enlevait rien à leur beauté native ; presque toutes aussi avaient les mains et les pieds jaunis avec le hhenné, en en sorte que, vues à distance, elles paraissaient porter des gants et des chaussettes jaunes. L'une d'elles était miraculeusement belle : vêtue d'une robe blanche serrée à la taille par une ceinture de laine rouge, chaussée de petites pantoufles jaunes, nullement tatouée, c'était, j'ai lieu de le croire, une juive de la tribu convertie par force à l'islam, qui occupe toute une rue de Touggourt.

Au milieu d'une troupe bruyante, quatre solides gaillards portaient sur les épaules une espèce de grande cage à poules carrée, avec une tente en dessus, et sous cette tente était la mariée, me dit-on. Les quatre Hercules, à moitié nus, balançaient et secouaient la cage en tous sens; à coups brusques, ils avançaient, reculaient, sautaient, se baissaient, se relevaient en poussant des cris que la foule couvrait de ses hurlements : à ce roulis, à ce tangage, la mariée devait bien s'amuser.

Le 22 m'arriva le guide que Mohhammed ben Driss avait demandé pour moi à son frère Sâïd, agha d'Ouargla. Ce guide, Ben Driss le connaissait depuis longtemps : ayant parcouru en tout sens les régions du Sahara qui s'étendent entre Ouargla, Aïn-Çalahh, le Hhoggar et Rhadamès, il était comme fait pour me conduire où je voudrais. Et par ailleurs, sa fidélité nous était garantie : on le tenait par ses palmiers des environs d'Ouargla et par ses nombreux troupeaux paissant sur notre territoire.

Me conduire où je voudrais! Hélas! je n'avais plus le choix : les guerres acharnées que se faisaient les Touareg m'interdisaient de remonter l'Igharghar et d'aller me faire tuer sur la route d'Idelès, comme Dournaux-Duperré sur celle de Rhât; je ne pouvais pas non plus suivre l'oued Miyâ jusqu'à Aïn-Çalahh, où M. Paul Soleillet n'avait pu pénétrer, peu de temps auparavant, la Djémâa[1] (conseil municipal) lui en ayant refusé l'entrée formellement, avec menaces.

Restait la route de Rhadamès. Comme il me répugnait d'y aller par les chemins communs, je résolus de remonter le lit de l'ancien fleuve Igharghar aussi loin que

[1] جماعة *djemâa, réunion, assemblée, conseil,* de la racine جمع *djamâ, rassembler, réunir,* d'où dérivent aussi جامع *djamâ, mosquée, lieu de réunion,* et le nom de يوم الجمعة *ioum el djemâa,* donné au vendredi, parce que ce jour là on se réunit dans les mosquées comme chez nous, le dimanche, dans les églises.

possible à partir de Bir el Achiya, où l'avait laissé Dournaux-Duperré, puis de tirer sur Rhadamès par le puits de *Botthinn*, route complètement inexplorée. Je me disais qu'une fois à Rhadamès il me serait peut-être possible de gagner le Soudan par le pays d'Aïr et le Damergou.

Mon guide, Rabahh ben Amera, est d'une taille un peu au-dessous de la moyenne, sec comme les contrées au milieu desquelles il passe sa vie, mais bien pris et solidement charpenté; il paraît avoir de 50 à 55 ans, les traits de son visage basané sont fortement accentués; ses petits yeux gris qui brillent à fleur de tête, son nez en bec de faucon, ses lèvres minces, indiquent l'audace et l'énergie; il porte le costume des nomades : une ganndoura en laine assez grossière, un hhaïk de même étoffe, retenu par trois tours de corde autour d'une chachia qu'il doit avoir héritée de son grand-père, tant est épaisse la couche de crasse qui la recouvre ; son bernous n'est peut-être pas aussi ancien, mais il date au moins des beaux jours de son adolescence, à en juger par ses innombrables raccommodages ; la culotte est un luxe qui ne lui a jamais causé le moindre souci, mais il porte des souliers jaunes dont l'empeigne, plus usée que la semelle, indique qu'ils sont ordinairement logés dans ses tellis[1] et qu'il ne les porte aux pieds que dans les grandes occasions ; il est armé d'un long fusil à pierre, dont la crosse est une véritable mosaïque, tant sont nombreux les morceaux de bois de toutes nuances, dont on l'a raccommodée ; à côté de lui, l'un de ses fils, le jeune Ahhmed, âgé d'une douzaine d'années, qui vient à Touggourt pour la première fois de sa vie, ouvre de grands yeux pour admirer

[1] Grands sacs imperméables en poils de chameaux que l'on suspend de chaque côté, au bât de ces animaux.

les choses extraordinaires qu'il voit autour de lui ; cet enfant a la physionomie ouverte et intelligente. Le fils aîné, âgé de 15 ans environ, est resté dans le Désert avec sa mère et ses plus jeunes frères.

Rabahh ben Amera est, paraît-il un chasseur réputé parmi les Châamba et un notable de la fraction des Oulad Bel Kassem, à laquelle il appartient ; il passe ordinairement l'hiver au milieu des dunes, à la poursuite de la gazelle et de l'antilope ; il va vendre le produit de ses chasses à Ouargla ou à Rhadamès, et il passe le reste du temps campé dans le Désert avec sa famille, ne séjournant quelques jours à Ouargla, où il a ses palmiers, que pour la récolte des dattes.

La première chose qu'il me demanda fut comment je m'appelais.

« — Je m'appelle Nacer ben Lardjou[1], lui répondis-je.

— O bouy[2] Nacer, me dit-il aussitôt, je vais prier Dieu pour qu'il nous envoie du froid, car s'il fait chaud dans les dunes, tu auras à souffrir de la soif.

— Dieu est le plus grand, lui répondis-je, et ce qu'il veut, il le peut. »

Pendant le repas, l'agha lui expliqua que j'étais envoyé par le *hhakem* (gouverneur) d'Alger pour décider les négociants de Rhadamès à venir faire du commerce chez

[1] Victor, l'un de mes prénoms, se traduit en arabe par Mannsour, qui signifie *vainqueur ;* mais, trouvant ce nom trop prétentieux, je pris celui de *Nacer*, qui signifie *défenseur*. *Ben Lardjou* veut dire fils de Largeau.

[2] *Bou* signifie littéralement *père*, et *bouy* (pour *Bouya*) *mon père ;* mais on donne aussi ce titre, au lieu de *sid*, *seigneur*, aux hommes qui s'occupent de sciences, de littérature ou de philosophie.

Un grand nombre de traducteurs écrivent *Abou* au lieu de *Bou*, parce qu'ils font ressortir l'*élif* initial qui lide dans la prononciation.

nous, mais qu'en même temps les marabouts de Temacinn me chargeaient de récolter des plantes, car j'étais un grand médecin, et depuis quelque temps ils étaient tous malades à la zaouïa. « Il ne faudra pas t'étonner, dit l'agha, si de temps en temps tu lui vois examiner l'air et les eaux du Désert : c'est surtout lorsque les vents du sud-est soufflent que les marabouts sont malades, et il s'agit de savoir si ces vents ne traversent pas des contrées empoisonnées ; en ce cas, Nacer chercherait à désinfecter ces contrées. »

L'agha disait cela par mesure de précaution, car les Châamba sont gens très superstitieux : en me voyant faire mes observations météorologiques ou autres, ils auraient pu s'imaginer que je voulais « ensorceler » leur pays.

Rabahh, prodigieusement interloqué, fixa sur moi ses petits yeux.

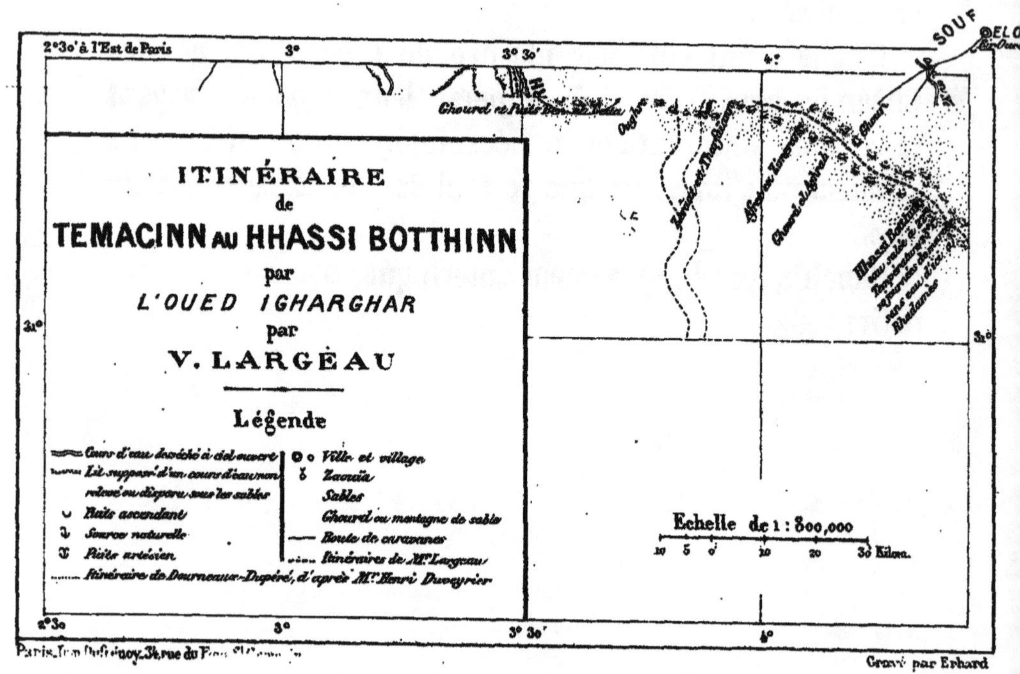
2°30' à l'Est de Paris
3°
3° 30'
4°
SOUF
Ghourd et Puits
ITINÉRAIRE
de
TEMACINN AU HHASSI BOTTHINN
par
L'OUED IGHARGHAR
par
V. LARGEAU
Légende
Cours d'eau desséché à ciel ouvert
Puits ascendant
Source naturelle
Puits artésien
Ville et village
Zaouïa
Sables
Ghourd ou montagne de sable
Route de caravanes
Itinéraires de Mr. Largeau
Itinéraire de Dourneaux-Dupéré, d'après Mr. Henri Duveyrier
Echelle de 1 : 800,000
10 5 0 10 20 30 Kilom.
31°
2°30
Gravé par Erhard

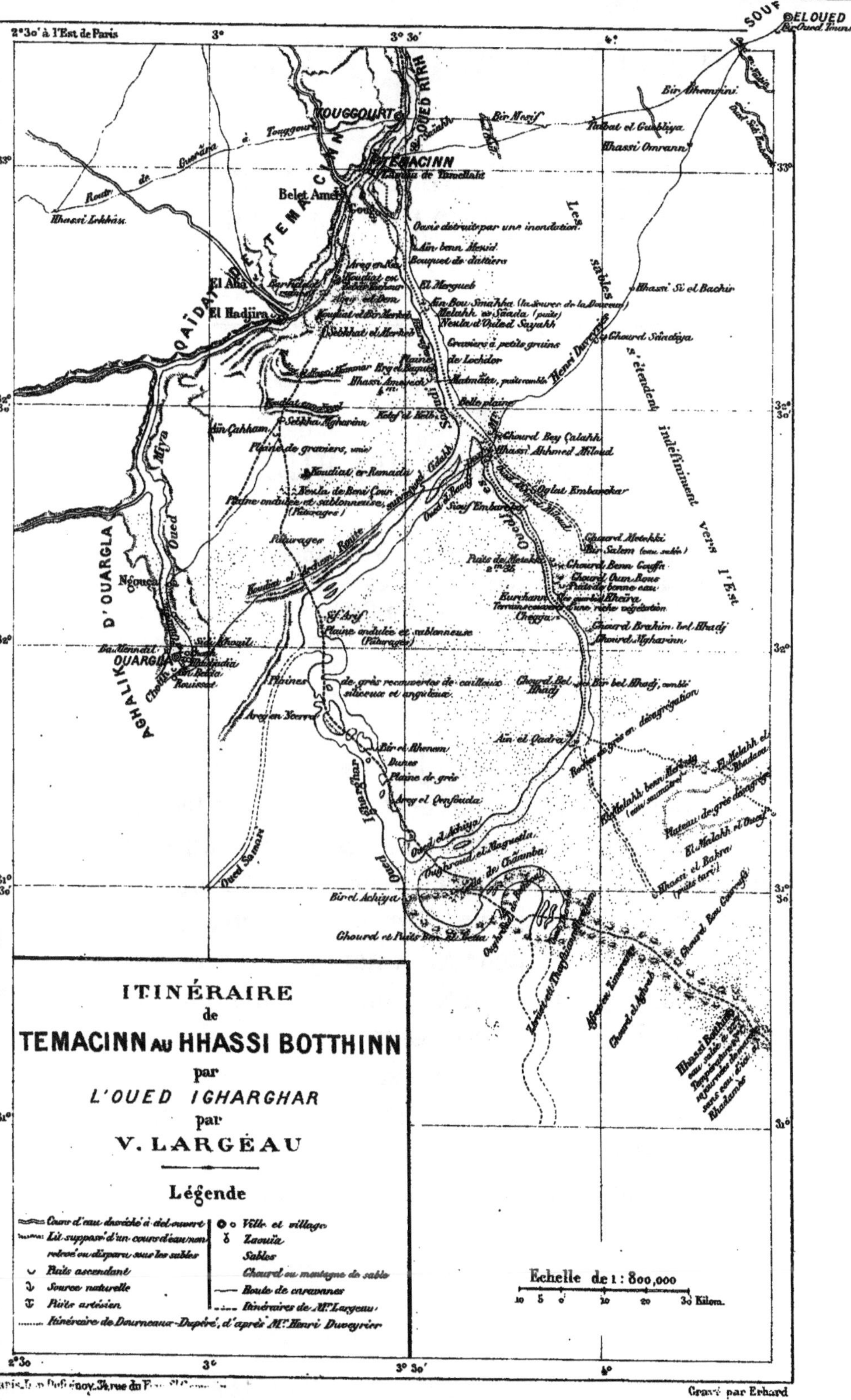

ITINÉRAIRE
de
TEMACINN AU HHASSI BOTTHINN
par
L'OUED IGHARGHAR
par
V. LARGEAU
Légende
Cours d'eau desséché à ciel ouvert
Lit supposé d'un cours d'eau non retrouvé ou disparu sous les sables
Puits ascendant
Source naturelle
Puits artésien
Itinéraire de Dourneaux-Dupéré, d'après Mr Henri Duveyrier
Ville et village
Zaouïa
Sables
Chourd ou montagne de sable
Route de caravanes
Itinéraires de Mr Largeau
Echelle de 1 : 800,000
10 5 0 10 20 30 Kilom.
2°30' à l'Est de Paris
3°
3° 30'
4°
33°
32° 30'
32°
31° 30'
31°
SOUF
EL OUED
TOUGGOURT
OUED RIRH
TEMACINN
Belet Amer
El Alia
El Hadjira
QAÏDAT EL TEMACINN
OUED MIYA
D'OUARGLA
AGHALIK
OUARGLA
Ngouça
Route de Guerâra à Touggourt
Hhassi Lekhhâsi
Bir Ahemjini
Hhassi Omrann
Oasis détruite par une inondation
Aïn benn Messid
Bouquet de dattiers
El Mergueb
Les sables s'étendent indéfiniment vers l'Est
Hhassi Si el Bachir
Ghourd Sândiya
Henri Duveyrier
Belle plaine
Ghourd Bey Çalahh
Hhassi Ahhmed Miloud
Oglat Embarka
Sîf Arîf
Plaine ondulée et sablonneuse (Pâturages)
Plaines de grès recouvertes de cailloux siliceux et anguleux
Arg en Nsorra
Bir el Rhenem
Dunes
Plaine de grès
Arg el Qonfouda
Oued Igharghar
Oued Samari
Aïn el Qadra
Oued el Achiya
Bir el Achiya
Plateau de grès désagrégé
Hhassi Botthinn
Gravé par Erhard

DEUXIÈME PARTIE

LA HAMADA OU DÉSERT DE PIERRES
L'IGHARGHAR — LES GRANDES DUNES DE L'ERG

CHAPITRE PREMIER

Chez les marabouts de Tamellaht. — Belet-Amer. — Les Areg ed Dem. — La sebkha d'el Merkeb. — Les Koudiat enn Neyel. — Les Koudiat el Hhassi-el-Mâmmar. — Aïn-Çahhann. — Les Koudiat er Remada. — Koudiat el Hharchat. — Un fleuve mort. — L'Igharghar. — Bir el Rhanam. — Les serpents pythons dans le Désert.

Partis de Touggourt le 25 janvier, dans l'après-midi, nous allâmes passer la soirée et la nuit chez les marabouts de la zaouïa de Tamellaht. Là, je vis, au souper, devant un immense plat de couscoussou, que mon guide Rabahh avait l'appétit de Pantagruel. Lui, son fils Ahhmed et mon serviteur Ali « nettoyèrent » comme il faut la montagne de couscoussou et le mouton qui la couronnait. Et ce sont ces gens qui, dans le Désert, restent parfois des mois entiers sans manger autre chose que cinq ou six dattes par jour avec une poignée de farine délayée dans l'eau !

Le 26, à 7 heures, nous étions en route : une pente

douce nous mena dans une *sebkha*, grand bassin desséché d'une largeur moyenne de 2000 mètres. Des collines basses qui l'entourent sortent des sources artésiennes qui arrosent à droite et à gauche, sur une étendue d'un kilomètre environ, de petites oasis appartenant à la zaouïa. Le fond de ce « lac » est recouvert d'une blanche couche de magnésie.

A 8 heures 10, laissant à gauche une grande île calcaire où il y a des fragments de silex taillés, nous sortîmes de la *sebkha*, qui paraît s'étendre encore très loin vers le sud-est, et nous marchâmes sur un sol gypseux, sablonneux, très accidenté, parsemé de quelques touffes de *tamarix* et de *zéita*[1].

A 8 heures 30, nous passâmes à côté de la zaouïa de *Sidi-Mohad-Sayah*, et à 8 heures 40 devant le grand village de *Belet-Amer*, enclavé dans une belle oasis ; ses maisons délabrées ont surtout pour habitants des nègres sahariens ; une cinquantaine de tentes de nomades y appartiennent aux *Oulad Amer*, tribu nomade qui possède la plus grande part des palmiers de l'oasis.

A 9 heures, déjeuner au puits artésien arabe d'*Aïn-Atrous* (*Source du Bouc*), peu abondant, dans un petit jardin de palmiers.

A 11 heures 20, nouvelle *sebkha*, de peu d'étendue, ayant à droite des dunes de 15 à 20 mètres ; à 1 heure 10, *veine* de sable dite *Areg enn Nsa* ou *dune des femmes*, puis colline appelée *Koudiat ez zèbâr-Tachour* ou des *Pierres dentelées* ; à 3 heures 50, bivouac sur un lieu élevé, au milieu des touffes de hhalfa, vulgairement alfa[2].

Le 27, debout à 4 heures, sous un air froid (1° seulement), départ à 5 heures 40, après le café de rigueur.

[1] *Limoniastrum Guyonianum*.
[2] *Arthratherum pungens* (P. B.).

Bientôt, d'une éminence, nous vîmes au loin, à l'ouest, une grande vallée unie, bordée à l'horizon, par d'abruptes hauteurs; c'était la vallée de l'Oued-Miyâ.

A 6 heures 45, nous entrâmes dans un enchevêtrement de *veines* assez élevées, de sable roux, que les Arabes appellent *Areg-ed-Dem*, c'est-à-dire *Veines de sang*, à cause de leur couleur foncée. Ces *veines* dont le sable est très humide à une faible profondeur, nourrissent, outre le hhalfa, une vigoureuse végétation d'*alennda*, bel arbrisseau résineux aux longues feuilles aciculaires, lequel atteint une hauteur de 3 mètres dans certaines parties du Sahara.

A 7 heures 50, nous passâmes près de cinq tentes appartenant à une nezla d'*Oulad Amer* dont les troupeaux, chameaux, chèvres et moutons, étaient épars dans une plaine ondulée, couverte de belles touffes de *çfâr* grande herbe à épis dont les animaux sont très friands. Puis nous descendîmes dans la petite *sebkha d'El Merkeb* ou du vaisseau, que dominent des dunes de 100 mètres; elle est voisine de la *Koudiat-el-Merkeb* ou *Colline du Vaisseau*, qui a aussi une centaine de mètres de hauteur, et du *Bir-el-Merkeb* ou *Puits du Vaisseau*, dont l'eau est légèrement saumâtre, au dire de mon guide. Ces noms viendraient de ce qu'on a jadis trouvé une barque à moitié pourrie dans la vase mêlée de sable et de magnésie qui fait le fond de cette dépression; mais, en dépit de cette histoire, ou de cette légende, je crois, d'accord avec les lettrés, que le vrai nom est *Merqeb*, la *Vigie*, de la racine *raqaba*, *regarder*, *observer*.

Sortis de la sebkha, nous longeâmes un lit d'oued desséché, large de 20 à 25 mètres, de temps en temps barré par des dunes basses; à midi 40 nous étions au sommet des collines de *Hhassi-el-Mâmmar* ou du *Puits plein*, hautes de 15 à 20 mètres, abruptes, usées, faites d'un tuf d'albâtre siliceux. A 2 heures 10, nous franchissions les *collines du Cadeau*, les *Koudiat-enn-Neyel*, et leur banc de gypse, dont la surface, au ras du sol, est formée de lames très minces, hautes de 25 centimètres, plantées verticalement. Ces lames, claires et transparentes comme du verre, brillaient d'un tel éclat sous le soleil, qu'il nous était impossible de regarder à terre, en sorte que nous ne pûmes avancer que très lentement, à tâtons pour ainsi dire, au milieu de ce dédale éblouissant; une chute n'eût pas été sans danger sur ces lames tranchantes qui se brisaient, sous les sabots des chameaux, avec un bruit semblable à celui de vitres tombant sur le pavé.

A 3 heures 45, nous établissions notre bivouac près d'une dépression circulaire de 600 mètres de diamètre au milieu de laquelle est creusé le puits d'*Aïn-Çahhann* ou la *source de la Cuvette* [1], puits creusé dans l'argile, coffré en troncs de *zeïta*, arbuste assez abondant aux alentours; son eau, à 16 degrés, est jaune et sulfureuse, grâce sans doute à la décomposition du coffrage.

Le 28, réveillés à 4 heures trois quarts par une froide brise du nord, le thermomètre étant descendu au-dessous de zéro, nous perdîmes deux heures à chercher nos chameaux, qui nous revinrent d'eux-mêmes. Vers 10 heures, nous laissâmes à gauche le *Koudiat-er-Remada* ou *colline de la Perte* (des troupeaux), ainsi nommée des

[1] Les Arabes appellent صحن *Çahann* une large coupe très évasée ou une cuvette; par analogie, ils donnent le même nom aux grandes dépressions de forme circulaire, ainsi qu'aux plaines formées de grès décomposé, usées et déprimées, que l'on rencontre entre les dunes.

Les petites dépressions s'appellent حوض *hhoudh*, au pluriel أحواض *ahhoudh*, mot qui signifie *bassin* ou *réservoir d'eau*, du verbe-racine حاض *hhadha*, *ramasser l'eau sur un point.*

fréquentes rhazias qui s'y faisaient jadis. A 3 heures et quart, après nous être égarés quelque peu sur la plaine nue, nous coupâmes la route ou plutôt la direction d'Ouargla à El-Oued, ville capitale du Souf, et peu après nous établîmes notre bivouac au pied du *coteau des Aspérités* (*Koudiat-el-Hharchat*).

L'eau corrompue d'*Aïn-Çahhann* m'avait quelque peu dérangé, et je ressentais, en outre, une assez forte douleur dans les reins. Je me fis un lit avec les grandes herbes sèches où nous étions campés ; j'y étendis ma couverture pliée en quatre et j'eus ainsi une couche élastique que je n'aurais pas échangée contre le meilleur matelas de laine.

Ayant dégusté l'eau que mon guide était allé chercher, près de là, à une nezla de la tribu nomade des *Beni-Çour*, je m'aperçus avec chagrin que, loin d'être meilleure que celle d'*Aïn-Çahhann*, comme il me l'avait dit, elle était, au contraire, saturée de magnésie, très purgative, abominable ; elle communiqua au café son affreux goût. Voulant, autant que possible, en pallier les mauvais effets, je me fis faire un bon plat de tapioca au beurre que nous mangeâmes avant le couscoussou ; je fis cuire aussi la dernière d'un petit lot de poules que je devais à la munificence de Sidi Mâammar. Ali ayant ensuite servi le café, je lui dis de me passer en cachette une petite bouteille d'excellent cognac que je conservais soigneusement dissimulée au fond d'un *chouari*, parmi les bouteilles d'huile ; l'obscurité était alors assez profonde et mon guide avait le dos tourné ; j'en mêlai donc une bonne goutte à mon café, puis j'en offris à Ali qui accepta sans vergogne, tout mahométan qu'il fût. Je me serais bien gardé de faire la même proposition à Rabahh, musulman fervent dont les lèvres vierges n'avaient jamais été souillées par le contact impur de la liqueur maudite des chrétiens. Maudite ou non, j'en ressentis les plus salutaires effets, et je m'endormis du plus profond sommeil.

Le 29 janvier, le départ est à 5 heures 40, par un degré au-dessus de zéro. Nous commençons par franchir les *Koudiat-el-Hharchat*, hautes de 25 mètres environ, abruptes, usées, formées par des grès sahariens et de l'albâtre anhydre dans un état de désagrégation très avancé.

A 6 heures 35, je m'arrêtais, étonné, devant une immense dépression que je pris d'abord pour une *sebkha*, mais ce n'en était point une.

Le fond de cette dépression, partout accidenté, était, dans beaucoup d'endroits, couvert de petits cailloux anguleux de grès saharien; dans d'autres, il était très sablonneux et nourrissait quelques touffes de *çfar*, de *khenna* et de beaux pieds de *retem* de 2 à 3 mètres. Les rives, abruptes et formées des mêmes éléments que les collines d'el Hharchat, n'avaient pas moins de 100 mètres de hauteur du côté du sud-ouest. A l'est, je remarquai une large ouverture au milieu de laquelle deux masses rocheuses se dessinaient, comme deux îles au milieu d'un fleuve; j'aperçus une autre ouverture à l'ouest.

« C'est là, me dit mon guide, un *fleuve mort*. »

Un *fleuve mort!* L'*Igharghar* seul pouvait avoir de telles proportions, la rive opposée étant si éloignée que j'avais peine à en distinguer les formes; et puis, je me trouvais bien dans le voisinage des lieux que Dournaux-Duperré, mon infortuné prédécesseur, avait explorés dans le pays de l'Igharghar, jusqu'à *Bir-el-Achiya*, où je me proposais de reprendre la suite de son voyage. Je me disais cela en traversant le lit desséché de l'ancien fleuve, au milieu duquel nous rencontrâmes une « jeune » tombe recouverte de pierres avec des branches d'arbustes plantées par la piété des compagnons du défunt, et déjà flétries, comme depuis tant d'années la flore, autrefois luxuriante sans doute, de ces cantons aujourd'hui arides et désolés.

Il ne fallut pas moins de 45 minutes d'une marche assez rapide pour gagner la rive opposée, que nous gravîmes avec beaucoup d'efforts à un endroit où la pente, moins rapide, nous avait paru praticable pour nos chameaux.

Nous nous trouvâmes ensuite sur un plateau sablonneux et accidenté sur lequel poussaient, vigoureux et abondants, le *retem* arborescent, le *hhenna des chameaux*, le *çfâr* et surtout le *hhalfa* dont les touffes serrées ont ici une hauteur extraordinaire; à chaque pas nous faisions lever des lièvres.

Le fleuve décrivait vers l'ouest une courbe immense; ses rives, très accidentées, étaient bordées de gour nombreux.

Qu'appelle-t-on *Gour?*

Gour, au singulier *gara*, désigne des masses de roches demeurées debout, isolées, au milieu d'un fleuve desséché, dans une vallée d'érosion, ou dans une plaine de pierres désagrégées, creusée par les vents. Ces gour indiquent l'ancien niveau des plaines ou des îles. Dans les plaines usées, ils forment, le plus souvent, de longues murailles irrégulières recouvertes d'une calotte de silex ou de grès fin, très tenace, qui a résisté à la désagrégation; cette calotte recouvre toujours des roches gypseuses ou de molasse jaune : ces gour s'usent, cependant, mais lentement et par les flancs, le long desquels glissent successivement les pierres dures de la calotte. Les gour des anciens fleuves doivent, au contraire, leur existence à ce que leurs flancs ont résisté à l'impétuosité des courants; ils s'usent maintenant par le sommet, en même temps que les plaines [illegible]es entourent, parce que leur calotte est de même na[illegible]ue ces plaines. On donne, par extension, le no[illegible]r aux mamelons isolés d'une chaîne de collines ou de montagnes, dont les flancs ont été taillés par l'action des pluies et des vents.

Nous longeâmes ensuite la longue *Dune de l'Éminence*, *Sif-Arif*[1], laquelle se lève au bord même du fleuve, que nous retraversâmes en 50 minutes, pour nous engager dans une plaine de cailloux de grès siliceux qui mirent ma chaussure en lambeaux et me déchirèrent les pieds. J'aurais pu monter à chameau et mon guide m'y engageait avec instance ; mais alors comment aurais-je pu relever exactement à la boussole les nombreuses sinuosités du fleuve? Ali et Ahhmed, qui n'avaient pas les mêmes préoccupations, se dandinaient gravement entre les *chouaris* et leur nonchalance me faisait envie ; mais je tins bon.

A 11 heures, autre descente par des dunes, dans une sinuosité que mon guide me dit s'appeler *oued Ben-Chenntil*. Chaque partie du fleuve a ainsi un nom qui lui est propre, mais le nom général est celui d'*Igharghar*. Vers midi, nous quittâmes encore une fois le fleuve mort pour une plaine sablonneuse où la végétation est assez belle, et, quelques minutes après, nous redescendions dans le lit desséché qui porte en cet endroit le nom d'*oued el Hhachem*, c'est-à-dire le *fleuve Courroucé*.

Après avoir coupé deux îles pierreuses dont la première, qui n'a pas moins de 90 kilomètres carrés, est traversée, dans toute sa longueur, par une longue veine

[1] Les dunes prennent différents noms selon la forme qu'elles affectent : une *veine*, *âreg*, *èrg* ou *eurg*, est une dune longue, peu élevée, en forme de sillon ; un *sif*, au pluriel *siouf*, est une dune allongée, mais assez élevée déjà et taillée en lame de sabre, forme à laquelle elle doit son nom ; un *ghourd*, au pluriel *[illegible]ghroud*, est une montagne de sable le plus souvent de forme [illegible]midale, soutenue par des arêtes qui se prolongent en forme de [illegible] enfin on nomme *zemela*, ou *dune* proprement dite, au pluri[illegible] une masse de sable de forme ronde, comme une montagne [illegible]

Les dunes au sud de Touggourt.

que mon guide me dit s'appeler *Areg-enn-Ncerra*, nous allâmes camper, à 4 heures 10, à l'extrémité de la seconde île, dans un lieu sablonneux, nu.

A peine Ali eut-il étendu ma couverture que je me laissai tomber, brisé de fatigue; mes chaussures en lambeaux étaient collées à mes pieds ensanglantés; je les lavai avec du cognac étendu d'eau; et, comme la veille, le dîner fini, j'additionnai en cachette mon café d'une bonne goutte de cognac : j'en offris à Ali, qui ne fit pas la sourde oreille.

Le ciel s'était couvert de nuages sombres, le vent d'est soufflait et tourbillonnait avec des mugissements lugubres autour des *gour*, dans le lit desséché du fleuve : les chameaux erraient avec une inquiétude visible; à peine si, de temps en temps, ils inclinaient leurs longs cous pour attraper les rares et maigres arbustes qui végètent en ces lieux maudits.

— Nous aurons peut-être de l'orage, me dit mon guide; mais demain, s'il plaît à Dieu, nous déjeunerons *sur l'eau* et nous quitterons ces déserts de pierres.

Avec nos *tellis* et nos *chouaris*, nous formâmes une sorte de paravent, derrière lequel nous nous établîmes de notre mieux pour passer la nuit. Il ne plut pas, Dieu merci.

Le 30, on marcha d'abord dans le lit tourmenté du fleuve, aux rives abruptes, grès en décomposition de 100 mètres de hauteur. A 7 heures 50 nous étions près d'un puits où mon guide fit boire les chameaux qui n'avaient pas vu d'eau depuis cinq jours.

Ce puits, c'est *Bir-el-Rhanam*, le *Puits des Moutons*[1],

[1] Les moutons, comme du reste tous les animaux domestiques, changent de nom en changeant de position sociale : ainsi, *rhanam* désigne les moutons qui paissent par troupeaux; *kebch*, littéralement *bélier*, désigne aussi le mouton destiné à la boucherie; on appelle

sans seuil ni coffrage, profond de 8 mètres, d'une eau à 21° assez agréable au goût.

Toute la journée nous marchâmes, tantôt dans le lit ensablé du fleuve, tantôt sur l'éternel plateau de pierres, jusqu'à 3 heures 35 minutes ; l'endroit choisi pour le bivouac fut l'*Oued-el-Achiya* ou *Rivière du Crépuscule*, oued desséché beaucoup moins large que l'Igharghar, et que je sus plus tard être un bras de ce fleuve, contribuant pour sa part à entourer de son lit mort une île immense.

Les *gour* dont sont bordées ici les rives de l'Igharghar ont des formes variées, fantastiques : tantôt c'est un dôme arrondi, qui surmonte une gara carrée qu'on prendrait pour une *kouba* ou tombeau de quelque saint ; tantôt une tour ronde avec clocheton pointu ; ou bien un champignon colossal dont le chapeau rond porte un cône ; sur la rive gauche, on dirait une longue file de gigantesques dromadaires et, sur le sommet d'une île, un sphinx colossal dont la silhouette se découpe sur le fond bleu du ciel.

Ce soir-là mon guide fit à son fils Ahhmed une opération chirurgicale. L'enfant avait la cheville gauche enflée et, singulier procédé, voici comment opérait le père : après lui avoir fait, avec son couteau de chasse, une forte entaille au-dessus de la cheville, il frottait la jambe de haut en bas avec un morceau de bois rugueux, coupé à un arbrisseau voisin, cela pour activer l'écoulement du sang. L'opération dura un bon quart d'heure, l'enfant ne se plaignit pas et ne parut point souffrir de cette opération barbare. Le lendemain il était guéri.

D'après mon guide, les vipères à cornes, *efâa*[1], et les

djelab celui qui est destiné à être vendu ; enfin, on appelle *qedida* la chair de mouton séchée au soleil.

[1] C'est la *cerastes ægyptiaca*. Les Arabes l'appellent أفعى *efâa*, au

scorpions pullulent dans ces contrées, dans les endroits pierreux et humides ; ils ne montent jamais sur les dunes. Il y aurait aussi dans le pays un serpent qui a jusqu'à deux brasses de longueur et dont la grosseur est telle qu'il peut avaler une gazelle sans en paraître incommodé : on le rencontre rarement, me dit-il, mais dès qu'un de ces reptiles a été signalé tous les bergers fuient avec leurs troupeaux, car la force de son regard est telle qu'il fascine l'homme et le change en pierre.

Je ne fis pas d'abord grande attention à cette histoire, pensant qu'il s'agissait d'un de ces êtres fabuleux comme les Arabes prétendent en rencontrer souvent dans le Désert ; mais depuis lors, j'ai changé d'avis : en janvier 1875, j'ai vu un énorme python, sur le flanc d'une gara, à 12 kilomètres à l'est de Rhadamès ; le capitaine Roudaire en a trouvé dans le bassin des Chotths tirant sur Gabès ; ils sont communs sur la route de Negrine à Ferkane ; bref je suis maintenant convaincu que cet énorme serpent est assez commun dans le Sahara.

pluriel أفاعي *efadï*, d'où ils ont tiré فعا *fâa* qui, à la 5e forme, signifie *être méchant* (*comme une vipère*).

CHAPITRE II

Les causes de la disparition des eaux dans le Sahara. — Oughroud el Maguetla. — Oughroud Bethboul. — La nezla de mon guide. — Les nomades, leur vie heureuse et saine. — Encore l'Igharghar. — Les tamarix d'Ibrahim. — *Ihassi Botthinn.*

Durant ce voyage, le jour, et quelquefois pendant les nuits, merveilleusement belles, du Sahara, je me demandais quelles causes ont pu transformer des contrées jadis arrosées par de grands fleuves en un désert si nu et si aride. Assurément, la décadence de ce pays tient à la disparition des eaux qui l'arrosaient autrefois; mais quelle cause a donc fait disparaître ces eaux?

Lorsque la croûte saharienne, soulevée par une force puissante, émergea lentement du sein des ondes qui la couvraient, les roches sédimentaires dont elle est formée disparaissaient sous une épaisse couche d'argile.

D'un massif central nœud du soulèvement, comprenant les plateaux connus aujourd'hui sous les noms de Mouydir, de Hhoggar, de Tadmaït, de Tassili, etc., sortaient des sources abondantes, et ces sources faisaient des rivières de grand volume qui, fouillant le sol, s'y creusèrent des lits sinueux, larges et profonds, à travers des plaines unies et faiblement inclinées.

Comment ces grandes rivières, mères d'humidité, réservoirs de fraîcheur, sources de végétation, se sont-elles desséchées, notamment la plus grande d'entre elles, l'Igharghar.

J'attribue ce dessèchement au déboisement, et ce déboisement j'en trouve la principale cause dans les luttes sanglantes des nomades, pasteurs de différentes races qui, venant du nort et du nord-est, ont envahi le Sahara, détruisant et refoulant devant eux leurs prédécesseurs.

Ainsi les Berbères [1], débouchant par les gorges de l'Atlas, chassèrent comme des bêtes fauves, dans la plus grande partie du Sahara septentrional, les peuples de race noire dont descendent les Rouarha, non seulement pour s'emparer de leurs terres, mais encore pour les vendre comme esclaves sur les marchés du Nord, tout comme font encore aujourd'hui les Arabes dans l'Afrique équatoriale, après avoir préalablement massacré les adultes des deux sexes trop âgés pour se plier facilement au joug de l'esclavage. Et c'est ainsi que ces mêmes Berbères, refoulés à leur tour par d'autres conquérants, dont les Arabes hhilaliens sont les derniers, se répandirent dans toutes les parties du Grand-Désert, où nous les voyons aujourd'hui errants sous le nom de *Touareg*. Un très petit nombre seulement parvint à se maintenir dans les oasis du Nord, où ils s'adonnent maintenant au commerce : tels les Beni-Mzab et les Rhadamésiens.

Toutes ces transmigrations, toutes ces substitutions de races n'ont pu se faire sans résistances, sans des luttes sanglantes, sans d'immenses massacres. Et, dans un

[1] Il est probable que les Berbères appartiennent à différentes migrations successives venues, les unes d'Orient par l'Égypte; les autres par les îles de la Méditerranée ou par le détroit de Gibraltar. Pour plus de renseignements sur ce sujet, voyez le *Pays de Rirha*, chapitre IX, page 149.

pays où les pluies étaient déjà probablement rares, où peut-être la terre ne produisait que par arrosement artificiel, le massacre ou le départ de la population agricole dut nécessairement entraîner la ruine complète du sol.

En admettant que ces guerres n'eussent pas entièrement déboisé le pays, les pasteurs firent le reste : les troupeaux sont la richesse des nomades ; mais à ces troupeaux il faut des prairies et non pas des forêts, qui ont par ailleurs l'inconvénient de servir de repaire aux fauves. Les plaines boisées et les forêts ne pouvaient trouver grâce devant ces peuples nomades et le feu a dépouillé ces plaines, détruit ces forêts. Chose frappante : les contrées parcourues de nos jours par les pasteurs, notamment par les pasteurs arabes, présentent le même aspect d'aridité, de désolation, et cependant il est prouvé que la plupart de ces contrées furent, en leur temps, d'une fertilité merveilleuse.

Le Sahara donc ayant été déboisé, les pluies sont devenues encore plus rares, et la couche d'argile, balayée par les vents, a laissé à nu une carapace sédimentaire, à travers laquelle les eaux des sources et des pluies s'infiltrent pour former ces rivières souterraines que les puisatiers de l'Oued-Rirh ramènent à la surface pour l'irrigation de leurs oasis. Il n'est pas besoin, du reste, d'aller en Afrique pour étudier ce phénomène : il se produit en petit dans plusieurs parties de la France, où il a aussi pour cause le déboisement des montagnes ; et dans nombre de pays on a pu constater par la sonde l'existence de véritables rivières souterraines. En cherchant bien sur les côtes, on trouverait peut-être les points où ces rivières aboutissent à la mer.

L'Algérie, on n'en peut douter, était menacée de la même destruction que le Sahara. Malgré la grande surveillance et les peines sévères ne voit-on pas, chaque année encore, les Arabes incendier les forêts? C'est qu'ils sont avant tout pasteurs, nés tels, et ce genre de vie convient admirablement à leur nonchalance naturelle, à la simplicité de leurs goûts : ils ne deviendront agriculteurs que par la force des choses, lorsqu'ils seront dispersés, isolés, serrés dans les réseaux de la colonisation.

Tout homme qui a visité le massif de l'Aurès, dans le sud de la province de Constantine, a été frappé de l'aspect de désolation qu'offre la vallée menant de Biskra à El-Kanntara : pas un arbre n'y pousse, tandis que les vallées parallèles sont verdoyantes, avec champs et forêts. C'est que ce val était le passage ordinaire des nomades entre Tell et Sahara, tandis que les autres vallées, défendues par leurs Berbères, n'ont jamais subi le joug des Arabes hhilaliens.

Le 31, nous sortîmes du lit de l'Igharghar; à 6 heures trois quarts, après avoir passé entre deux *gour* pyramidaux de 25 mètres de diamètre à la base et de 40 de hauteur, qui se dressaient, de chaque côté de notre route, comme les débris imposants d'un travail cyclopéen, nous nous trouvâmes en présence d'un massif de hautes dunes appelées *Oughroud-el-Maguetla*[1] ou les *Oughroud de la Bataille*. Elles ont plus de 160 mètres; nous les traversâmes par mille détours, marchant péniblement sur cette voie mouvante; au loin, à gauche, séparées d'elles par une plaine ici pierreuse et nue, là sablonneuse et richement vêtue de çfâr, de hhenna, de retem, s'élèvent d'autres dunes parallèles, les *Oughroud Bethboul* ou *Bathboul*[2].

[1] Pour *Maqetla*, parce que, dans le Sahara, on prononce souvent la lettre ق *qaf* comme notre *g* dur.

[2] بطبول *Bethboul* est composé des deux mots بطو *bathâ*,

Dans cette plaine broutaient des chameaux, dans les touffes de çfâr.

Vers les 9 heures, nous découvrîmes trois tentes dressées dans une petite dépression, au pied d'un *ghourd* très élevé : c'était la nezla de mon guide.

Une vieille femme, qui faisait sentinelle sur une *veine*, nous avait aperçus ; elle courut à notre rencontre en poussant des cris tellement aigus, que je la crus en détresse ; mais je revins de mon erreur en voyant la vieille femme serrer Ahhmed entre ses bras : c'était l'aïeule maternelle du jeune garçon. Aux cris de la vieille, une troupe d'enfants se montra tout à coup, comme sortant de dessous terre, et ce fut alors un joyeux spectacle. Deux femmes parurent à leur tour, et enfin nous vîmes deux têtes d'hommes au-dessus d'un arbrisseau, derrière lequel ces braves gens faisaient sans doute leur sieste, que notre arrivée venait d'interrompre.

Nous nous arrêtâmes à une vingtaine de pas des tentes, et je m'assis sur le sable en attendant que, les premiers transports calmés, on déchargeât nos chameaux. Les enfants me dévisageaient avec curiosité.

Bientôt on m'apporta, dans un vase fait avec des tresses de feuilles de palmier, qu'une épaisse couche de crasse achevait de rendre imperméable, du lait de chamelle que je bus avec plaisir, malgré les poils et autres corps étrangers qui surnageaient à la surface ; on me servit aussi sur un plat en paille de hhalfa, une grosse boule sirupeuse que je pris d'abord pour du miel ; mais Ali, qui partageait mon régal, me tira d'erreur : c'étaient des dattes d'Ouargla qu'on venait de sortir d'une peau de bouc où elles avaient fermenté ; je m'armai d'un nouveau

agir avec lenteur, être lent, et بول *boul*, de بال *bala*, *uriner*. Ce nom signifie donc *uriner lentement*.

courage pour manger ces dattes, mêlées de fragments de paille et de bois, de fourmis énormes et de sable en quantité. Mon estomac ne se souleva pas et j'en augurai bien pour l'avenir.

Pendant que je mangeais, les femmes me dressèrent une tente, affaire de quelques minutes, car la forme des tentes arabes est aussi primitive et aussi simple que le costume et les mœurs de ceux qui les habitent.

Elles se composent de plusieurs bandes d'un gros tissu en poils de chameau cousues ensemble ; ces bandes, à raies blanches et noires, ou quelquefois à raies blanches, noires et rouges, sont appelées *feldja* (au singulier *felidj*), c'est-à-dire *parties, portions*.

Le milieu de la tente repose sur une traverse supportée par deux montants ayant à peu près hauteur d'homme; on fixe les deux extrémités et l'un des côtés au moyen de piquets enfoncés dans le sol.

A cause de sa longueur et du peu d'inclinaison de la toile, cette tente ne serait bien tendue si l'on ne la relevait avec des bâtons de différentes longueurs, à la volonté de ceux qui l'habitent.

En hiver, la tente est toujours ouverte du côté opposé au vent; en été, elle est au contraire ouverte du côté du vent, quand il souffle du nord. Si les rayons du soleil pénètrent par l'ouverture, on tend, au-dessus, une bande de toile blanche.

Au milieu de la tente contre les montants, on place les sacs en peaux de bouc ou de mouton renfermant les provisions de la famille, dattes, farine, couscoussou, viandes de mouton ou de gazelle séchées au soleil, etc. Si la famille est riche et les provisions abondantes, on les met dans des tellis, grands sacs de même tissu que la tente.

A l'entrée de la tente, à droite et à gauche de l'ouverture, sont rangés les selles, si l'on possède des chevaux

La nezla de mon guide.

(ce qui est très rare dans le Sahara), les palanquins des femmes et les ustensiles de cuisine. Ceux-ci consistent en une marmite à double fond dont la partie supérieure, mobile, est percée de petits trous, comme une passoire, pour faire cuire le couscoussou et la rouina ; en calebasses de différentes dimensions pour mettre le lait et pour boire ; et en un grand plat en bois, qui a jusqu'à 80 centimètres de tour, dans lequel mange la famille.

Devant la tente, et sous des abris qui les protègent contre les rayons du soleil, sont suspendues les peaux de bouc contenant la provision d'eau, le lait de chamelle, de chèvre ou de brebis.

La tente est ordinairement divisée en deux parties par une sorte de rideau tissé par les femmes avec du poil de chèvre ou de chameau : d'un côté couchent les hommes, de l'autre les femmes et les enfants.

La tente est le travail de la femme : elle en tisse les feldja, elle la monte et la démonte.

L'homme ne s'occupe que de la garde des troupeaux, des approvisionnements, de la chasse et de la défense de sa famille ; s'il n'est pas chasseur, il passe la moitié de sa vie dans une immobilité complète, à rêver, à dormir.

La femme est aussi chargée de la provision d'eau ; cependant, si le puits est trop éloigné (et il l'est quelquefois de plus d'un jour de marche), un homme va remplir les peaux de bouc qu'il porte sur un chameau ; la provision d'eau est faite alors pour quatre ou cinq jours.

Les femmes des nomades ne sont pas voilées et jouissent d'une liberté relative.

Ma tente une fois dressée, l'on y étendit ma couverture et l'on y transporta mes bagages ; je m'y installai avec d'autant plus de bonheur qu'il faisait une chaleur excessive. Or, non seulement les tentes en poil de chameau sont imperméables, elles jouissent encore de la propriété de ne point se laisser traverser par la chaleur : elles forment donc l'abri le plus solide, le plus sain et le plu facile à transporter qui convienne à un nomade.

Toute la nezla vint s'asseoir en cercle à l'entrée de ma tente. Il y avait là deux familles : celle de mon guide, comprenant sa belle-mère, vieille femme d'une soixantaine d'années ; son épouse, grande, belle et forte femme sur le retour de l'âge ; sa belle-sœur, grande gaillarde d'une quarantaine d'années, à mine éveillée ; un sien neveu, grand benêt de 18 à 20 ans, passablement laid et dont la physionomie était loin d'annoncer une grande dose de génie ; son fils aîné, Abd-er-Rahhmann, jeune homme de 16 à 17 ans, à mine intelligente mais sournoise ; Ahhmed, celui qui nous avait accompagnés ; un autre petit garçon de 8 à 10 ans, et deux mignonnes petites filles. L'autre famille se composait du mari, fort gaillard d'environ 40 ans, à l'air plus que naïf ; de sa femme assez jolie personne de 25 à 30 ans, et de leurs deux jeunes enfants, un garçon et une petite fille.

Les hommes étaient affublés d'une ganndoura crasseuse, toute rapiécée et descendant à peine jusqu'à mi-jambe, d'un court hhaïk en laine retenu autour de la chachia par deux ou trois tours de corde en poils de chameau, et d'un burnous qui avait dû servir à trois ou quatre générations ; le tissu primitif en avait disparu pour faire place à une infinité de pièces réunies par des cordes ou ficelles de toutes espèces ; ces pièces elles-mêmes variaient, suivant leur ancienneté, du blanc presque pur à la couleur bistrée que peut donner, à un vêtement de laine, l'oubli de lavage pendant plus d'un demi-siècle. Comparés à ceux que j'avais sous les yeux, les vêtements de Rabahh me parurent luxueux ; n'était-il pas le chef de cette nezla?

Les femmes étaient vêtues d'une ganndoura sans manches, un peu plus longue que celle des hommes, ouverte sur les côtés presque jusqu'à hauteur des hanches ; moins rapiécé mais non moins sale que celui des maris, ce vêtement était serré autour de la taille par une large ceinture rouge. Elles portaient, enroulé autour de la tête, une sorte de turban en soie ou en coton noir et rouge ; leurs cheveux noirs, épais et frisés, que le peigne n'avait jamais souillés de son contact, tombaient pêle-mêle sur des épaules dont la blancheur pouvait être difficilement comparée à celle de l'albâtre. Ces cheveux, dont nos élégantes sauraient tirer un si bon parti, disparaissaient, de chaque côté du visage, sous des paquets de fausses nattes en poils de chèvre ou de chameau, le tout formant un assemblage multicolore, de toutes les nuances intermédiaires entre le fauve clair et le noir jais. De leurs oreilles pendaient de larges et lourdes boucles en cuivre ou en argent, d'un diamètre à peu près égal à la largeur de la main ouverte; d'autres boucles, beaucoup plus larges et plus massives, étaient passées dans les fausses nattes, au-dessus des oreilles; des morceaux de corail brut et des perles en verre formaient autour de leurs cous des colliers qui retombaient jusque sur le sein ; des bracelets en corne, en cuivre et en argent ornaient des bras et des jambes qui, après un bon lessivage, eussent fait envie à plus d'une coquette civilisée ; enfin sur leurs visages aux traits réguliers et autour de leurs cous, des tatouages rouges et bleus, qui avaient sans doute la prétention de représenter des fleurs et des colliers, donnaient un caractère sauvage à leur beauté.

Quant aux enfants, ils étaient encore plus légèrement vêtus que leurs parents ; quelques-uns même allaient nus ; aussi leur épiderme était-il tellement brûlé par le soleil, qu'à la première vue on les aurait pris pour de petits négros. Tout le monde allait nu-pieds.

Ayant l'idée d'écrire quelques lettres, je demandai à Rabahh s'il y avait dans sa nezla un homme disposé à les porter à Ouargla, la ville la plus proche ; il me proposa son neveu, qui accepta la corvée moyennant cinq douros ou vingt-cinq francs.

Avant tout, il fallait songer aux cadeaux. A Rabahh je donnai une boîte de poudre de 500 grammes ; j'en offris de plus petites à son compagnon et à son neveu ; puis je fis présent aux maris de bracelets en corne et en faux corail, de colliers et de boucles d'oreilles pour leurs femmes ; j'offris des babouches en cuir jaune à Abd-er-Rahhmann et à Ahhmed ; des pétards aux petits garçons et des poupées aux petites filles : la première gamine qui empoigna la poupée l'entendit crier sous ses doigts, aussitôt la joie disparut ; épouvantée, jetant la poupée à tous les diables, l'enfant s'enfuit en poussant des cris affreux.

Ramassant la poupée, j'en expliquai le mécanisme à mon guide, et celui-ci, fier d'étaler devant les Châamba sa science, leur conta que rien n'était plus simple, que ce bruit n'avait rien d'effrayant, qu'il sortait d'une vessie d'oiseau cachée dans le corps de la poupée, et aussitôt la gaîté de renaître dans tout ce petit monde.

Quelle joie j'éprouvai devant le bonheur naïf de ces enfants à la vue de jouets, véritables trésors dont ils n'avaient jamais soupçonné l'existence ! Je voulais, dans la candeur de mon âme, leur apprendre à s'en servir, et en même temps les faire un peu bavarder pour juger de leurs petites intelligences ; mais je vis mon guide lever sa main droite et diriger vers mes yeux ses cinq doigts allongés. Cela voulait dire : « Que mes doigts te crèvent les yeux. »

Les Arabes et particulièrement les Châamba, croient que l'étranger qui s'occupe trop de leurs enfants *leur jette le mauvais œil*. Lorsque l'hôte pénètre sous la tente, au père de famille qui lui présente ses enfants il doit se contenter de dire : « Qu'ils soient bénis! » et ne plus s'en occuper.

Je cessai donc de jouer avec les enfants et je me disposais à écrire mes lettres, lorsque Madame Rabahh entra dans ma tente :

— Mon mari m'a dit que tu étais médecin ; je viens te demander un remède pour guérir les piqûres de scorpion ; ce matin encore j'ai failli être piquée en arrachant du bois.

Je tirai d'une caisse une petite fiole dans laquelle je versai quelques gouttes d'ammoniaque et j'expliquai à la brave femme la manière de s'en servir. Elle partit enchantée.

Au bout d'un instant, l'aïeule arriva tout essoufflée pour me faire la même demande. Puis ce fut le tour de l'autre mère de famille. Puis, bientôt, arriva le grand neveu de mon guide : il me confia qu'il souffrait de fortes douleurs dans le ventre et dans la tête et qu'il se ferait tuer pour moi si je voulais le guérir.

Pour le coup, je compris que, du train dont allaient les choses, j'étais condamné à médicamenter tous les gens de la nezla, grands et petits ; il fallait couper court :

Dans une timbale à moitié remplie d'eau, je versai une assez forte quantité de bitter de Hollande, et je dis à mon malade d'avaler d'un trait. L'amertume de ce breuvage lui tira une grimace qui ajouta considérablement à sa laideur ; ensuite, je lui mis sous le nez un flacon d'ammoniaque, en lui disant d'aspirer légèrement. Pour le coup, il se leva d'un bond en trépignant, en maugréant, en hurlant.

Quand il revint à lui, « penses-tu, mon ami, lui dis-je, qu'il y ait maladie ou maléfice capable de tenir tête à mon remède? Si tes douleurs reviennent jamais, n'hésite pas à m'en prévenir, je te ferai respirer quelque chose de si fort que le diable lui-même n'y pourrait résister. »

Il se déclara guéri. L'émotion du grand dadais n'était pas encore calmée, que Madame Rabahh se présenta de nouveau à l'entrée de ma tente :

— Tu m'as donné, me dit-elle, un remède pour guérir les piqûres de scorpions ; il m'en faut un autre pour empêcher ces vilaines bêtes d'entrer sous ma tente. J'ai payé bien cher des *hheurouz* (sing. *hheurz*, talisman) aux marabouts d'Ouargla ; je les ai pendus à l'entrée de ma tente après les avoir cousus dans des sacs en cuir, et cependant à chaque instant je trouve des scorpions sous mes tapis.

Me doutant bien que tous les *hheurouz* que je pourrais lui écrire n'auraient pas plus d'effet que ceux des marabouts d'Ouargla, je répondis à ma naïve hôtesse :

— Dès que tu verras un scorpion à l'entrée de ta tente, jette-lui au visage quelques gouttes du liquide que je t'ai donné, et tu verras comme il se dépêchera de se sauver.

Vers midi, les femmes apportèrent le couscoussou, que l'on servit dans un plat monumental en bois, monté sur un pied élevé, antiquité respectable qui avait sans doute servi aux *diffa* des ancêtres de mon guide. La moitié d'un mouton couronnait la pyramide ; des tranches de citrouille étaient méthodiquement rangées tout autour du plat.

Lorsque ces dames placèrent le plat devant moi, je me gardai bien de lever les yeux dans la crainte d'apercevoir les mains qui avaient préparé mon dîner. L'idée seule que je pouvais les entrevoir en mangeant me faisait frémir ; j'attendis donc que les cuisinières se fussent éloignées pour regarder en face le produit de leurs élucubrations culinaires. La cuiller étant un ustensile absolument inconnu chez les nomades Châamba, le prévoyant

Ali tira les miennes du sac où elles étaient serrées, et nous mangeâmes de bon appétit, car ce couscoussou avait un goût agréable; mais il était mêlé avec une telle quantité de sable que je l'avalai presque sans le mâcher, tant je redoutais de l'entendre crier sous mes dents. De temps en temps, je portais les lèvres à une calebasse remplie de lait de chamelle placée à côté de moi ; malgré les corps étrangers qui montaient à la surface, je buvais ce lait avec plaisir, n'ayant eu pendant plusieurs jours à boire que de l'eau plus ou moins saturée de sel et de magnésie.

Dans l'après-midi, je tâche de m'instruire des choses sahariennes. Je questionne mes hôtes sur la formation et sur la marche des dunes dans ces contrées. Ils me répondent que les *oughroud* au pied desquels nous sommes campés commençaient à peine à se former lorsqu'ils étaient enfants, mais que depuis ils ont lentement grossi; ces dunes ne sont point mouvantes et, à leur connaissance, il n'en existe point dans le Sahara qui changent de place; comme preuve ils me font remarquer quelques arbustes et des touffes de hhalfa qui poussent jusque sur le sommet des *oughroud.* Les vents d'est, me disent-ils, et surtout ceux du sud-est, apportent beaucoup de sable, mais comme les dunes ne grossissent qu'insensiblement, la végétation se renouvelle au fur et à mesure et ne disparaît jamais complètement. Il pleut rarement dans leurs contrées, et ils sont restés souvent deux années sans voir tomber une goutte d'eau, mais les orages sont presque toujours d'une violence extrême.

Le neveu de mon guide revint vers le soir avec son chameau chargé de quatre peaux de bouc remplies d'eau : j'en goûtai et elle me parut assez douce.

Je demandai aux Châamba pourquoi, au lieu d'aller chercher de l'eau très loin ils ne creusent pas des puits dans tous les endroits où ils campent habituellement.

Ils me répondirent que le creusement des puits leur coûte beaucoup de peine, faute de bons outils, et que le plus souvent ces puits s'éboulent.

Ils n'ignorent certes pas qu'un coffrage préserve les puits des éboulements, du moins pendant de longues années; mais pour faire un coffrage durable, il faut des briques, et la fabrication des briques est un grand travail.

En somme, quel peuple au monde peut se dire plus réellement heureux que ces nomades? Eux seuls connaissent la vraie liberté, celle qu'aucune ordonnance n'entrave.

Les nomades n'ont jamais connu la tyrannie : l'autorité appartient au chef de famille, et, si plusieurs familles sont réunies, au plus ancien, qui prend alors le titre de *cheikh*, c'est-à-dire *vénérable*. Si un tyran se montre, ils le tuent; s'ils ne peuvent le tuer, ils le fuient.

L'espace sans limites leur appartient de l'est à l'ouest, du nord au sud. Dès que les pâturages sont épuisés dans un coin du Désert, poussés par un simple caprice, ils plient leurs tentes, les chargent sur leurs chameaux avec provisions et bagages, puis ils vont à l'aventure, à la recherche d'un site plus agréable et plus fertile.

Les contrées où ils errent sont les plus salubres du monde; les maladies épidémiques qui sévissent sur les grandes agglomérations d'hommes, sont inconnues chez eux.

L'air qu'ils respirent est un air vierge qui n'a été respiré par aucune autre poitrine, qui n'a été corrompu par aucun des miasmes qui déciment en été les populations de l'Oued-Rirh, qui n'a jamais été souillé par ces exhalaisons qui empoisonnent les villes industrielles, et en abâtardissent la race.

Chaine d'Oughroud.

La vraie richesse du nomade consiste en troupeaux : les chameaux lui donnent le poil qui sert à tisser sa tente, les brebis la laine avec laquelle il fabrique ses vêtements ; les chamelles et les brebis lui donnent leur chair succulente, et leur lait, délicieux breuvage.

Il possède, dans les oasis, des jardins de palmiers qu'il fait cultiver par ses *khammès*, et il échange, contre la farine que lui apportent les gens du Tell, le superflu de ses laines et de la récolte de ses palmiers.

Il a peu de besoins, sa sobriété est proverbiale ; il arrive à un âge très avancé et conserve toutes ses facultés jusqu'à ce que, *rassasié de vivre*, il s'endorme du sommeil éternel, au milieu de sa nombreuse famille.

Malheur à qui, chez eux, manquerait de respect à une *barbe blanche ;* il serait chassé de la tribu et le mépris des siens le poursuivrait à travers le Désert. L'homme peut vieillir sans regret dans ces contrées : le respect des jeunes gens augmente à chaque poil de sa barbe qui blanchit.

En raison même de l'isolement dans lequel il vit, le nomade ne connaît aucune des subtilités qui dénaturent une religion. Illettré, il ne connaît du Coran que les plus sains préceptes qu'il transmet à ses enfants. Debout dans le Désert, le visage tourné vers l'Orient d'où nous viennent la lumière, la chaleur et la vie, il prie avec ferveur le Dieu unique, créateur et directeur des mondes.

Par leur simplicité, les croyances du nomade sont celles qui se rapprochent le plus de la Religion ; car la Religion plane au-dessus de toutes les religions ; elle est *Une* comme Dieu est *Un ;* les religions sont à la Religion ce que les dieux sont à Dieu.

Si le nomade est superstitieux, il le doit à ses rapports, si rares qu'ils soient, avec les habitants des villes où il trouve des vendeurs de talismans qui abusent de sa simplicité.

Sans doute il y a chez eux des mauvais drôles, mais si l'on tient compte du genre de vie des Arabes sahariens, on ne peut s'étonner que d'une chose : c'est qu'il y ait si peu de brigands parmi eux. Les détrousseurs qui parcourent le Grand-Désert sont pour la plupart des gens qui ont dû quitter leur pays à la suite de l'insurrection de 1871 ; ils ont juré une haine mortelle à ceux qu'ils considèrent comme leurs tyrans ; chassés de partout, ces gens-là sont obligés d'écumer pour vivre et ils s'allient aux pillards de profession qui descendent des plateaux du centre ou qui habitent au sud-ouest du Tidikelt, du côté du Ihoggar.

L'Arabe est l'homme de la nature par excellence ; il est capricieux comme un enfant, et il agit souvent sans se rendre compte de la portée de ses actes. Il y a en lui un singulier mélange de grandes qualités et de passions mesquines : ainsi tel homme qui, aujourd'hui, exposera généreusement sa vie pour son maître, n'hésitera pas à lui soustraire, demain, une bagatelle de trente sous.

Il ne faut jamais ajouter une confiance aveugle aux protestations d'amitié et de dévouement dont ils sont si prodigues, surtout lorsqu'ils ont reçu ou qu'ils attendent un cadeau ; si considérable que soit le présent, ne croyez pas que l'Arabe s'en contentera ; la satisfaction sincère du premier moment s'effacera bien vite. Les bons sentiments qu'évoque un don chez lui doivent être stimulés de temps en temps par de nouveaux présents, sinon ils disparaîtront pour faire place à une haine irréfléchie, tenace et bête, mais sincère.

Le sentiment du juste est inné chez l'Arabe, tout comme chez l'enfant, et il aime la vérité ; mais comme il est impressionnable, crédule et qu'il manque de jugement, il est souvent exploité par des gredins qui, au nom de Dieu et du Prophète, le poussent à d'abominables excès.

Le lundi 1er février, debout au lever du jour, je vis, à ma grande satisfaction, que le ciel était couvert. N'ayant rien à redouter des ardeurs du soleil, je m'armai de ma carabine, d'un poignard et d'un revolver, et je fis l'ascension du *ghourd* élevé au pied duquel nous étions campés. Arrivé au sommet, je jugeai que ce *ghourd* avait environ 180 mètres d'altitude. De ce belvédère je contemplai une plaine immense avec le lit sinueux de l'Igharghar, et de longues chaînes parallèles d'*oughroud* allant du sud-est au nord-ouest ; le sable de ces dunes est fauve clair comme le grès saharien ou molasse jaune dont il a son origine.

Dans la soirée, toutes mes lettres étant écrites, le messager, monté sur un léger mehari, partit pour Ouargla, bien qu'il plût avec violence ; et nous, le lendemain matin, 2 février, nous partîmes aussi, quittant la nezla, bien reposés.

Au moment de nous mettre en marche sur le sable durci par la pluie, je vis avec étonnement que Rabahh s'en allait sans embrasser sa femme et ses enfants qui nous suivaient de loin en nous souhaitant un heureux voyage ; il paraissait même presser le pas pour ne point entendre leurs adieux. A bout d'un instant, nous n'entendîmes plus que la voix aiguë de l'aïeule qui nous suivait en invoquant bruyamment Sidi Abd-el-Kader el Djilani, en le priant d'éloigner les mauvaises gens de notre route et de nous préserver des accidents. Elle nous accompagna en psalmodiant ainsi pendant plus d'un quart d'heure.

J'appris depuis qu'un Arabe qui part pour un long voyage doit s'en aller sans regarder les siens, car la vue des larmes de sa femme lui porterait malheur et briserait son courage; il ne doit pas non plus se retourner aussi longtemps qu'il pourrait les apercevoir.

Nous dirigeant vers le sud-est, nous descendîmes, à huit heures quarante, dans le lit de l'Igharghar dont les deux tiers sont encombrés de hautes *veines* de sable; à l'ouest on me montra, paraissant surgir du fleuve mort, un ghourd très élevé, appelé *Ben-el-Quettha*, c'est-à-dire le *Fils de la Chatte*, au pied duquel se trouve le puits du même nom, empoisonné par le cadavre d'un Arabe qui s'y est laissé tomber en remplissant ses outres.

Que l'insouciance de ces nomades est grande! — Nul ne s'est donné la peine de retirer le cadavre de ce malheureux qui pourrit dans le puits depuis plus de deux mois.

Après une traversée qui ne dura pas moins d'une heure et demie, nous gravîmes la rive opposée du fleuve, puis nous tournâmes un grand *ghourd* haut de 200 mètres, puis ce fut un labyrinthe de *veines* et de *sabres*, puis une plaine de graviers avec de maigres touffes de *zimerann*, arbuste épineux, puis trois bras de l'Igharghar, que nous franchîmes; la première s'appelle tout simplement Igharghar; la troisième *Oued Dzerebia* ou *Rivière Agile*. Dans l'une des deux îles qu'entourent ces trois bras, je ramassai des morceaux de quartz pyromaque: M. Rivière, membre de la Société d'Anthropologie de Paris, auquel je les ai soumis, ainsi que d'autres recueillis près de Rhadamès, y a reconnu des instruments de l'âge de pierre: l'un des fragments, rond, est un percuteur, portant encore des marques de l'usage auquel il a servi; les autres sont des grattoirs très reconnaissables. J'en ai fait don au musée de Niort.

Le *fenek* (*fenecus Brucei*), abonde dans ces parages.

Là, nous quittâmes définitivement le fleuve mort, qui

se dirige ensuite vers le sud, sans sinuosités notables, me dit-on.

L'oued Igharghar, dont je venais de relever le lit principal dans la plus grande partie de son cours inférieur, ne paraît pas avoir été connu des anciens, qui n'avaient que des données vagues sur l'intérieur de l'Afrique.

Les Romains connaissaient le lac Tritonis, qui était peu éloigné du littoral. Grâce à leur expédition de Phazanie, ils eurent aussi, sans doute, quelques renseignements sur l'ancien fleuve Triton (l'oued Souf), dont ils placent les sources près de la gorge Garamantique (Rhât), et qui, au dire d'Hérodote, se jetait dans le grand lac Tritonis; mais ils ne sont guère allés, au sud de l'Atlas, au delà de Biskra : dans cette direction, leurs géographes ne parlent, en fait de cours d'eau, que de l'oued Djeddi, qu'ils appellent *Nigris* et qui, au dire de Pline et de Juba, « sépare l'Afrique de l'Éthiopie. » Les mêmes géographes avaient aussi une idée vague de l'oued Guir (*Gir* de Ptolémée), qu'ils confondent souvent avec le *Nigris*, en donnant de l'un une description qui se rapporte exactement à l'autre. Si les Romains se fussent avancés au delà de l'Atlas jusqu'aux lieux où s'élève aujourd'hui Touggourt, nul doute qu'ils auraient eu connaissance de l'Igharghar qui, tout près de là, mêlait ses eaux à celles de l'oued Miyâ, autre grand fleuve maintenant desséché. Leurs eaux réunies formaient l'oued Rirh[1], que les Romains ne paraissent pas avoir connu davantage, si ce n'est par ouï-dire : dans ce cas, ils l'auront confondu avec le *Triton*, tout comme Ptolémée a confondu entre eux le *Gir* et le *Nigris*.

[1] Les vieux Rouarha se rappellent avoir vu, dans leur jeunesse, un mince filet d'eau couler encore dans le lit de l'oued Rirh ; ils parlent même de débris de ponts encore très reconnaissables, mais dont je n'ai pu vérifier l'existence.

Vers 3 heures et demie nous étions dans un enchevêtrement de petites dunes où poussent avec vigueur hhalfa, retem, zimmerann, hhadh (*Cornulaca monacantha*, Delile), âzel (*Calligonum comosum*, L. Herit.); nous commençons à voir beaucoup de gazelles. La halte fut à quatre heures cinq, à la sortie des dunes, au pied d'un *ghourd* élevé et à l'entrée d'une plaine graveleuse appelée *Zerâat-ett-Tharfaïann-Ibrahim*, ou *Semis des tamarix d'Ibrahim*. Ne voyant pas de tamarix aux alentours, je demandai à mon guide pourquoi ce lieu s'appelait ainsi. Il me répondit que le lendemain il me montrerait les arbres en question, et, en effet, le lendemain matin, à une demi-heure de là, autour d'une petite dune de 10 mètres de haut, il me fit voir quelques tamarix de 2 mètres d'élévation, et, avec un petit air de triomphe : « Voilà, me dit-il, les tamarix d'Ibrahim; *écris-les bien tous*, car tu n'en trouveras pas d'autres dans ces contrées. » Je comptai, en effet, les tamarix et *je les écrivis*, au nombre de huit, selon le désir de Rabahh[1].

La nuit fut sombre, pluvieuse, mais la pluie, assez faible, ne perça pas mes couvertures, tandis que Rabahh et son fils, vêtus d'un simple bernous, furent mouillés jusqu'aux os. Nous partîmes à 6 heures, par un temps superbe, qui ne tarda pas à ranimer les deux pauvres Châamba grelottants, notamment mon bon Rabahh, qui, suivant son habitude, invoqua au départ Sidi-Abd-el-Kader : « O Sidi-Abd-el-Kader, mon maître, préserve-nous des accidents, éloigne les méchants de notre route! »

Après avoir contemplé, comme je viens de le conter, les huit tamarix d'Ibrahim, et longé les dunes appelées *Oughroud ett Tharfaïann-Ibrahim*, nous passâmes d'une

[1] C'est le *Tamarix pauciovulata*. J. Gay.

plaine de graviers dans la dépression nommée *Afret-ez-Zimerann*[1], de ce que cet arbuste y pousse en abondance; ensuite, notre petite caravane, dépassant la *Dune du Scorpion* (*Ghourd-el-Aghrab*), ainsi appelée parce qu'un homme y mourut d'une piqûre de cette vilaine bête, se dirigea vers les dunes du Hhassi Botthinn, à travers des plaines richement vêtues de çfar, des *veines* et des *sabres* qui ne manquent pas de la végétation habituelle aux sables du Désert, hhalfa, çfar, hhenna, retem, etc.

A 3 heures et demie, nous étions arrivés au lieu du campement, près du puits Botthinn.

[1] عفرة *âfra*, d' عفر *âfara*, *être d'aspect poudreux*, et ضمران *dhimrann*, nom arabe de l'*echiochilon fruticosum*, dérive de ضمر *dhamara*, qui, à la 8e forme, signifie *être sec, desséché, ratatiné.*

CHAPITRE III

Une rencontre. — Mon guide malade. — Séjour forcé. — Les chasseurs d'antilopes. — El Hhassi Botthinn. — Les dunes, leur flore et leur faune. — La chasse dans les dunes. — Le Châambi et son chameau.

On s'installa sur un point élevé, où tout en étant abrités des vents du nord par une forte *veine*, on pouvait explorer la plaine sans être aperçus. Cette précaution est toujours bonne à prendre dans le voisinage des puits, rendez-vous ordinaires des Touareg et autres pillards qui y guettent les caravanes et même les nomades, dans le but de *rhazer*[1] leurs troupeaux.

Avant de lâcher les chameaux au pâturage, mon guide prit son fusil pour aller reconnaître le puits, dont nous étions peu éloignés. Il trouva, installés près du puits, deux chasseurs d'antilopes, le père et le fils, qu'il

[1] Nous disons *rhazer*, du verbe-racine غزا *rhaza, faire une incursion;* d'où : غازية *rhazia, expédition militaire*, et غزي *rhezi* ou غزو *rhazou, armée expéditionnaire;* par extension : *bande de pillards.*

connaissait depuis longtemps et nous n'avions rien à craindre.

Il n'était pas bien, mon guide; il se plaignait de douleurs aux reins, à la poitrine, et me demandait un jour de repos, qu'on emploierait à faire provision d'eau, car il n'y avait plus un seul puits jusqu'à Rhadamès, distance de dix à douze journées de marche. J'accédai sans peine à cette prière; il eût été bien imprudent de laisser s'aggraver ce refroidissement, que Rabahh devait à la pluie de la nuit précédente. Un grand feu, des pastilles, un bon plat de tapioca très pimenté, du thé bien chaud, additionné d'une forte dose d'alcool de menthe de Ricqlès, avec cela je remis mon homme sur pied.

Sachant qu'il avait, dans un sac en cuir, un bernous neuf destiné à être offert en cadeau à l'un de ses amis de Rhadamès, je l'engageai à s'en vêtir pour passer la nuit, mais il s'y refusa net, dans la crainte de le salir.

Il fit un trou dans le sable et s'y coucha comme un chien, la tête entre les jambes, et son fils fit de même, à la garde de Dieu !

Le lendemain 4, j'étais debout comme les premiers feux de l'aurore se montraient à l'orient. A ma grande surprise, je vis qu'une abondante rosée était tombée pendant la nuit et qu'il en était résulté une gelée blanche assez forte.

A 5 heures, le thermomètre marquait 3° 8 au-dessous de 0, par un ciel pur, sans un souffle de vent ; dans un petit seau que nous avions laissé, la veille, plein d'eau pour le café du matin, il y avait une couche de glace de 8 millimètres d'épaisseur ; à 5 heures 50, au moment où le soleil paraissait, le thermomètre était descendu à — 5, et à midi, il montait à + 39°.

J'ai cru remarquer que le voisinage d'un puits, si

profond et si peu abondant qu'il soit, exerce toujours une influence considérable sur la température des lieux sahariens.

Mon guide était mieux et nous prenions le café quand nous vîmes un homme, venant du puits, marcher vers nous : C'était le chasseur que Rabahh avait rencontré la veille.

Je lui offris du café, près du feu. Il accepta.

Il me dit s'appeler Oumer ben Mohhammed, et appartenir à la fraction des Châamba Oulad-Bou-Saïd. C'était un homme de haute taille, paraissant âgé de 45 ans environ ; son visage bronzé, sillonné de rides profondes, avait un grand air de rudesse.

Il portait une courte ganndoura serrée à la taille par une large ceinture de cuir, à laquelle était suspendue, outre un énorme coutelas, une cartouchière en cuir garnie de tubes en roseau ; un court hhaïk, fixé autour de la chachia par une corde en poils de chameau, couvrait le cou et les oreilles et passait sous la gorge, d'où il pouvait être relevé jusque sur le nez, à la façon des Touareg, afin de préserver les voies respiratoires du sable fin que les vents d'est soulèvent ; il avait aux pieds de gros chaussons de laine, sans semelles : chaussure excellente pour se préserver du froid aux pieds pendant la nuit et, dans le jour, pour courir à travers les dunes.

Il nous raconta que, peu de jours auparavant, il avait tué, à l'endroit même où nous nous trouvions, une antilope et six gazelles. Cet exploit cynégétique, la chasse miraculeuse qu'il promettait à Rabahh dans les dunes, il n'en fallait pas plus pour faire oublier à mon guide ses maux de reins et de poitrine et son sage propos de rester tranquille pendant toute la journée. N'y tenant plus, il prit son fusil, et, j'eus beau dire, il partit avec Oumer.

A la visite d'Oumer succéda celle de son fils, grand jeune homme de 20 à 25 ans, au visage agréable, aux grands yeux noirs surmontés d'une paire de sourcils parfaitement arqués; il était très proprement, et je dirai même luxueusement vêtu d'un beau hhaïk de Touggourt et de deux bernous presque neufs, chose inouïe chez les nomades Châamba. Sa naïveté me plut singulièrement : il prit notre macaroni pour des tronçons de serpent; il n'avait jamais vu de bougie, ni d'allumette, et ne pouvait pas comprendre qu'une chandelle éclairât la nuit puisqu'on n'y voyait point de feu le jour.

Après le café j'allai voir le puits suivi d'Abd-er-Rahhmann et du jeune chasseur. Il était à 10 minutes au nord, au delà de trois veines parallèles, entre quatre *oughroud* de 250 mètres de hauteur. De ces dunes, celles de l'ouest portent le nom de *El Hhassi* ou *du puits;* parmi les deux autres, la plus au sud a seule un nom : *Bou Oqa*, c'est-à-dire le *Père de l'accident*, parce qu'une masse de sable, détachée de son sommet par le vent, ensevelit une fois deux chasseurs assis sur une de ses arêtes.

Le Hhassi Botthinn[1], creusé dans une couche de grès saharien poreux, et, sous celle-ci, dans un banc calcaire, a 22 mètres de profondeur et des eaux très saumâtres et désagréables au goût, dont la température, à 11 heures, était de 23 degrés.

[1] Les lettrés ou soi-disant lettrés arabes que j'ai consultés ne sont pas d'accord sur l'étymologie de ce nom : on m'a d'abord dit qu'il fallait écrire حسي بطّين *hhassi Botthinn*, du verbe بَاطَ *bâtha*, *dormir en plein air, bivouaquer;* d'autres m'ont assuré que *botthinn* dérivait du verbe-racine بطّ *battha, être fatigué*. Mais (n'en déplaise à tous ces lettrés qui sont si peu d'accord entre eux), je préfère l'explication qui me fut donnée par le simple Rabahh. D'après

Dans l'après-midi, pendant qu'Ali et Abd-er-Rahhmann remplissaient de cette eau amère nos outres et nos tonneaux, je fis, en compagnie du jeune chasseur, une excursion aux alentours. D'un *ghourd* de 300 mètres, hauteur moyenne des dunes de cette contrée, il me le sembla du moins, nous contemplâmes tout un vide chaos d'*oughroud* pyramidaux, de *veines*, de *siouf* arrondis du côté du vent, à pic du côté opposé ; les chaînes de sable laissent entre elles des dépressions de 1000 à 1500 mètres de largeur, tantôt sablonneuses, tantôt obstruées de *veines* ou de *sabres*, tantôt couvertes de blocs de grès en désagrégation.

Ces vallées, nature grande et triste, sont usées, creusées par les vents du sud-est, tourbillons furieux qui pulvérisent les roches décomposées, en font du sable, soulèvent ce sable, et le conduisent, par les veines et les arêtes, jusque sur le sommet des oulhgroud.

Les vents du sud-est apportent aussi du sable de très loin : en passant sur les immenses plaines de grès désa-

lui il faut traduire par le *Puits où l'on campe* ou le *Puits des campements*, et écrire, par conséquent حسي باتين *hhassi Batinn*, de بات *s'arrêter pour passer la nuit, camper*. Toutefois et afin de ne pas offenser l'usage, j'écrirai *Botthinn* comme le font la plupart des lettrés arabes.

Les deux mots حسي *hhassi* et بير *bir* signifient également *puits*, mais avec la différence suivante : *hhassi* qui dérive de حسى *hhassa, creuser dans un endroit sablonneux pour y trouver de l'eau*, *désigne un puits creusé sans efforts* (avec les mains, par exemple) *dans un lieu sablonneux* et particulièrement *dans le sable d'un cours d'eau desséché à ciel ouvert;* tandis que *bir*, de بار *bâra creuser* (*dans un terrain dur*), désigne un *puits creusé dans un sol dur, à l'aide d'un instrument*, comme c'est ici le cas. Mais les Châamba ont l'habitude de donner le nom de *hhassi* à tous les puits indistinctement.

grégé qui s'étendent au delà de Rhadamès, ils soulèvent des nuages épais qu'ils emportent vers le nord-ouest, où ils vont former de nouvelles dunes ou bien agrandir les anciennes; on voit alors, au milieu du brouillard plus ou moins épais qui couvre le Désert, le sable passer d'une dune à l'autre comme une fumée légère que le vent chasse devant lui.

Il est certain que les oughroud des environs du Hhassi Botthinn se sont formés comme je viens de l'exposer, de matériaux pulvérisés transportés dans le pays même et de particules amenées de loin, de l'est et surtout du sud-est : le sable de la partie inférieure de ces dunes est d'un grain relativement gros, tandis que celui qui recouvre la partie supérieure est beaucoup plus fin, et aussi d'une couleur bien plus foncée, ce qui prouve qu'il est surtout formé de grès ferrugineux dont je n'ai trouvé de nombreux échantillons que dans la Hamada de Rhadamès.

Les oughroud du Hhassi Botthinn sont de formation toute récente; mon guide prétend les avoir vus à l'état de *siouf* lorsqu'il commençait à porter le fusil; or, Rabahh ben Amera est âgé de 55 ans environ; ils ont grossi sans beaucoup changer d'aspect : « les dunes qui me guidaient autrefois dans mes chasses m'aident encore aujourd'hui, me dit-il, à reconnaître ma route. »

Ainsi, par suite de la marche envahissante des sables vers l'ouest, les plaines libres qui s'étendent de ce côté et le lit de l'Igharghar lui-même sont appelés à disparaître.

Durant le cours de ce voyage, j'ai remarqué que la surface des dunes et des plaines sablonneuses se ride sous le vent absolument comme les eaux d'un lac effleuré par la brise : s'il pleut ensuite, ces rides, loin de disparaître, deviennent si dures qu'elles meurtrissent le dessous des pieds comme des roches de granit.

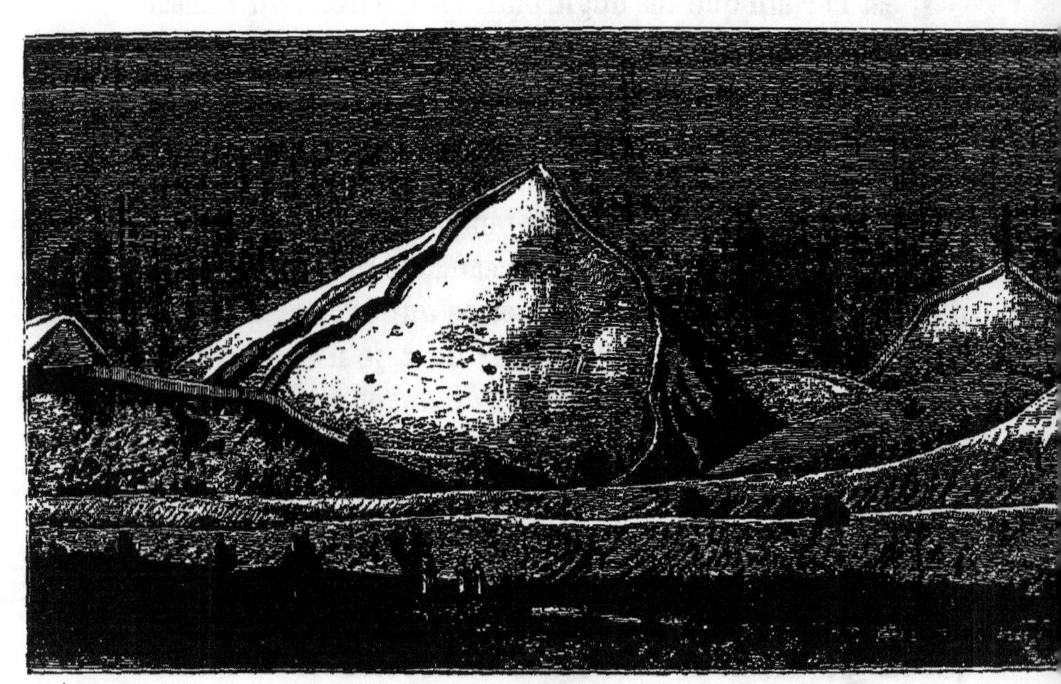

Le *ghourd el Hhassi* au pied duquel est creusé le puits de Botthinn.

J'ai observé que, dans les lieux où il tombe d'abondantes rosées, immédiatement après la pluie, il sort du sable, spontanément, une végétation herbacée très serrée, mais si fine qu'elle est à peine visible. Cette végétation éphémère disparaît toujours dès qu'elle est frappée par les rayons du soleil.

La flore des dunes est peu variée : elle est vigoureuse : même après une sécheresse de deux années, le sable est encore humide à 40 ou 50 centimètres de profondeur.

Le *hhalfa* (*arthraterum pungens*)[1] grande graminée dont le nom signifie *pointu, affilé*, pousse, par touffes serrées, dans toutes les plaines sablonneuses, où ses longues racines fibreuses peuvent s'étendre librement ; il est très clairsemé sur les sommets des dunes. Son grain, appelé *loul*, écrasé entre deux pierres, donne une farine noire, supplément de nourriture pour les nomades pauvres.

Deux espèces de *çfâr*, belle graminée dont le nom signifie *herbe jaune* : l'*arthraterum floccosum* et l'*arthraterum plumosum*, fournissent aux chameaux une pâture abondante.

La *foul el djemal* ou *fève des chameaux* (*astragalus gombo*), commence à sortir de terre.

Quelques *adonis* (*adonis microcarpa*) se préparent à ouvrir leurs corolles, et l'*Anastatica hierochuntica* (*rose de Jéricho*) se montre dans les endroits pierreux.

[1] Ce n'est pas l'espèce de hhalfa (vulg. alfa) qui pousse sur les hauts plateaux de l'Algérie. M. Duveyrier donne à celle-ci le nom de *drinn;* mais ce mot, qui littéralement signifie *herbe sèche*, est un nom générique donné par les Arabes à toutes les grandes herbes. Quoi qu'il en soit, il ne m'est pas possible d'appeler cette plante autrement que les indigènes, qui lui donnent ce nom de *hhalfa*.

L'*alennda* (*ephedra alata*), bel arbrisseau résineux aux feuilles aciculaires, pointues comme des aiguilles, pousse, à côté du hhalfa, jusque sur le sommet des dunes; on le rencontre aussi dans les plaines de graviers, mais rare, souffrant, rabougri; son écorce est épaisse et rugueuse comme celle du jeune liège.

L'*àrtha* (*calligonum comosum*), ainsi appelé parce que les chameaux aiment à ronger son écorce, est l'un des rares arbrisseaux qui perdent leurs feuilles en la saison; le tronc ainsi dépouillé ressemble à celui du *lotus;* il couronne de loin en loin de gros mamelons de sable au pied desquels s'abritent les gazelles pendant la nuit; ses feuilles sont aciculaires comme celles de l'alennda, son écorce est moins épaisse et plus lisse.

L'*âzel*, dont le nom signifie *isolé* et que les botanistes confondent avec l'arbuste précédent, croît loin des autres végétaux, sur les pentes et sur les sommets des oughroud. Ce bel arbrisseau, qui se dépouille également de ses feuilles, n'atteint ici qu'un mètre; il en a cinq sur la route du Souf. Il se couvre, au printemps, de petites fleurs blanches, semblables à celles de l'aubépine dont elles ont la délicieuse odeur; il forme de loin en loin de petits bosquets.

Le *merkh* (*genista saharœ*), grand arbrisseau, en touffes épaisses et serrées, porte des fleurs jaunes; on le rencontre surtout dans les régions humides; son nom signifie *doux au toucher;* en effet, son écorce est lisse comme celle du *daphné*, dont elle a la couleur.

Le *dhimerann* (*echiochilon fruticosum*), dont le nom veut dire *dénudé, desséché*, et le *baéguel* (*anabasis articulata*), dont le nom indique la fertilité d'un lieu, préfèrent aussi les parties basses, humides, entre les dunes.

Le *hhennat el djemal*, (*henophyton deserti*), ainsi appelé de ce qu'il est très goûté des chameaux, dont il tempère la soif, est un gracieux arbuste à feuilles crénelées très fournies, très épaisses et d'un vert sombre ; il a déjà de jolies petites fleurs violettes à corolles polypétales ; il vient de préférence dans les plaines sablonneuses, pourvu que ses longues racines puissent plonger dans la couche pierreuse.

Le *retem* (*retama rœtam*) : ce nom signifie *cassé, brisé*, parce que, lorsqu'il est grand, sa tête se penche vers le sol pour y prendre de nouvelles racines. Il ne se voit que rarement dans ces parages, non plus que le *tharfa*, (*tamarix pauciovulata*), ou *tache de sang* (à cause de l'aspect de ses fleurs).

Le *çbeït*, belle variété de hhalfa, et le *hhelma* (*lithospermum callosum*), au feuillage argenté et denté, poussent un peu plus loin à l'est, dans les hautes dunes. Ce dernier se rencontre également sur la route du Souf.

Le *hhadh* (*cornulaca monacantha*), c'est-à-dire *aiguillon, excitation*, est un arbuste épineux gonflé de suc, dont la présence indique toujours l'eau à une faible profondeur ; il rafraîchit, il engraisse les chameaux, qui le sentent de très loin. Couvrant les vallées profondes et humides, il leur donne une teinte sombre qui les fait ressembler de loin à des fleuves impétueux entre des murailles de granit.

La faune des dunes est représentée en première ligne par l'*antilope oryx* [1], petit bœuf à bosse, aux longues cornes contournées en spirales ; ses nombreux troupeaux qui fuient au loin devant le chasseur avec la rapidité de l'éclair, broutent les sommités du hhalfa, le çfâr, les feuilles de l'alennda et l'âzel. La femelle de l'antilope

[1] C'est très probablement le *zébu* à l'état sauvage. Avant l'introduction du chameau dans le Sahara, on se servait de cet animal pour les transports ; on l'utilise encore au Soudan pour le même objet.

(*begra* ou vache) met bas, en juin et en décembre, un petit chaque fois.

L'*antilope mohor*, au pelage blanc, aux cornes tournées en arrière, n'est pas commun dans les déserts de l'Erg.

La gazelle (*antilope dorcas*), en arabe *rhazala* (*la tendre, la délicate*), moins farouche que l'antilope oryx, est, au contraire, fort commune. Elle joue dans les vallées sans se douter de l'approche du chasseur qui trouve en elle une proie facile. Les gazelles grimpent légèrement jusqu'au sommet des dunes les plus élevées, et on les voit souvent en longues files sur les veines, d'où elles regardent passer au loin les caravanes; elles broutent les sommités de l'alennda, mais préfèrent le hhelma, lorsque la pluie a reverdi son feuillage et que ses petites fleurs rouges et blanches ont ouvert leurs corolles; elles mangent aussi avec avidité les jeunes pousses du hhenna, dont les feuilles contiennent un suc abondant et dont les fleurs sont pleines de parfum; elles aiment l'âzel et le retem également. Quand les pluies de l'hiver leur donnent une nourriture abondante, les gazelles font deux portées de deux petits; mais dans les années de sécheresse, elles ne font qu'une portée d'un seul petit, vers la fin de mars.

Le *fenec* (*fenecus brucei*), c'est-à-dire l'*avide*, le *glouton*, est un petit animal à larges oreilles, ayant à peu près la forme du renard; son pelage est fauve clair. Il se creuse de nombreux terriers dans les vallées sablonneuses des oughroud; il mange les rats pullulant sous les touffes d'arbustes, les rares oiseaux qui vivent dans ces parages et les lézards; son régal, c'est la sauterelle qui s'abat souvent dans ces régions, lorsqu'un vent contraire l'empêche de continuer sa marche vers le nord; enfin il se nourrit de fleurs et de plantes. Le *fenec* ne fait qu'une portée de trois à six petits, à la fin de mars ou au commencement d'avril.

Le *guépard* (*felis jubata*), en arabe *el fehed* (le *somnolent*), habite les vallées, et en général les lieux frais et boisés.

Le *chat sauvage* (*felis catus*), en arabe *qatth* (*crépu*), habite aussi les parties boisées de l'Erg, où il se nourrit de rats et d'oiseaux.

Le *lièvre* (*lepus isabellinus*), en arabe *erneb*, au pelage

Le fenec.

fauve, plus petit que celui d'Europe, est très commun dans les plaines sablonneuses couvertes de hhalfa, et de plus en plus rare à mesure qu'on avance dans les grandes dunes.

La *gerboise* (*dipus gerboa*), en arabe *djerbouâ*, se voit souvent dans l'Erg; elle n'a par an qu'une portée, de trois à sept petits.

Le *hérisson* dont le nom arabe *gennfoudh* dérive de

gennfedh (*assommer avec un bâton*), n'est représenté que par de rares sujets.

Le *mouflon à manchettes* (*ovis tragelaphus*), que les arabes appellent *leroui*, se rencontre surtout à six ou sept journées de marche plus au sud ; il est rare dans l'Erg.

L'*autruche* (*struthio camelus*), appelée en arabe *nâam*, parce qu'elle vit en troupeaux dans le Désert, se rencontre surtout dans l'Erg, quand les pluies ont fait naître les herbes dans le sable. Autrefois l'autruche errait dans le Sahara du nord jusqu'au pied de l'Atlas ; mais elle a fui ces contrées à la suite de la guerre acharnée que lui faisaient les chasseurs et les chefs indigènes.

On trouve aussi dans les déserts de l'Erg le *netinn* (*zorilla variegata*), dont le nom signifie *puant*, petit quadrupède de la taille de l'écureuil, au pelage rayé de blanc et de noir, à la queue en forme de panache ; sa tête et sa denture sont celles du rat, il a les pattes courtes comme la taupe. En dépouillant un de ces animaux, je trouvai, de chaque côté de l'anus, deux grosses glandes d'où sortait un liquide incroyablement nauséabond.

Les Arabes assurent que le netinn est en même temps herbivore et carnivore et qu'il détruit en grand les vipères à cornes. Il s'introduit dans leurs trous, disent-ils et, dès qu'il voit la vipère, il lui tourne le derrière, lui envoie son liquide, la suffoque et la mange; il dévore également les rats, les lézards et grimpe sur les arbrisseaux pour avaler les insectes.

Plusieurs espèces de rats, parmi lesquels on distingue le *mus niloticus*, grouillent dans l'Erg, entre les racines des végétaux où ils se creusent des terriers.

Parmi les oiseaux on remarque le *corbeau*, en arabe *ghareb*, c'est-à-dire le *tout noir*, l'oiseau maudit du Prophète, l'augure des Châamba qui s'arrêtent court s'ils aperçoivent au sortir de leur tente un corbeau poussant des croassements lugubres ; il fréquente les grandes dunes, mais en petit nombre ; il se nourrit de scarabées.

Plusieurs espèces de faucons, parmi lesquels il faut citer le *bou djerad* (*mangeur de sauterelles*), planent au-dessus des oughroud.

J'ai chassé plusieurs fois inutilement un énorme hibou dont le plumage est blanc et roux et la tête surmontée de deux aigrettes.

On voit souvent s'élever rapidement dans l'air, avec un cri strident, une espèce de *pie-grièche* au plumage blanc et noir, au bec fort et crochu. Cet oiseau vit surtout de scarabées et de lézards qu'il transporte sur les sommités des broussailles : là il les empale à l'extrémité d'une branche sèche et pointue.

Je m'étais longtemps demandé qui pouvait s'amuser à empaler ainsi ces pauvres animaux : à force d'attention j'ai pu prendre enfin des pies-grièches sur le fait.

Trois ou quatre variétés de petits oiseaux se nourissent d'insectes : ces oiseaux ont également le plumage couleur isabelle, qui se rapproche de la couleur des sables. On distingue plusieurs espèces de *traquets*, ainsi que le *stoparola deserti* et le *malurus Saharæ*. Ces deux dernières espèces ont été vues pour la première fois et décrites par M. le capitaine Loche, qui les trouva dans le pays des Beni-Mzab [1].

Les reptiles sont très nombreux. La dangereuse *vipère à cornes* (*cerastes Ægyptiaca*), appelée *efâa* par les Arabes rampe de préférence dans les lieux humides et pierreux ; mais je l'ai vue plusieurs fois sur des dunes peu élevées, au pied des broussailles.

La vipère *zorreïg*, ainsi nommée parce qu'elle s'élance

[1] C'est à l'obligeance de M. A. Cherbonneau, inspecteur des écoles de droit musulman à Alger, que je dois ce renseignement.

comme un javelot, n'est pas moins redoutée ; s'il faut en croire les Arabes son venin tue en peu d'instants. Très longue et très mince, elle a la couleur brune des broussailles où elle se tient ordinairement.

Le *python* paraît exister aussi dans l'Erg ; cependant je ne l'ai jamais trouvé que dans les déserts de pierres, à l'est de Rhadamès et dans la vallée de l'Oued-Miyâ.

On m'a aussi parlé d'un grand serpent noir appelé *çabann* gros comme un canon de fusil et long de deux mètres, dont la morsure donne toujours la mort après d'horribles souffrances. J'ai recueilli plus tard un serpent qu'on m'a dit être le çabann, mais qui ne répond nullement à ce signalement, et ressemble plutôt à la *coluber natrix*, bien qu'un peu plus gros.

Les lézards sont nombreux et variés. Par rang de taille vient d'abord l'*ourann* (*varanus arenarius*), long quelquefois d'un mètre et qui sait se faire, de ses dents et de sa queue, des armes redoutables. Ce grand lézard dont le nom seul indique combien sa morsure est redoutée (il dérive de *arana, mordre*), se tient dans les parties de l'Erg où des gour sont encore debout entre les dunes ; mais il préfère le bord des plateaux pierreux. J'ai pu m'en procurer un de 94 centimètres.

Le *dheb*, c'est-à-dire le *court*, le *trapu* (*lacerta stellio*) autre espèce de gros lézard dont le nom indique la forme, a rarement 50 centimètres de long ; son ventre est très large ; sa queue, courte et pointue, est hérissée de grosses écailles. Comme l'ourann, le dheb préfère les déserts de pierres ; commun dans la hamada qui entoure Rhadamès, il est rare dans l'Erg. Les nomades mangent sa chair rôtie dans la braise.

Mais le lézard qu'on rencontre le plus dans les dunes est certainement le *scincus officinalis*, que les nomades appellent *hhout-er-remel*, c'est-à-dire *poisson des sables :*

long quelquefois de 20 centimètres, il se fait remarquer par sa tête effilée comme celle du brochet, soudée immédiatement à un corps très souple, que termine une queue courte, ronde et pointue ; son dos jaune est orné de sept ou huit raies noires, transversales ; il est tout couvert de petites écailles très lisses d'où se détache, lorsqu'il a séjourné dans l'esprit-de-vin, une matière gluante fort difficile à saisir, à laquelle il doit sans doute la faculté de s'enfoncer très vite dans le sable et de traverser des veines de 8 à 10 mètres d'épaisseur avec autant de rapidité que s'il courait sur le sol.

Les Arabes sont très friands de la chair de ce lézard, qu'ils mangent grillée et dont le goût rappelle celui de l'anguille. Ils prétendent que sa tête est aphrodisiaque.

On trouve encore dans les dunes quantités d'espèces de petits lézards, parmi lesquelles je citerai le *pygmea* qui a la tête bien plus grosse que le corps, lequel, ordinairement d'un jaune pâle, est terminé par une longue queue, annelée chez quelques sujets, lisse chez d'autres.

Les scorpions sont de trois sortes : le *scorpion noir* (*scorpio afer*) dont la piqûre est toujours dangereuse, mortelle même dans certains cas (au dire des Arabes, car je n'ai pu vérifier le fait) ; un autre ressemble assez au *scorpion tunisien* (*scorpio Tunetatus*), mais est beaucoup plus gros ; il est d'un jaune noir et son peigne abdominal a plus de treize dents : bestiole vraiment dangereuse, j'ai vu des gens succomber à sa piqûre après quatre heures de souffrances environ ; il est vrai que c'était dans une oasis, aux plus fortes chaleurs de l'été, par une température qui dépassait 50 degrés à l'ombre, et qu'aucun soin ne leur fut donné.

J'ai encore observé, dans les déserts de l'Erg, toujours dans les bas-fonds pierreux et humides, un petit scorpion jaune, dont j'ai rapporté quelques sujets : on le dit beaucoup moins dangereux que les précédents. A la vérité, j'ai été piqué moi-même par l'un d'eux, et il n'en est résulté qu'une douleur très vive, mais supportable.

Les scorpions et les serpents sont donc redoutables dans l'Erg; mais comme ils se tiennent de préférence dans les bas-fonds, il est rare de les rencontrer sur les dunes. Ils n'attaquent jamais l'homme et ne blessent qu'à leur corps défendant. Toutefois, le scorpion est à craindre dans les lieux habités : il grimpe la nuit dans les lits, se glisse sous les couvertures et pique le dormeur si celui-ci le presse, en dormant.

La même chose peut arriver avec la vipère, lorsqu'on est campé dans le désert pierreux.

J'ai aussi vu dans l'Erg une énorme araignée que les Arabes appellent *scorpion du vent* et qu'ils disent venimeuse; des *faucheurs;* des *myriapodes;* des *cloportes;* plusieurs espèces de *coléoptères*, tels que des gros *scarabées* noirs, très nombreux sur les dunes; des *coccinelles* de couleurs variées; des *cicindèles;* des *carabides;* quelques *orthoptères*, tels que la *sauterelle émigrante* dont les nuages épais, venus du Soudan, s'abattent dans ces déserts chaque fois que le vent du nord vient contrarier leur vol; parmi les hémiptères, je citerai une sorte de *punaise* roussâtre, petite, plate et très dure, qui, après s'être attachée aux bas à l'aide de deux mandibules semblables à celles des insectes broyeurs, les traverse de son long suçoir et cause de vives douleurs. J'ai encore observé quelques *fourmis rouges*, la *mouche ordinaire* et un petit *papillon de nuit* qui ne manquait jamais de venir, le soir, se brûler les ailes à ma chandelle. Quant aux poux, hélas! qu'Allah les maudisse!

Les Châamba commencent la chasse dès la fin de janvier ou les premiers jours de février; mais la meilleure saison, disent-ils, est celle des chaleurs [1]. Laissant la garde des troupeaux à leurs femmes et à leurs enfants, ils vont, par groupes de trois ou quatre, du côté des grandes dunes où le gibier abonde. Chaque chasseur emmène trois ou quatre chameaux qu'il charge de dattes, de farine pour faire de la *rouina*, de munitions et d'outres pleines d'eau. Ils s'installent de préférence dans le voisinage d'un puits, dont ils ne s'écartent guère à plus de deux ou trois journées de marche et où chacun va renouveler la provision d'eau à tour de rôle.

Les Châamba ne chassent que l'antilope, la gazelle, le fenec, dont la chair leur fournit un supplément de vivres, ainsi que l'autruche, lorsque leurs rapports avec les Touareg leur permettent de s'aventurer au sud, ou quand les pluies ont rafraîchi la végétation des dunes et que le plus grand des oiseaux remonte vers le nord. Ils font sécher au soleil les peaux des animaux tués dans la première période de la chasse et ils salent, pour les vendre vertes, celles des animaux tués dans la seconde période. Ils sèchent au soleil la plus grande partie de la viande ; comme celle-ci reste en hiver une bonne semaine sans se corrompre, ils détachent alors tous les cinq ou dix jours quelqu'un des leurs pour l'aller vendre dans l'oasis le plus proche.

A la fin de la saison, en automne, ils chargent sur leurs chameaux les peaux et la viande sèche qui leur reste pour aller les vendre à Ouargla, à Touggourt, chez les Mzab, dans le Souf et jusqu'à Rhadamès.

Sans son chameau, le Châambi, si intrépide qu'il soit, ne pourrait errer dans ces affreuses solitudes, et, du reste, l'homme et l'animal sont bien faits pour s'entendre : l'un et l'autre ne font qu'un, pour ainsi dire :

[1] Cependant les *Souafa* chassent de préférence en hiver.

ils ont les mêmes mœurs, ils sont également sobres, méprisent également les fatigues et les dangers de ces déserts immenses.

Ils ne pourraient vivre l'un sans l'autre : les puits sont clairsemés dans le *Pays de la Soif;* ils sont souvent espacés de plusieurs journées de marche et l'homme, seul, ne saurait franchir sans mourir la distance qui les sépare. Il lui faut donc recourir à son inséparable compagnon qui, chargé d'outres pleines, le transporte d'un puits à un autre, et qu'il récompense en remplissant pour lui la petite auge que sa reconnaissance entretient à côté du puits.

Dans le jour, le chameau se contente de la maigre pâture qu'il broute en marchant, et le Châambi se contente de quelques dattes qu'il mange sans s'arrêter. Lorsque le soir, au repos, le chameau paît à l'aise quelques touffes de *çfâr*, l'Arabe se régale d'une poignée de rouina.

Pendant les grandes chaleurs de l'été, le chameau peut demeurer huit à dix jours sans boire; si les pluies d'hiver lui donnent une nourriture plus fraîche, il reste aisément un mois et quelquefois davantage sans voir d'eau; et le Châambi, en temps ordinaire, peut marcher deux jours sans ressentir les ardeurs de la soif.

Vers les 4 heures du soir, mon guide rentra bredouille et malade; il toussait à se casser la poitrine et son mal de tête était violent. Je le traitai comme la veille, et le lendemain il était beaucoup mieux, bien que la nuit eût été très fraîche. Néanmoins, je crus prudent de lui imposer un second jour de repos. Au lever du soleil, je constatai 3 degrés au-dessous de zéro, et dans le seau une glace de 2 millimètres d'épaisseur.

Donc, le 5, nous restâmes au campement. Sur demande instante, et bien malgré moi, comme on peut croire, j'écrivis un talisman pour le chasseur Oumer, un autre pour Rabahh. La seule aventure de la journée fut que mon guide et son fils se lavèrent les mains pour la première fois, et voici comment :

Ils versèrent dans un petit seau en fer environ un demi-litre d'eau, ils y plongèrent avec précaution leurs doigts réunis par leurs extrémités, puis ils les laissèrent sécher au grand air.

Le soir, comme décidément mon guide était remis, nous prîmes nos dispositions pour le départ du lendemain et nous remplîmes nos outres et nos barils de l'eau amère du puits Botthinn.

Les outres, est-il besoin de le répéter, sont le meilleur moyen de transporter l'eau dans le désert. Les Arabes s'en servent de toute antiquité, comme nous le savons par Hérodote, à propos de l'expédition de Cambyse.

CHAPITRE IV

Toujours et encore les sables. — Un chasseur rôti par le soleil. — Ez-Zemoul-el-Akbar ou les plus grandes dunes. — Marches épuisantes. — Un repas plus que malpropre, à la mode des Châamba.

Le samedi, 6 février, nous partîmes à sept heures, Rabahh invoquant son patron, suivant sa coutume : *Rebbi, Rebbi ! Ia Sidi Abd-el-Kader Moulani*[1] *!* répétait-il à chaque instant. Puis, se tournant vers moi : « O Bouy Nacer ! je prie Dieu qu'il bénisse ton voyage et te reconduise chez toi avec le bien. Tu as été mon père, ma mère et mon ami, et je t'accompagnerai, s'il le faut, jusque dans le pays des *Koufar*[2]. »

Nous marchâmes, toute cette journée, dans une plaine de 1000 à 1500 mètres de large, entre deux chaînes

[1] *Mon Dieu ! mon Dieu ! O Monseigneur Abd-el-Kader mon maître !* رَبّ *Rebb, maître, seigneur*, de رَبَّ *rabba, être maître, chef, seigneur*, s'emploie pour désigner l'Être suprême. La lettre *i* qui est ajoutée à ce mot, indique le possessif de la 1re personne.

[2] Les Arabes désignent sous le nom de *pays des Koufar* (infidèles) toutes les contrées qui s'étendent au delà du Soudan. C'est de ce mot *Koufar*, dont le singulier est *Kafer*, que nous avons fait *Cafre*.

parallèles d'oughroud dont j'évaluai à 300 mètres la hauteur moyenne.

Nous vîmes dans le sable de nombreux fragments d'œufs d'autruche, preuve que ces échassiers font parfois leur ponte dans ces contrées. De nombreuses pistes de troupeaux d'antilopes se croisaient en tous sens, et nous apercevions de loin en loin des gazelles perchées sur les dunes.

De 11 heures 30 à midi, nous traversâmes une partie sablonneuse de la plaine appelée *Fedjdjat-Mesdad*[1]*;* il faisait une chaleur accablante, mais il ne m'était pas possible d'observer le maximum de la température faute de thermomètre à maxima.

D'ailleurs, il nous fallait marcher très vite dans les Grandes Dunes : un retard, un accident arrivé à une outre, eussent causé notre perte.

A 4 heures du soir, nous campons au pied d'une grosse touffe d'*ârtaya* couronnant un gros mamelon de sable, à l'entrée d'une plaine sablonneuse appelée *Zerâat-es-Çbeït*, c'est-à-dire *Semence de çbeït*.

J'ai déjà parlé de cette graminée qui se distingue du hhalfa en ce que ses panicules sont plus petites, ses valves plus allongées, sa tige plus fine, plus douce au toucher, plus flexible ; la tige du çbeït est à celle du hhalfa ce qu'est la tige de l'avoine à celle du froment. Le çbeït atteint, comme le hhalfa, jusqu'à deux mètres de hauteur et pousse de même par touffes isolées, dans les endroits sablonneux; mais, chose curieuse, ces deux variétés ne

[1] C'est-à-dire l'*Écartement* ou le *Défilé barré*, des deux racines فجّ *fadjdja, écarter, espacer*, d'où فجّة *fedjdja, écartement, espace libre* ou *défilé entre deux montagnes*, et سدّ *sadda, barricader, obstruer un chemin* ou *un défilé*, d'où مسداد *mesdad, fermé, obstrué*.

sont jamais mêlées : où l'une pousse, l'autre disparait pour reparaître plus loin, sans que rien, dans l'élévation ni dans la nature du sol, puisse expliquer cette singularité.

Le dimanche 7 février, nous partîmes à 6 heures, pour marcher, toujours est-sud-est, dans une plaine sablonneuse, ondulée, toute couverte de grosses touffes de çbeït, désert en tout semblable à celui de la veille, avec cette différence que les *oughroud* sont peut-être un peu plus élevés. Le grès se montre souvent à nu et très décomposé dans les parties déprimées de la plaine. Les fragments d'œufs d'autruche sont toujours très nombreux sur le sable et les trous de *fenecs* sont très rapprochés les uns des autres ; de temps en temps nous voyions de ces ravissants petits animaux fuir devant nous avec la rapidité de l'éclair.

A 8 heures, déjeuner au lieu même où est enterré, ou plutôt ensablé, le frère de mon guide, mort de soif en chassant l'antilope.

C'était au cœur de l'été, il faisait une chaleur accablante, et pas un souffle de brise.

Par ce soleil atroce, ils ne chassaient plus et passaient la journée dans des trous creusés dans le sable, sous des gourbis improvisés.

Un matin, un troupeau d'antilopes passa tout près. Ahhmed ben Amera se lança à leur poursuite, malgré les instances de ses compagnons, et le soir il ne revint pas.

Le lendemain matin, son frère et l'un de ses amis se mirent à sa recherche : une faible brise, pendant la nuit, avait effacé ses traces, et les deux chasseurs rentrèrent vers midi à moitié morts de chaleur. Le jour suivant s'annonça terrible, et nul n'osa partir, le matin, s'aventurer dans les dunes ; mais, vers les trois heures de l'après-midi, souffla la brise du nord qui ranima les pauvres Châamba : trois d'entre eux partirent dans trois directions. A l'entrée du crépuscule du soir, ils étaient réunis au pied d'un ghourd élevé, devant le cadavre du malheureux Ahhmed, si roide, me disait Rabahh, qu'on aurait pu le planter dans le sable comme un bâton, et si léger qu'un homme le porta sur l'épaule, comme une outre sèche.

La partie de la plaine qui précède la tombe s'appelle *Ez-Zeïba*[1], et celle qui est au delà *Cherafat-es-Çbeït*[2], c'est-à-dire *Point culminant du Çbeït*.

A 10 heures 45, nous passâmes à une faible distance d'un ghourd beaucoup plus gros que les autres, appelé *Zemelet-bel-Arbi*[3] ; à partir de là, tous les oughroud portent le même nom d'*oughroud ez Zemelet-bel-Arbi*.

Nous fîmes halte à 3 heures 35, entre deux veines.

Partis le lendemain à 5 heures 25, il nous fallut d'abord tourner ou franchir sans fin ni compte de hautes veines entre deux chaînes de dunes. Là, je remarquai pour la première fois une graminée dont la tige noueuse, très dure, haute de 25 centimètres, est entourée de feuilles simples, longues et étroites, assez dures au toucher ; les fleurs, d'un gris sombre, sont disposées en capitules comme celle du trèfle ; cette plante, qui est partout très rare, mais dont les antilopes sont, paraît-il, très friandes, est connue sous le nom *bouss-el-begra*, c'est-à-dire *les baisers de la vache*[4].

[1] Du nom d'une plante tinctoriale (*celcia orobancha tinctoria*).

[2] De شرف *charafa*, *dominer les alentours après s'être élevé sur une hauteur*.

[3] Contraction pour *ben el Arbi*.

[4] Plante très commune sur la route du Souf où elle est connue des Rebâïa sous le nom de *Çaed-el-begra*, c'est-à-dire *qui attire, qui fait baisser le cou de la vache*. C'est le *cyperus conglomeratus*, Rottb.

A partir du gros ghourd appelé *ez Zemoul-el-Hharchat*, ou des *Dunes raboteuses* (parce que le grès en désagrégation se montre partout au pied de ces dunes), la plaine devient de plus en plus encombrée : c'est à peine si, de temps en temps, je puis apercevoir encore, à droite et à gauche, les sommets des oughroud.

A 10 heures 45 nous passons au pied d'un ghourd énorme appelé *Ghourd ed Drinn-el-Ahharch*, nom qui signifie *le drinn*[1], *est plus rugueux ;* là, en effet, le çbeït disparaît pour faire place au hhalfa.

A ce ghourd on entre dans la région appelée *Ez Zemoul-el-Akbar*, c'est-à-dire *les plus grandes Dunes*. On y laisse derrière soi les chaînes d'oughroud parallèles dont les plaines sont sillonnées. Ici, ce ne sont plus que des dunes, ou plutôt de hautes montagnes pêle-mêle, élevées de 500 mètres en moyenne au-dessus du fond des rares vallées qui les sillonnent. Aussi loin que la vue peut s'étendre, on n'aperçoit que sables s'élevant et s'abaissant comme les flots d'une mer en furie, mais les flots de l'Océan ne montent pas si haut que le Zemoul-el-Akbar. Parfois, de la crête d'une de ces vagues où l'on est arrivé par mille détours, on voit à ses pieds un gouffre profond, aux bords arrondis et polis comme ceux d'un immense entonnoir ; au fond l'on distingue une couche d'un noir foncé, parfaitement unie : c'est le grès décomposé mis à nu par les tourbillons qui ont creusé ce gouffre ; l'homme s'épouvante en mesurant la profondeur de ces abîmes, les chameaux reculent effrayés en poussant des beuglements de détresse. D'autres fois, ce sont

[1] Chez les Châamba, le mot ضرين *drinn* est un nom générique qui sert à désigner les grandes herbes, telles que le hhalfa, le çbeït, le çfâr, etc. Littéralement, ce mot signifie *herbe sèche*, de ضَرِنَ *darina*, *être usé* ou *flétri*.

des vallées étroites et profondes dont le fond est sillonné de grosses veines entre lesquelles poussent les rares plantes de ces régions hantées par les animaux sauvages dont les traces, toutes fraîches, se croisent sur le sable; ces vallées sont bordées de pics aigus, qu'on croirait formés d'un roc roussâtre, si le vent n'en modifiait à chaque instant les arêtes mobiles sous l'œil même du voyageur. Quelquefois, entre ces monts de sable, le sol est à nu, tantôt parfaitement plat, tantôt profondément raviné; et dans ces ravines, de petits *gour* arrondis sont disposés en files régulières.

Dans ces espaces libres, les roches sont tellement décomposées qu'elles cèdent sous la marche plus facilement que le sable lui-même. Il n'est donc pas difficile de comprendre, n'en eût-on pas été témoin, qu'il suffit d'un peu de vent pour achever la désagrégation de ces roches, en soulever les parcelles et les transporter au près ou au loin.

Ces dunes, qui s'entre-croisent en tous sens dans ce pays désolé, sont de formation récente.

Mon guide me dit que son grand-père a fait, dans sa jeunesse, le trajet d'Ouargla à Rhadamès en huit jours avec des chameaux peu chargés [1] : c'était alors une belle plaine accidentée, couverte d'une riche végétation [2] avec des puits de distance en distance; son père a vu ces dunes à l'état de *siouf*. « Et maintenant, lève la tête et regarde : ta chachia te tombera entre les épaules avant que tu n'en puisses apercevoir la cime. »

Heureusement pour nous le ciel était couvert, mais nous peinions affreusement à ces détours, ces montées,

[1] Pour cela faire il faudrait des jambes de Châambi. Quoi qu'il en soit, on prend aujourd'hui 16 longues journées pour faire ce chemin.

[2] Je suppose que ce devait être un désert de sable très boisé, comme on en rencontre entre Bir-el-Djedid et El-Oued.

Ez-Zemoul-el-Akbar.

ces descentes sur la surface mobile des Zemoul-el-Akbar. Aussi nous arrêtâmes-nous dès 3 heures 55 et bien fatigués, à l'entrée d'une vallée étroite et profonde, sillonnée de *veines* entre lesquelles se montrait par touffes si serrées qu'on aurait dit de loin des ruisseaux d'eau limpide, une petite plante au feuillage argenté appelée *hhelma*. Cet endroit porte le nom de *Ketef-Oudiann-el-Hhelma*, c'est-à-dire *Épaule des vallées de Hhelma*.

Je n'en pouvais plus et Rabahh lui-même semblait à bout de forces. « Tout homme, disait-il, est infailliblement perdu, qui se hasarde dans les Grandes Dunes au temps des plus fortes chaleurs. Il est ébloui, la lumière incendie ses yeux, l'air est trop brûlant pour sa poitrine, il périt suffoqué, et plus tard on trouve son corps aussi sec que le bois que nous brûlons. »

Depuis deux jours nous n'avions aperçu d'autres traces que celles des chameaux de mon guide, datant de neuf mois, lors d'un voyage qu'il fit alors à Rhadamès ; les caravanes suivent une route plus au nord et les chasseurs eux-mêmes n'oseraient s'aventurer dans ces contrées maudites. Il n'y a plus que quelques hommes hardis qui connaissent cette voie, et le hasard m'a fait tomber sur l'un de ces hommes.

Nous étions donc bien seuls dans ces affreuses solitudes, et si nous n'avions aucun secours à attendre, nous n'avions non plus rien à craindre.

Comme je causais tranquillement avec mon guide, une violente dispute s'éleva, près du feu, entre Ali et Abd-er-Rahhmann. J'aperçus le fils de Rabahh qui, s'étant dépouillé de ses vêtements, avait pris sa crasseuse ganndoura par l'extrémité supérieure et la faisait tourner sur le feu, juste au-dessus de la marmite, pour la débarrasser des poux dont elle était remplie.

Quoique Ali, pour raisons d'économie, ne se lavât pas tous les jours les mains et le visage, il avait cependant des idées de propreté tout à fait inconnues des Châamba, et il estimait qu'il n'était pas nécessaire du tout qu'Abd-er-Rahhmann vînt encore ajouter sa vermine aux malpropretés que nous étions obligés de digérer tous les jours. En cela je fus de son avis.

Comme Abd-er-Rahhmann ne tenait aucun compte de ses observations, mais qu'au contraire il avait l'air de s'en rire, je pris un bâton et courus vers ce dégoûtant personnage pour lui cingler les épaules ; il ne jugea pas prudent de m'attendre et se sauva, tenant à la main sa ganndoura qu'il secoua ensuite tout à son aise sur un feu qu'il alluma plus loin.

Le 9, partis à 5 heures 3/4, nous entrâmes presque aussitôt dans la *Vallée de Hhelma*. La petite plante[1] qui donne son nom à la vallée, le hhelma, avait ses feuilles dèssèchées, criblées de trous, d'un blanc mat comme l'argent; lorsqu'il a plu, il se couvre de feuilles dentées d'un vert tendre, beaucoup plus fortes que celles du pommier, et sur le sommet de la tige, haute de 30 centimètres environ, se développe alors un corymbe de petites fleurs à corolles polypétales rouges et jaunes. Il parait que les chameaux qui paissent, en hiver, après une forte pluie, dans une plaine où le hhelma est abondant, peuvent demeurer jusqu'à deux mois sans boire.

A 7 heures nous quittâmes la vallée pour les dunes ; à 9 heures nous déjeunâmes dans une autre petite vallée très étroite, à qui son extrémité, de forme semi-circu-

[1] En séchant, le parenchyme de la feuille du hhelma disparait complètement et il ne reste que des nervures d'un blanc mat. C'est à cela que cette plante doit son nom qui dérive de حَلِمَ *hhalama, avoir la peau déchirée par la teigne* ou *par la gale.*

laire, a valu le nom d'*El Ldjemat*, c'est-à-dire *les Brides* (du cheval); à 10 heures et demie, au delà d'un gros ghourd qui a peut-être 500 mètres de hauteur au-dessus des sables qu'il commande (on l'appelle *ghourd-ett-Thouïl* à cause de sa forme allongée), nous entrâmes dans un enchevêtrement de ravins, d'entonnoirs, de gouffres, d'oughroud énormes qu'il est impossible de décrire, chaos dont nous ne nous tirâmes qu'au prix d'infinies fatigues.

Et cependant ces montagnes de sable, dont quelques-unes n'ont pas moins de 1000 mètres au-dessus du niveau de l'ancien sol, augmentent encore de volume, grâce aux sables de l'est apportés par les vents. La végétation est jeune dans cette partie du Désert, mais elle arrive bien près des sommets. Je n'y vois plus de *hhenna* et le *hhelma* n'y pousse que dans les vallées où le sable est un peu épais.

A midi, nous passâmes près d'une pointe très élevée à laquelle on a donné le nom de *ghourd Ebat*, c'est-à-dire *Campe*, parce que c'est là que mon guide et ses compagnons ont l'habitude de coucher lorsqu'ils vont à Rhadamès.

De midi 25 à 1 heure 10, nous suivîmes encore une petite vallée de *hhelma*, l'*Oued-el-Hhelma*, puis nous rentrâmes dans le chaos pour n'en sortir qu'à 3 heures 50, à l'entrée d'une autre petite vallée de forme semi-circulaire, appelée *Oued-er-Râbia*, du nom de la plante qui y domine, et où nous nous arrêtâmes pour passer la nuit.

La journée avait été rude et nous étions brisés. Comme le sable me rongeait une paire de bas en moins d'un jour, j'avais essayé d'aller pieds nus dans mes souliers, puis j'avais voulu faire comme les Châamba, marcher sans souliers, et voilà comment je m'étais enflé la cheville gauche, qui me faisait beaucoup souffrir. Je n'y fis pas d'abord grande attention, pensant qu'une nuit me guérirait, mais le mal augmenta, et il me fallut plusieurs jours de repos et des soins assidus à Rhadamès.

Pendant que le souper cuisait, je fis avec Ali l'inventaire de nos vivres : nous n'avions plus de couscoussou que pour trois jours, pour deux jours de viande, pour quatre galettes de farine ; le sucre, le café et le thé ne manquaient pas, il restait trois boîtes de tapioca et des dattes en quantité.

Je décidai que la galette du matin serait réduite de moitié ; que nous ne mangerions, le soir, qu'une demi-ration de couscoussou ou de tapioca, en alternant, et qu'on finirait les repas avec des dattes. Quant au thé et au café, nous en prendrions à volonté, et la viande courait dans les dunes. Nous n'étions donc pas si malheureux.

Après le souper, qui fut gai malgré nos fatigues, je choisis le moment où les Châamba avaient le dos tourné pour remplir d'eau une petite timbale, puis sous prétexte de me soigner les pieds, j'allai me cacher derrière un arbrisseau et me laver les mains et le visage, opération que je me serais bien gardé de faire devant mon guide : il aurait trouvé scandaleux qu'on gaspillât ainsi l'eau dont nous pouvions manquer en route. Par suite de l'évaporation elle diminuait à vue d'œil dans nos barils, et tout nous conseillait d'en être avares.

Le fait est que les barils ont dans le Désert trois inconvénients graves :

1° L'eau y est toujours très chaude et conserve le mauvais goût des sels qui l'imprègnent ;

2° L'évaporation est très grande ;

3° Lorsqu'ils sont à moitié vides, le ballottement fatigue beaucoup les chameaux.

Au contraire, dans les outres bien goudronnées et

suspendues aux bâts des chameaux avec soin, l'évaporation est peu considérable, l'eau devient fraîche, et, perdant son amertume, prend le goût de goudron ; enfin il n'y a pas de ballottement.

Le mercredi 10 février, nous nous mîmes en marche à 6 heures, et nous traversâmes d'abord la vallée d'*er Râbia*, laquelle est, comme les précédentes, barrée de hautes veines difficiles à franchir. Mon guide m'ayant dit qu'il pleuvrait certainement dans la journée, je semai tout en marchant, sur les dunes et dans les dépressions, des graines d'*acacia gummifera* dont j'avais fait provision à Biskra, et il fut convenu entre nous que cet endroit s'appellerait à l'avenir *Oued-ett-Talhhat*, c'est-à-dire *Vallée des Acacias*.

Puissent-ils croître et multiplier !

Le *râbia*, qui donne son nom à cette vallée, est une graminée dans le genre du *çfar*, mais à balle beaucoup plus petite et à barbe beaucoup plus longue.

Le déjeuner se fit auprès d'une ligne de dunes plus élevées que les autres, les *Oughroud-el-Hericha*, nom qui signifie *âpreté, rudesse*, et qui convient bien à l'aspect sauvage de ces lieux.

A 8 h. 40, comme nous entrions dans un lieu appelé *Ketef-es-çfâr*, ou l' *Épaule du çfar*, parce que cette graminée s'y montre très serrée, nous entendîmes un coup de fusil tout près.

Et nous, aussitôt, d'apprêter nos armes. Heureusement ce n'était que notre guide, vainqueur d'une gazelle !

Le pauvre et charmant animal avait été touché au défaut de l'épaule. A peine avait-il roulé sur le sable, que le chasseur s'était précipité sur lui, l'avait tourné face à l'orient et lui avait coupé la gorge en invoquant le nom de Dieu, selon les règles prescrites par le Coran :

« Les animaux morts, le sang, la chair de porc, tout

ce qui a été tué sous l'invocation d'un autre nom que celui de Dieu ; les animaux suffoqués, assommés, tués par quelque chute ou d'un coup de corne; ceux qui ont été entamés par une bête féroce, à moins que vous ne les ayez purifiés par une saignée ; ce qui a été immolé aux autels des idoles : tout cela vous est défendu[1]. »

Il dépouilla la bête, retira de son corps un faon de demi-croissance qu'il plaça soigneusement sur une branche d'*alennda* qu'Abd-er-Rahhmann avait coupée, puis il retira l'estomac et les intestins qu'il vida sans les laver ; il entortilla le tout autour du faon et en fit un gros paquet qu'il mit dans un sac en cuir. Il enveloppa ensuite la gazelle dans sa peau et la suspendit par les pattes au bât d'un chameau.

A 1 h. 15, mon guide me fit remarquer un ghourd de forme carrée, haut de plus de 800 mètres, sur le sommet plat duquel se montraient quelques végétaux, et qu'il me dit s'appeler *ghourd ez Zemoul-el-Akbar*, c'est-à-dire le *ghourd des plus grandes Dunes*. Je vis là, et plus loin, des rognons, gros comme la moitié du poing, de calcaire noir, bitumineux, polis[2], placés par petits tas, sur le sommet des dunes aussi bien que dans les dépressions. Je crus que c'étaient des signaux, comme les caravanes en font dans le Désert pour jalonner leur route, mais Rabahh m'assura qu'il n'en était rien, que ces tas de pierres noires se rencontrent dans tout le pays des grandes dunes, et que probablement c'est l'œuvre des génies, qui les placent ainsi dans toutes les directions pour égarer les voyageurs.

L'antilope, la gazelle et le fenec pullulent dans ces parages et les fragments d'œufs d'autruche sont nombreux sur le sable.

[1] *Le Coran*, trad. de *Kasimirski*, chap. v, v. 4.
[2] D'après l'analyse de M. Brun, professeur de pharmacie à Genève.

C'est dans une petite plaine circulaire de 1500 mètres de diamètre que nous campâmes, au pied des *Oughroul-el-Berkhinn* (*les dunes qui ont le dos plat* : elles sont en effet carrées avec des sommets aplatis).

Selon notre habitude, nous prîmes d'abord le café; puis, comme le sable s'était attaché aux parois de la marmite, Ali voulut la rincer, mais Rabahh, qui surveillait l'emploi de l'eau avec un soin jaloux, s'y opposa vivement et traita mon serviteur de prodigue. Il y eut un moment de violente dispute et j'allais intervenir lorsque le guide, cédant enfin, tira d'un baril environ un quart de litre d'eau, qu'il donna à son adversaire en détournant la tête, tant il abhorrait ce « gaspillage ».

On fit cuire, avec le mouton qui nous restait, un morceau de la gazelle, que je trouvai succulent.

Dès que la marmite fut tirée du feu, Abd-er-Rahhmann fit un grand trou dans le sable et le garnit de braise qu'il recouvrit d'une légère couche de cendre; il prit ensuite dans un sac le faon enveloppé de la panse et des intestins de la gazelle, ficela le paquet sans le laver, le mit dans le trou, et le couvrit de braise mêlée de cendre chaude, puis ayant mis du sable par-dessus, il vint prendre sa part du repas.

Après souper, le fils de Rabahh retira du trou où il cuisait son dégoûtant rôti, qui répandit aussitôt une odeur infecte; il le partagea en deux parties égales, en remit une dans son sac malpropre, puis il divisa l'autre en deux parts, en prit une dans ses sales mains et me l'offrit sans plus de façon. Mon premier mouvement fut d'empoigner sa charogne et de la jeter dans les dunes, mais je me contins, même je le remerciai avec politesse. Il n'insista pas et planta ses dents dans la portion que j'avais refusée pendant que son père mangeait l'autre morceau. Rabahh me dit plus tard (sans doute dans la crainte de m'entendre demander ma part, que la moitié mise en réserve dans le sac était destinée au fils d'un de ses amis de Rhadamès, très friand de cette viande; sur quoi, je me dis en moi-même : si les Rhadamésiens en mangent, sachant comme on l'a préparée, ils sont aussi sales que les Châamba.

CHAPITRE V

Cinquante-deux degrés ! — Orages terribles dans les dunes. — Une nuit de souffrances, une dure journée dans les sables, contre le vent, sous la pluie. — Comment grandissent les *oughroud*. — Nouvelle nuit de « déconfort. » — Retour du beau temps. — Passage des dunes dans la Hamada. — De l'eau pure dans les creux du grès. — La Sebkhat-el-Malahh. — L'oasis de Zaouïa. — Les foqaqir.

Le 11, après 3 heures de marche, nous fîmes un maigre déjeuner près d'un *ghourd* élevé, *Ghourd-el-Kherouf*, c'est-à-dire *Dune de l'Agneau*, parce qu'on y trouva une fois un petit *leroui* dont on mangea la chair. Ceci est une preuve que le *leroui*, ou *mouflon à manchettes*, s'égare quelquefois dans ces parages.

Nous continuâmes notre marche entre les oughroud *plats;* et j'en arrivai bientôt à regretter les montées et les descentes, parce que les mille détours qu'il fallait faire entre ces dunes, sur le sable très fin, très mouvant par une chaleur excessive, nous fatiguaient à l'excès. A 1 heure 25, j'eus l'idée de m'arrêter un instant pour consulter mon thermomètre : il marquait *cinquante-deux degrés !* Excusez du peu.

La partie du Désert où nous étions maintenant s'appelle *El Kheïth-Tessekkra*[1].

A 2 h. 50, nous étouffions. Comme le vent soufflait du sud-est, j'aperçus des nuages sombres au-dessus des *oughroud*.

Je les montrais à mes compagnons quand un éclair sillonna la nue et un formidable coup de tonnerre, presque aussitôt suivi de plusieurs autres, réveilla les échos endormis du Désert.

Nous avions cependant l'espoir d'échapper à cet orage ; mais à 3 heures 10, le vent, sautant brusquement au sud-ouest avec une force terrible, poussa vers nous les nuages, le tonnerre et les éclairs ; à peine avions-nous eu le temps de nous couvrir d'un deuxième bernous, que déjà une pluie torrentielle avait percé nos vêtements. Pendant quelques instants nous ne pûmes ni avancer ni reculer, tant le vent était enragé.

Au bout de dix minutes, la pluie cessa tout à coup, à la tourmente succéda le calme, puis le vent se reprit à souffler du sud-est.

A 3 heures 45, nouvelle saute de vent au sud-ouest, nouvel orage plus terrible que le premier ; les chameaux, tremblants de peur et poussant des beuglements plaintifs, se tinrent obstinément cois ; la fureur du vent menaçait de les jeter avec leurs charges au fond des précipices. Nous-mêmes, nous nous cramponnions, crispés, à quelques arbrisseaux.

[1] On appelle خيط *kheïth*, de خاط *khath*, *tracer des raies sur le sol*, le petit passage que laissent entre elles les dunes qui se touchent par la base, et تسكّرة *tessekkra*, *le sucré*, *l'enivrant* ou *le gonflé de suc* (5e f. de سكّر *sakara*, *être plein d'eau*, ou *se sucrer*, *s'enivrer*), un gros chardon très aimé des chameaux, qui pousse abondamment dans ces parages.

Fort heureusement cet orage fut aussi court que le premier, et le calme revint jusqu'à 4 heures et demie. Alors le vent s'étant fixé définitivement au sud-ouest et la pluie ne cessant plus, force fut de nous arrêter, à 4 heures trois quarts dans une petite vallée appelée *el Hhaïadh* (pluriel de *hhadh*), parce que cette plante y pousse abondamment à travers le *hhelma*.

Nous eûmes bien de la peine à allumer du feu pour notre cuisine, faute d'herbe et de bois sec, et nous fîmes, ce soir-là, un bien triste souper. On se coucha ensuite sur le sable durci par la pluie; on souffrit du froid, car les couvertures furent bientôt aussi mouillées que les vêtements. Le vent, tourbillonnant autour des oughroud ou s'engouffrant en mugissant dans les vallées, nous empêcha de dormir la plus grande partie de la nuit. Il se calma quelque peu vers 3 heures du matin.

Le lendemain vendredi 12, nous quittâmes, en grelottant, en maugréant, nos couches humides. Les *oughroud* avaient pris une teinte foncée, d'un jaune sombre, veiné de noir, ce qui donnait un aspect encore plus triste à ce pays de la mort. Il pleuvait toujours, mais le vent soufflait avec moins de rage.

A 9 heures 20, nous nous arrêtâmes un quart d'heure pour prendre au pied levé quelque nourriture, dans un endroit appelé *el Merkh*, du nom de ce bel arbrisseau qui commence à se montrer par touffes vigoureuses.

Le vent, peu après notre déjeuner, recommença de souffler, et la pluie de tomber par torrents ; malgré cette pluie, ses tourbillons arrachaient, tant leur violence était grande, le sable du fond des ravins et des veines ; et ce sable nous cinglait, nous piquait : on aurait dit des milliers d'aiguilles. De petits *gour* blancs, aux sommets aplatis, me parurent incandescents, tant était épaisse la fumée qui s'échappait de leurs sommets; or cette fumée n'était que du sable fin, volant sous la pluie et malgré la pluie.

Vers midi, je remarquai que la forme des dunes se modifiait sensiblement. Les premières dunes que j'avais rencontrées étaient des pics disposés en chaînes parallèles; j'avais ensuite marché dans un chaos de hautes dunes de toutes formes entassées pêle-mêle, puis traversé une région de gros oughroud carrés se touchant par la base; et maintenant je ne voyais que des masses allongées, longues de 1200 à 1500 mètres, dont les cimes arrondies variaient entre 500 et 800 mètres d'altitude et laissant presque toujours entre elles des ravins étroits. Ces longues montagnes ne sont pas rangées en chaînes régulières : leurs ravins étant toujours barrés par des siouf ou de hautes veines, la marche, pour être un peu plus sûre, n'y est pas plus facile. Mon pied me faisait toujours souffrir et je ne marchais qu'avec peine.

La tempête redoublant de fureur, les chameaux refusant de marcher, et nous-mêmes n'en pouvant plus, il fallut bien s'arrêter, à 3 heures, et s'installer de son mieux, entre deux grosses veines, qui nous protégèrent mal du vent.

Nous mîmes bien une heure pour allumer le feu, derrière nos couvertures mouillées, sorte de paravent que la tourmente emportait à chaque instant et que nous dûmes relever au moins vingt fois dans la nuit.

Nous mangeâmes tristement notre couscoussou à moitié cuit, car le sable pénétrait dans la marmite malgré le sac à balles qu'Ali avait posé sur le couvercle.

Comme nous étions là, assis en cercle sur le sable mouillé, tenant sur nos têtes, avec nos mains, les couvertures qui formaient paravent, et serrés autour du feu dont la fumée nous aveuglait, mon guide me dit :

« Regarde bien, *Bouy Nacer*, regarde, écris si tu peux, et tu pourras raconter dans ton pays comment grandissent les oughroud. »

Ayant levé la tête, je vis que le vent ramassait des nuages de sable en s'engouffrant dans les ravins et en tourbillonnant autour des oughroud ; puis ces nuages, rasant et suivant le dos des veines où ils se grossissaient, gravissaient les pentes, tourbillonnaient un instant au-dessus des sommets, s'y aplatissaient et se fixaient enfin, soudés par la pluie. J'assistais ainsi à la formation des dunes sur place ; plus tard, je vis comment elles sont renforcées par des sables venus de loin.

La violence de la tempête crût encore avec les ténèbres. La nuit fut affreuse. Les deux Châamba dormirent malgré tout, mais je passai la plus grande partie de la nuit à entretenir le feu avec mon serviteur Ali.

L'eau de nos outres, vieilles et mal goudronnées, s'étant corrompue, n'était plus buvable; pour en avoir de bonne, nous dressâmes, dans la nuit, des barils que m'avait prêtés l'agha (ils étaient vides depuis la veille). Au matin, voyant le dessus de ces barils plein jusqu'aux bords, je pensais avec bonheur aux délices qu'allait nous donner cette eau claire et douce ; mais au moment même où nous allions la recueillir avec une sorte de vénération, un chameau, effrayé par je ne sais quoi, renversa les barils en courant. Il fallut se résigner à boire l'eau fétide, amère du Hhassi Botthinn.

Après avoir déjeuné de quelques dattes, nous quittâmes, à 8 heures, ce séjour de torture pour continuer notre marche vers le sud-est, à travers les mêmes dunes que la veille. La pluie, qui durait encore, mais avec moins de vent, cessa vers neuf heures ; mais ce fut seulement vers 2 heures que le soleil, se montrant dans toute sa force au milieu d'un ciel pur, sécha nos vêtements et nous réchauffa de ses rayons.

Après que la tempête eut épuisé toutes ses colères et tandis que les pauvres voyageurs marchaient sur le sable durci, les animaux sauvages qui hantent ces lieux maudits se mirent en liesse extravagante ; on les voyait bondir d'allégresse du fond des précipices aux sommets les plus élevés des oughroud. Les torrents de pluie tombés du ciel allaient faire sortir pour eux, de ces sables arides, une pâture abondante et fraîche ; les arbustes allaient se couvrir de fleurs odorantes et l'horrible Désert revêtir, lui aussi, sa parure de printemps. Cette parure, ce n'est pas le manteau multicolore dont se parent, au mois de mai, les plaines fertiles de la Touraine et du Poitou ; ni le tapis vert sombre dont se couvre l'Helvétie, lorsque le soleil a fondu la neige de ses monts : le manteau du Désert est criblé de déchirures ; il en cache mal le hideux squelette.

Après avoir marché péniblement toute la journée sur la surface ridée des dunes devenues, après la pluie, aussi dures que l'avaient été, avant leur décomposition, les roches dont elles sont formées, nous nous arrêtâmes, à 4 heures 35, au lieu appelé *Zemoul-el-Ghardaya*, ou les *Dunes de Ghardaya*, ainsi appelées, me dit mon guide, à cause de la ressemblance d'une d'entre elles avec le site où est bâtie Ghardaya, ville des Beni-M'zab.

Près de notre campement les dunes étaient couvertes d'une pousse d'herbes très serrée, haute de 10 centimètres environ, mais si mince, si grêle, que de hauteur d'homme on la voyait à peine. Le lendemain, il n'en restait plus trace.

Je pensai alors aux graines d'acacia que j'avais semées dans l'*Oued-er-Râbia* : elles ont dû pousser assurément sous ces pluies abondantes, mais je crains bien que les gazelles n'aient dévoré les jeunes tiges à mesure qu'elles sortaient de terre.

Le dimanche 14 février, nous quittâmes les *dunes de Ghardaya* à 6 heures 30, pour marcher jusqu'à 11 heures entre les mêmes *oughroud*.

Nous passâmes, à 9 heures trois quarts, au lieu appelé *Ed Dzeïma*, d'un petit arbuste épineux poussant à travers le grès poreux des vallées ; je vis pour la première fois le *guergâ*, sorte de chardon dont les chameaux sont très friands ; le *retem* se montre en ces lieux couvert de jolies fleurs violettes ; le *hhalfa*, le *çfar*, le *râbia*, le *bouss-el-begra*, l'*ârtaya*, l'*âzel* et le *hhadh* s'y montrent peu.

A 11 heures nous étions à *Fedjdjat-ez-Zimmerann*[1] où le zimmerann reparaît. A partir de là, changement de forme des *oughroud :* moins hauts, plus espacés, ce sont maintenant des dunes rectangulaires de 1000 à 1500 mètres de longueur, taillées presque verticalement des côtés nord et ouest, en pente douce au sud et à l'est, où elles se confondent avec de longues veines : un signe que nous ne sommes pas loin des plaines de grès où se forment les sables qui nourrissent les *oughroud* des contrées traversées par nous.

Vers midi, dans une belle vallée de plus de 1000 mètres de large, mes hommes prirent un fenec ; dans cette vallée, la marche était facile, il n'y avait que peu de veines, et ces *veines* sont basses ; les *oughroud* se clairsèment de plus en plus ; hautes de 50 à 100 mètres seulement, les dunes prennent toutes les formes, toutes les directions ; le grès, moucheté de rose, se montre presque dans son état naturel ; on voit qu'on va sortir du Pays de la Désolation.

A 3 heures, mon guide me montre la route, ou plutôt

[1] C'est-à-dire *écartement, espace libre où croît le zimerann.*

la direction que suivent les caravanes du Souf : cette route arrive par le nord de la boussole pour se confondre avec celle que nous suivons. Nous tournons ensuite un ghourd haut de 150 mètres, le *Cheikh-el-Aghred*[1], c'est-à-dire *Cheikh des Oughroud*, parce que c'est la plus grosse dune de la contrée. A 5 heures nous campons au bout d'une belle petite plaine unie, appelée *El Hhameïda*, c'est-à-dire *la Louée*, parce que c'est là, me dit mon guide, que prennent fin les fatigues et les dangers. Nous arriverons, m'assure-t-il, dès demain, et de bonne heure, à Rhadamès : sur quoi, comme il nous restait encore des vivres (de la farine excepté) pour trois repas, je décidai que ce soir-là nous ferions bonne chère. Et bonne chère nous fîmes, et mes Châamba, d'estomac élastique, auraient bien dévoré le double. Mais ce fut un supplice de boire ce que nos outres nous avaient conservé d'eau pourrie. Lorsque mon serviteur Ali me présentait mon filtre[2], je fermais les yeux pour ne pas voir le grouillement des petites bêtes.

La nuit fut excellente : elle nous reposa de trois journées d'épuisement que ne réparait pas le sommeil.

Le 15, nous nous mettions en route avant 6 heures et demie, par une belle matinée. A 10 heures et quart nous étions au bout de la vallée d'*Aoudh-el-fethour* ou l'*Échange de déjeuner*, parce que des Châamba et des Rhadamesiens y déjeunèrent un jour ensemble.

Là, je gravis avec Rabahh un ghourd d'une centaine de mètres d'élévation d'où mon guide m'avait annoncé que nous distinguerions Rhadamès.

[1] *Ghourd*, outre son pluriel *oughroud*, fait encore *aghred;* mais cette dernière forme n'est guère usitée.

[2] C'était un petit filtre en feutre que je devais à l'agha de Tougourt : s'il ne purifiait pas complètement l'eau, il avait au moins le double avantage de ne pas laisser passer les débris de peau et les vers dont l'eau était pleine, grâce à la mauvaise qualité des outres.

Nous vîmes, partant de nos pieds et se déroulant au loin, une plaine immense, parfaitement unie, encadrée de trois côtés, au nord, à l'ouest et au sud, d'un immense demi-cercle de dunes.

En face de nous, au milieu de la plaine, le haut *ghourd* appelé l'*Isolé* (*Mennfrouda*) paraissait complètement détaché des dunes.

Au loin, du côté de l'orient, la plaine semblait barrée par une longue et sombre muraille bordant l'horizon du nord au sud; à travers une brèche de cette muraille, mon guide me fit voir un bouquet de palmiers dont les têtes se détachaient, entre les sombres parois, sur le fond bleu du ciel.

C'était Rhadamès, le port de salut, à l'entrée de la *Hamadat-el-Hhomra* ou Plateau-Rouge!

Quand, descendus du *ghourd*, nous parcourûmes la plaine, je la trouvai moins unie que je ne l'avais supposé d'en haut. Parfois déprimée, usée par les vents à tel point qu'on croirait marcher dans le lit desséché d'un rivière, elle est souvent couverte d'énormes blocs de grès, épars en tous sens.

Dans les parties déprimées, la craie blanche se montre à nu à travers le grès en désagrégation; les parties élevées sont couvertes, soit de blocs de grès pâle en désagrégation, soit de blocs de grès rose, noir ou vert que les influences atmosphériques n'ont pas encore entamés. C'est là, dans cette hamada usée qu'il faut chercher le foyer d'alimentation des grandes dunes de l'Erg.

La végétation est presque nulle dans la hamada : je n'y remarquai d'abord que des *malvacées*, des *chardons* et, par-ci par-là, quelques arbustes rabougris.

Vers 11 heures, nous aperçûmes un chameau paissant dans une portion sablonneuse de la plaine où le *hhenna* et le *chardon* poussent par touffes vigoureuses, à travers quelques beaux pieds de *retem* et d'*alennda*. Deux hommes, assisp rès du chameau, nous regardaient passer.

Mon guide et Ali me quittèrent pour leur demander s'il n'y avait point de *Touareg* pillards aux alentours et si l'on pouvait traverser sans danger la *Sebkhat-el-Malahh*[1], ou *Sebkha du Sel*.

Je m'arrêtai pour les attendre : mon pied me brûlait, la soif me dévorait dans cette plaine de grès par 50° 5′ ; mais comment boire à l'eau de nos outres puant le suin? Les Châamba eux-mêmes n'y touchaient qu'avec une extrême répugnance.

Pendant que j'étais là, assis sur un bloc, la tête entre les mains, je crus remarquer que les chameaux, qui s'étaient éloignés de quelques pas, buvaient à une source invisible. D'un bond je fus près d'eux.

Ils buvaient, en effet, les bienheureux, une eau pure laissée dans les creux du grès par les derniers orages!

Étendu près d'eux, je savourai, moi aussi, cette eau tombée du ciel, qui me parut plus douce que du miel. Abd-er-Rahhmann fit comme moi; ce fils du Désert ne put se contenir : il chassa un chameau pour boire à sa place.

L'un des deux hommes que le guide était allé interroger habitait la petite oasis de Zaouïa, que nous devions traverser avant d'arriver à Rhadamès; l'autre était un Soufi établi dans le pays. Ils nous dirent que depuis longtemps il n'y avait pas eu de *rhazia* aux alentours et que le pays était tranquille.

A 1 heure nous passâmes au pied du *ghourd Mennfrouda*, haut de 80 mètres environ, isolé dans la plaine comme une sentinelle avancée du *Pays de la Mort*.

[1] On appelle سبخة *sebkha* (de سبخ *sabakha*, être salant) une dépression à fond de sable aquifère presque toujours recouvert d'efflorescences de sel; la couche de sable, ordinairement peu épaisse, recouvre toujours une nappe d'eau.

A 2 heures 10, je m'arrêtais, pétrifié d'étonnement devant la *Sebkhat-el-Malahh :* il me semblait être en présence d'une immense fournaise dont la voûte se serait effondrée. La paroi nord de cette dépression, faite de roches de grès rose, est taillée en gradins ; la paroi sud, coupée verticalement, est en roches noires comme du charbon [1] : du côté de l'est, une chaîne de gour de toutes formes est également faite de roches noires, tandis que le fond, tout couvert de fragments de ces roches, a la même couleur sombre que les bords. L'uniformité de cette teinte n'est interrompue que par une petite couche de sel qui brille au loin comme les eaux d'un lac.

En descendant dans ce fond, il semble qu'on descend dans les enfers ; et cependant, pour le voyageur qui vient de traverser le *Pays de la Mort*, ce passage infernal est l'entrée du Paradis.

Cette lagune n'est pas toujours praticable : celui qui s'y engagerait après les pluies marcherait à sa perte ; deux ou trois jours auparavant, un berger et soixante-dix chèvres avaient disparu sous ce sol mouvant, sans qu'aucune force humaine eût pu ravir à la mort le malheureux berger ; mon guide me dit s'y être une fois enfoncé jusqu'à mi-corps. Les deux bergers qui marchaient avec nous nous firent suivre un sentier qui longeait la rive septentrionale.

Comme nous avancions, quelques silhouettes de palmiers se dessinaient, devant nous, sur le fond noir des parois qui, de loin, du point élevé d'où je découvris la plaine, m'avaient fait l'effet d'une sombre muraille, interrompue de distance en distance.

[1] Ces roches sont formées d'un tuf d'albâtre siliceux de formation aqueuse et composé de sulfate de chaux, de silice pure, de silicates de fer et de calcaire en grande quantité (Analysé par M Brun, pharmacien-professeur à Genève.)

Au delà d'un étranglement où la *sebkha* se rétrécit de moitié, à peu près à 1500 mètres au lieu de 3000, nous aperçûmes la jolie petite oasis de *Zaouïa-Sidi-Mâabet-bou-Djerida*, avec son gracieux village entouré d'une étroite ceinture de murailles, dont la blancheur éclate merveilleusement entre les roches noires. Ce village est situé dans la *sebkha*, sur une espèce de renflement plus élevé que le niveau général.

A partir des parois d'encadrement de la *sebkha*, des puits recouverts de terre, très rapprochés, en lignes parallèles, tous mis en communication par des galeries souterraines, alimentent un réservoir creusé entre le village et son oasis [1]. Pour tirer l'eau des puits ordinaires, on se sert ici du système bien connu de la bascule montée sur pivots.

A 2 heures et demie, nous étions aux portes de Zaouïa, où je fus bien vite entouré parce que, plus ou moins propre, on me prenait pour un noble étranger, peut-être pour un marabout.

Peu après, du haut de la paroi orientale de la *sebkha*, je voyais, à mille mètres, l'oasis de Rhadamès et les quelques maisons de la ville bâties en dehors de la forêt de palmiers.

Nous passâmes près de monuments de forme étrange, qui s'élèvent sur la *Koudiat-el-Açnam* ou *Colline des Idoles*, puis non loin de petites cases rondes en pierres, couvertes en paille de hhalfa qu'on me dit être habitées par des Touareg, et nous arrivâmes enfin aux portes de la ville.

[1] Ce genre de puits à galeries, très usité à El Goléah et dans le Tidikelt, porte le nom de *foggara* pour فقّارة *foqqara*, au pluriel فقاقير *foqaqîr*. Ce nom dérive de la racine فقر *faqara*, *creuser*, *forer la terre*.

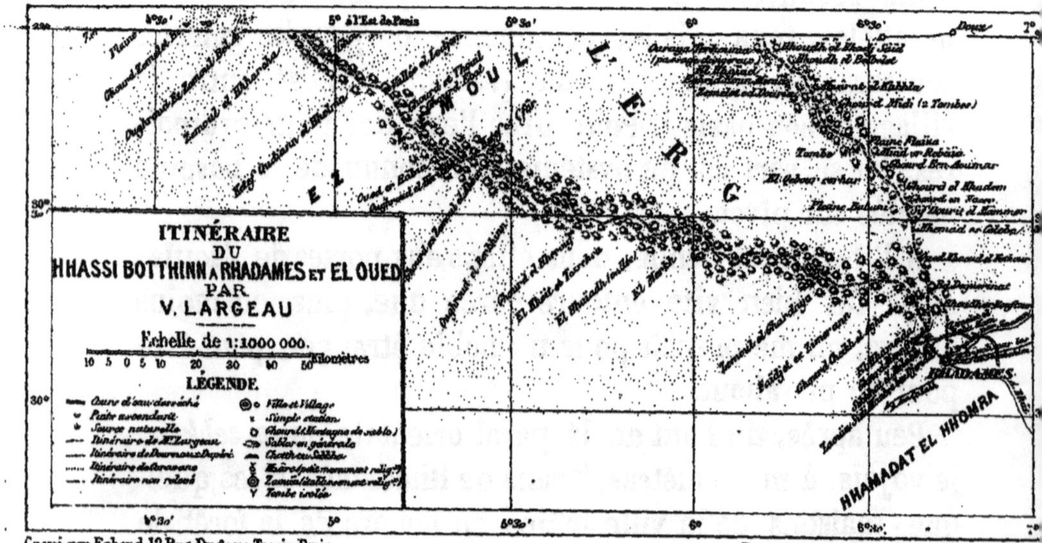

ITINÉRAIRE
DU
HHASSI BOTTHINN A RHADAMES ET EL OUED
PAR
V. LARGEAU
Echelle de 1:1000 000.
10 5 0 5 10 20 30 40 50 Kilomètres
LÉGENDE.
Source naturelle
Simple station
Sablar en générale
Tombe isolée
Ville et Village
5° à l'Est de Paris
EZ
L'ERG
RHADAMES
HHAMADAT EL HHOMRA
Gravé par Erhard 12. Rue Duguay-Trouin Paris.
Paris. Imp. Dufrénoy. 34, rue du Four St Germ

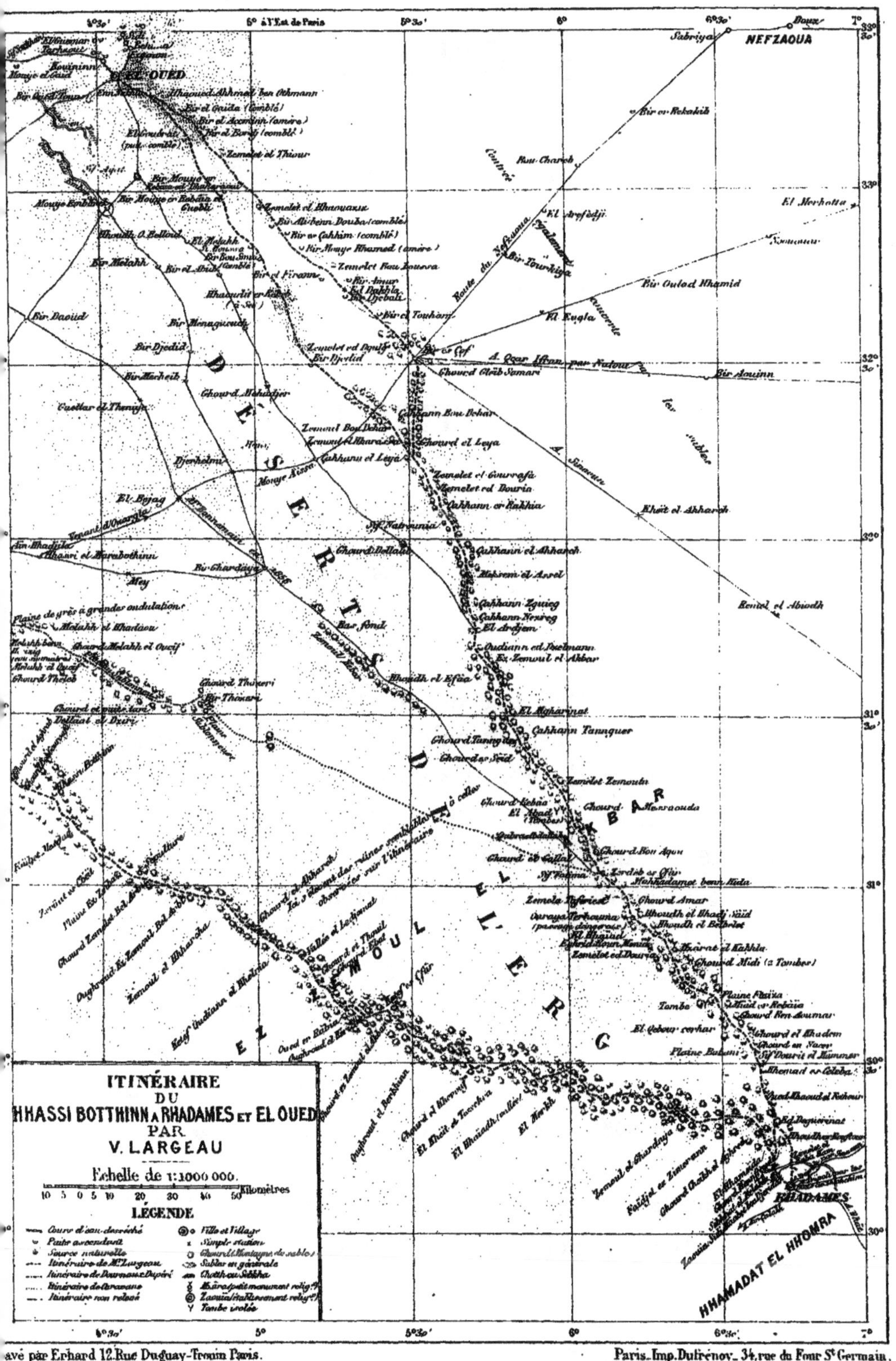
ITINÉRAIRE
DU
HHASSI BOTTHINN A RHADAMES ET EL OUED
PAR
V. LARGEAU
Echelle de 1:1000 000.
10 5 0 5 10 20 30 40 50 Kilomètres
LÉGENDE
Cours d'eau desséché
Puits ascendant
Source naturelle
Itinéraire de Mr Largeau
Itinéraire de Dournaux Dupéré
Itinéraire de Caravane
Itinéraire non relevé
Ville et Village
Simple station
Ghourd (Montagne de sable)
Sables en général
Chotth ou Sebkha
Zaouia (Etablissement relig.x)
Tombe isolée
5° à l'Est de Paris
5°30'
6°
6°30'
7°
33°
32°30'
32°
31°30'
31°
30°30'
30°
EL OUED
NEFZAOUA
Sabriya
Bouz
Bir er Rekabib
Bou Charob
El Arfedji
El Merhotta
Bir Oulad Hhamid
El Eugla
Bir Aouinn
Route du Nefzaoua
A. Sinaoun
Hhôt el Ahhareh
Remel el Abiodh
Ghourd Gleib Samari
Bir Djedid
Bir Daouïd
Bir Melahh
Bir Menaguerah
Bir Markeib
Ghourd Mehadjer
Djerhalmi
El Bejag
Bir Ghardaya
DÉSERT DE L'ERG
EZ ZMOUL EL AKBAR
Ghourd Bou Bchar
Ghourd el Leya
Zemelet el Gourrafa
Zemelet ed Bouria
Cahhann el Ahhareh
Cahhann Zguieg
El Ardjem
Ez Zemoul el Akbar
El Mgharinat
Cahhann Tannquer
Zemelet Zemouta
Ghourd Mezraouda
Ghourd Bou Agou
Mahhadamat benn Aïda
Ghourd Amar
Ghourd Midi (2 Tombes)
Tombe
El Qebour cerhar
Plaine Babasi
Ghourd el Khadem
Ghourd en Nasr
Rhemad er Celeba
Qued Rhaoud el Rehour
El Daguirinat
RHADAMES
HHAMADAT EL HHOMRA
Zemoul el Ghardaya
Plaine de grès à grandes ondulations
Ghourd Tkiseri
Bir Thiseri
Ghourd el Ahhareh
El Khôt el Tsorhra
El Merkh
Gravé par Erhard 12 Rue Duguay-Trouin Paris.
Paris. Imp. Dufrénoy. 34, rue du Four St Germain.

TROISIÈME PARTIE

RHADAMÈS. — LES TOUAREG

CHAPITRE I

Entrée « triomphale » à Rhadamès. — Conférence intime avec les Autorités. — Si Mohhammed bou Aïcha, caïmacam de Rhadamès. — Visite à Si El Hhadj Attiya. — Impossibilité de dépasser Rhadamès dans la direction de Rhât.

Mon guide, envoyé en avant, avait prévenu un notable, rencontré par hasard, et celui-ci avait informé le gouverneur de l'arrivée d'un Français.

Il n'en fallait pas davantage pour piquer au vif la curiosité des Rhadamésiens.

Je fus accueilli par une foule compacte, dont les sympathies se manifestèrent, non pas de cette façon bruyante qui sent l'affectation, mais avec calme et dignité.

Deux vénérables vieillards à longue barbe blanche s'approchèrent d'abord, s'informèrent de l'état de ma santé et me demandèrent des nouvelles des pays que j'avais traversés. « Vous êtes, dirent-ils, le bienvenu parmi nous ! »

Ensuite, ce fut un homme d'une cinquantaine d'années qui me salua pendant plus de dix minutes :

« Ma maison, dit-il, est la vôtre ; vous m'obligerez en venant loger chez moi ! » A quoi je répondis que je ne pouvais accepter ses offres avant d'avoir vu le gouverneur, qu'on était allé prévenir.

Je sus le lendemain que cet homme affable et digne était Si El Hhadj Attiya ben Ahhmed ben Moussa, riche négociant, l'un des *kbar* (notables) les plus influents de Rhadamès, pour qui j'avais une lettre de l'agha de Touggourt. Il m'aida plus tard de toute son influence auprès des autres négociants ses amis.

Si Mohhammed bou Aïcha parut enfin accompagné de quelques membres de la *Djemâa* (conseil) qu'il avait réunis à la hâte ; il me souhaita la bienvenue à peu près en ces termes : un envoyé de l'agha de Touggourt, dont la valeur et la loyauté sont connues dans tout le Sahara, sera reçu ici comme l'agha lui-même. »

Il m'emmena chez lui, en attendant qu'on me trouvât dans la ville une chambre convenable.

Dans la soirée, je reçus successivement la visite des vieillards de la ville, des membres de la Djemâa et du Medjelès. Tous m'exprimèrent le désir de me garder le plus longtemps possible à Rhadamès.

Un peu après la tombée de la nuit, les serviteurs du gouverneur m'apportèrent un abondant souper, composé d'un maître plat de couscoussou à la poule, d'un grand plat de viande de mouton en ragoût, d'une sauce aux oignons, de carottes crues en salade, et d'oranges pour le dessert.

Après le souper, je vis entrer dans ma chambre le gouverneur Si Mohhammed bou Aïcha [1], Si El Hhadj Attiya et le bach-agha, commandant les troupes du *rha-*

[1] Le titre officiel du gouverneur est *caïmacam*, ce qui équivaut, comme attributions, au rang de caïd ; mais les gens de Rhadamès lui donnent, par flatterie, le titre de *bey*.

zou (garnison); ils étaient suivis de serviteurs portant l'un un grand plateau en cuivre, l'autre plusieurs tasses en porcelaine dans un sac, et un troisième une grande théière en argent artistement ciselée.

Tout en prenant le thé, je remis à Si Mohhammed bou Aïcha et à Si El Hhadj Attiya les lettres de l'agha et celles des marabouts, dont j'étais porteur.

Ils les lurent attentivement.

Puis nous causâmes de l'état du pays.

« — Quand Ali-Bey, me dirent-ils, était caïd du Souf, nul n'aurait osé s'aventurer au sud des possessions françaises; ce chef s'entendait avec les pillards qui parcouraient alors le Sahara en tous sens, et partageait avec eux les dépouilles des caravanes. Mais les choses ont bien changé depuis que Si Mohammed Ben Driss a été investi du commandement de l'Oued-Rhir et du Souf. Ce chef est la terreur des mauvaises gens.

« Du temps d'Ali-Bey (Dieu lui pardonne ses crimes!) notre ville, sans *rhazou*, était administrée par un simple *moudir;* les Touareg étaient les maîtres aux alentours : nos caravanes n'osaient plus sortir de nos murs et celles qui revenaient du Soudan étaient obligées de s'arrêter à Rhât.

« Mais tout a changé depuis une année, depuis que nous avons pour caïmacam Si Mohhammed bou Aïcha. Il a fait venir, dans notre ville, un *rhazou* de 100 hommes à pied et de 50 cavaliers, lequel est commandé par le bach-agha, homme de grande valeur; puis il s'est entendu avec les agha de Touggourt et d'Ouargla pour donner la chasse aux pillards. Nous sommes assurés maintenant que la paix régnera dans le pays aussi longtemps que ces hommes de bien resteront à leur poste. Puisse Dieu les y conserver longtemps! Si la sécurité n'est pas encore rétablie du côté de Rhât, cela tient à l'état de la guerre dans lequel se trouve actuellement le pays des Touareg; mais nous espérons bien que le bey de Tripoli y mettra ordre. »

« — Tu viens pour le commerce, me dit ensuite le caïmacam. Je sais que les Français ont toujours été les amis des Musulmans; j'en ai connu plusieurs et n'ai eu qu'à me louer de leur loyauté. Je ferai mon possible pour que nos négociants te soient favorables. Du reste, je vois que tu voyages avec la bénédiction de Dieu, car peu après ton arrivée ma jument a fait un gros poulain. »

« — J'ai en effet quitté mon pays, leur dis-je, pour nouer des relations de commerce entre la France et le Soudan par l'Algérie. Les Français ont pris l'Algérie par la volonté de Dieu, qui est le Maître de tout; mais Dieu leur a assigné des limites qu'ils ne peuvent dépasser, et maintenant qu'ils ont pacifié ce pays, autrefois si bouleversé, ils désirent entrer en relations d'amitié avec les peuples qui les entourent. Car à quoi sert l'inimitié? A engendrer les guerres qui sont la ruine des peuples. Il est sage de se soumettre à la volonté de Celui qui dirige tout : ceux qui lui résistent sont des fous.

« Lorsque je quittai la France, le *hhakem* d'Alger, qui est le général Chanzy (Dieu le fasse vivre de longs jours!), écrivit à l'agha de Touggourt pour lui dire de me donner des conseils. Si Mohhammed ben Driss, qui vous a en grande estime, me dit que Rhadamès est un grand centre de commerce; que votre pays est administré par un homme de bien dont il est l'ami; que vos négociants sont des gens d'une grande probité, et que vos caravanes vont trafiquer dans toutes les parties du Soudan.

« Je suis donc venu chez vous, par la route la plus longue et la plus difficile, parce que j'ai voulu me rendre compte dans quel état était le Désert.

« Je sais que vos caravanes portent, à Tripoli, les produits du Soudan et qu'elles achètent, dans cette ville, les marchandises d'Europe qui leur servent à faire des échanges. Mais le Soudan est un pays riche, où vous pouvez acheter bien plus que vous ne l'avez fait jusqu'à ce jour, pour le revendre dans le sud de l'Algérie. D'autre part, nous fabriquons en France tout ce que l'on vous vend à Tripoli, et nous vous le donnerions à meilleur compte. Venez vers nous : vous doublerez votre commerce et par conséquent votre fortune. »

Si El Hhadj Attiya m'assura que, personnellement, il était disposé à entrer en relations avec les Français ; il me promit d'en entretenir ses collègues et de provoquer une réunion où je pourrais me faire entendre de tous.

De son côté Si Mohhammed bou Aïcha me promit d'être mon interprète auprès du Medjelès[1].

Le lendemain, mardi, 16 février, comme je finissais de m'habiller, le brave gouverneur vint s'informer de ma santé. C'était le moment de lui faire mon cadeau, pas tout à la fois, jugeant qu'il serait bon d'avoir quelque chose à lui offrir de temps en temps jusqu'au jour du départ, afin d'entretenir l'amitié.

Je lui donnai cette fois-ci : le hhaïk que lui envoyait l'agha de Touggourt ; un fusil de chasse à deux coups, avec cinq boîtes de capsules et une livre de poudre ; un joli carnet doré avec six crayons ; une demi-rame de papier ; une timbale ciselée en argent avec son écrin ; des bracelets et des pendants d'oreilles pour sa femme ; une boîte à musique et des jouets pour son fils âgé de 12 ans.

Puis, lui parti, je fis un paquet de ce qui était destiné

[1] Le mot turc مجلس *medjelès* ou *medjelis* vient du verbe-racine arabe جَلَسَ *djalassa, être assis*, et signifie *réunion* ou *conseil* (même sens que *djemâa*). Le medjelès de Rhadamès réunit les attributions d'une chambre et d'un tribunal de commerce.

à Si El Hhadj Attiya et j'envoyai Ali le lui porter en compagnie d'un des *zaftis* (hommes de police) qui, par ordre du gouverneur, se tenaient à ma porte pour attendre mes ordres. *Zafti* est, je crois, l'arabisation du mot turc *zaptié*.

Dans ce paquet je mis : le hhaïk envoyé par l'agha de Touggourt; un pistolet, avec capsules et poudre; une timbale en argent; deux gros livres de commerce et un encrier magique dont je me réservais de lui enseigner l'usage; un carnet de poche pour lui et deux cahiers reliés avec crayons pour son fils; une boîte à musique, une toupie, un petit canon et autres jouets également pour son fils; des bracelets, des colliers et des pendants d'oreilles pour ses femmes. De même que pour le gouverneur, je me réservai de lui faire d'autres présents pendant mon séjour à Rhadamès.

Si Mohhammed bou Aïcha, caïmacam et gouverneur de Rhadamès, est un homme d'une soixantaine d'années, à barbe grise, d'une taille élevée avec un embonpoint assez prononcé; sa face un peu bouffie lui donne un air bonhomme, mais on lit dans ses yeux noirs l'énergie et l'intelligence. L'ensemble de sa physionomie est à la fois agréable et digne.

Il porte ordinairement le costume rhadamésien, que je décrirai plus tard, mais il revêt, dans les grandes occasions, le costume officiel turc, composé d'une chachia rouge, d'une sorte de pardessus et d'un pantalon noirs. Le gouvernement de Stamboul l'avait autrefois chargé de missions dans l'intérieur de l'Afrique, dont une dans le Bernou, où il accompagna l'explorateur allemand docteur Nachtigall, qu'il avait rencontré en grande détresse dans le Fezzann[1].

[1] Ce que le caïmacam ne me dit pas, c'est qu'étant gouverneur du Fezzann, il s'était révolté contre son suzerain, le pacha de Tripoli, qui

Depuis un an à peine qu'il administrait le pays, la paix était profonde à Rhadamès et aux environs.

Après le déjeuner, et le café, que le gouverneur me fit l'honneur de prendre avec moi, nous allâmes ensemble rendre visite à Si El Hhadj Attiya. Des zaftis nous accompagnaient. Près des remparts, une porte basse nous ouvrit l'accès d'une petite cour, en partie couverte, entre deux corps de logis; par des escaliers étroits, obscurs, nous montâmes au magasin de Si El Hhadj Attiya, qui nous reçut avec force transports.

Un riche tapis fut étendu sous nos pas, on nous offrit des bonbons de Tripoli, des oranges, on nous servit une espèce d'orangeade, du thé, d'excellents biscuits, aussi de Tripoli.

Si El Hhadj Attiya ben Ahhmed ben Moussa est un homme d'une cinquantaine d'années, un peu maigre et de moyenne taille; son visage aux traits réguliers est encadré d'une barbe grisonnante, courte et clairsemée; son nez est légèrement aquilin; dans ses grands yeux noirs, on croit lire la franchise et la loyauté. Tripolitain d'origine, il doit sa grande fortune à un travail constant, à beaucoup d'ordre et d'économie. Il a épousé deux femmes dont il n'a eu qu'un fils, actuellement âgé d'une dizaine d'années.

Après le thé, la conversation s'engagea. Mes hôtes m'apprirent le châtiment des assassins de Dournaux-Duperré : cette nouvelle avait été apportée quatre jours auparavant par une caravane de Rhât. Les meurtriers de mon

avait dû envoyer contre lui une armée. Vaincu, il resta quelque temps prisonnier à Tripoli, puis fut envoyé dans le Bernou en mission soi-disant scientifique. A son retour de cette mission, il fut nommé, comme je viens de le dire, caïmacam de Rhadamès.

Quant aux Rhadamésiens, qui d'abord m'avaient paru être de si braves gens, je ne restai pas longtemps sur ma première impression.

infortuné prédécesseur étaient quatre Touareg Foggas et *un Châambi du nom de Bou Saïd ben el Ghaouti*, auxquels il fut livré par son guide qui était lui-même un Targui Foggas. El Hhadj Khenoukhenn, auprès de qui Dournaux-Duperré et ses compagnons se rendaient lorsqu'ils furent assassinés sur la route de Rhât, était au Fezzann quand il eut connaissance de ce crime; or il arriva *que les quatre assassins Foggas allèrent, justement alors*, au Fezzann pour y acheter de la farine et des dattes. El Hhadj Khenoukhenn les fit comparaître devant lui, leur reprocha d'avoir tué des gens qui étaient ses amis, puis les laissa partir en toute liberté; mais il envoya des hommes les attendre et les tuer dans le Désert, sur terrain neutre.

A cette nouvelle, je pensai que peut-être l'exemple donné par ce chef avait produit un effet salutaire et que, plus heureux que Dournaux-Duperré, je pourrais atteindre au moins Rhât.

Mais, par malheur, la guerre sévissait plus que jamais au Sahara, *les Touareg du Hhoggar et les Azguer tenaient* les routes, El Hhadj Khenoukhenn venait d'être battu. D'autre part, j'étais mal pourvu pour un long voyage, et j'avais bien peu d'argent, avec peu ou point d'espoir d'en recevoir de France : si bien que si je m'étais imprudemment lancé dans le Désert, je n'aurais pas tardé d'y être bloqué dans quelque oasis. Renoncer à dépasser Rhadamès était le plus sage, on me le disait, et j'eus raison de le croire. En tout état de cause Si El Hhadj Attiya m'engagea à écrire aux chefs Touareg et se chargea de leur faire parvenir les lettres officieuses que j'avais pour eux.

Notre visite se prolongea jusque vers les 2 heures de l'après-midi. Ce même jour, avant le soir, je pris possession de la maison que le caïmacam m'avait trouvée en ville. Je me dispenserai, pour l'instant, de la décrire : elle ressemblait à toutes celles de Rhadamès, dont le plan n'est guère varié.

Je cessai donc d'habiter chez le gouverneur, mais pendant tout mon séjour à Rhadamès il ne manqua jamais de m'envoyer des vivres en telle abondance qu'à nous tous, Ali, mes Châamba et moi, nous ne pouvions en venir à bout.

CHAPITRE II

Origine de Rhadamès, la *Cydamus* des Romains. — Les Atryas, descendants des Égyptiens. — Légende de la fondation de Rhadamès. — La ville, les ruelles, les maisons. — Aïn-el-Fers. — Mœurs et coutumes, caractère, costumes, mariages, climat. — Insuffisance des eaux. — Marchés, industries.

Suivant la vieille expression consacrée, l'origine de Rhadamès se perd dans la nuit des temps. L'antiquité de cette ville est attestée par les échantillons d'architecture égyptienne, bas-reliefs, chapiteaux et fûts de colonnes que l'on voit plantés, aux portes de la ville, sur les tombes de quelques saints marabouts, ainsi que par les ruines remarquables de mausolées anciens, à quelques pas de l'oasis, sur un plateau de grès dominant les remparts.

Le « peuple-roi », qui nommait Rhadamès *Cydamus*, ne l'a sans doute occupée que temporairement; en tout cas, il a peu fait pour l'embellir : à part une inscription trouvée par M. Duveyrier et des corniches vues par moi dans un cimetière, les Romains n'y ont rien laissé de remarquable.

On peut supposer que Rhadamès, comme beaucoup

d'autres villes du Sahara, fut, dans l'origine, une colonie égyptienne, peuplée par des gens de couleur dont les descendants, les *Atrias*, forment encore aujourd'hui une bonne partie de la population.

Le mot *âtria*, qui dérive de عتر *âtara*, signifie *racine*, *origine*, ou encore *race mère*.

Je suis persuadé que tous les noirs sahariens appartiennent à cette race égyptienne, ou *garamantique*, ou *sub-éthiopienne*, comme l'appelle M. Duveyrier. Pour ma part, je croirais plus logique de la désigner sous le nom, un peu long, d'*ancienne race noire indo-africaine*.

Il est prouvé par l'histoire, Hérodote le rapporte, qu'il y eut différentes migrations de soldats égyptiens : l'historien grec parle de 240,000 hommes qui partirent en Éthiopie sous le règne de Psammitichus. Il est bien permis de supposer que quelques-unes de ces bandes se dirigèrent vers l'ouest pour se répandre dans le Sahara.

Égyptiens ou non quant à l'origine, ils ont adopté dans la suite la langue des Berbères qui les assujettirent.

C'est ici le lieu de raconter la légende de la fondation de Rhadamès : je la dois à mon hôte le caïmacam. Il ne faut pas mépriser les légendes qui, souvent, sont un fil d'Ariane dans le labyrinthe de l'histoire.

« Longtemps avant la venue du Prophète Notre Seigneur Mohhammed (que la bénédiction de Dieu soit sur lui, sur sa famille et sur ses compagnons!), des gens de Siyoua, ville située à l'ouest et à dix journées de marche d'El Macer (le Caire), étant sortis dans la plaine, se dirigèrent du côté du Touât dans le but d'y faire une rhazia.

« Pour se rendre dans ce lointain pays, ils passèrent à l'endroit où s'élève aujourd'hui Rhadamès et s'y arrêtèrent pour déjeuner; or il n'y avait alors en ce lieu ni source ni palmiers.

« Ayant achevé leur repas, ces gens burent à leurs outres et continuèrent leur marche vers l'ouest.

« Le lendemain matin, lorsqu'ils voulurent préparer de la *rouina* pour leur déjeuner, l'un d'eux s'aperçut qu'il leur manquait le plat dans lequel ils avaient l'habitude de la manger. Il dit à ses compagnons : *Nènsina el qeçâa fi rhadana ems*, c'est-à-dire : *Nous avons oublié le plat dans notre déjeuner d'hier*. Comme ils n'avaient que ce seul plat, cet homme retourna sur ses pas, et il le retrouva, en effet, à l'endroit où la troupe avait déjeuné la veille ; puis, fatigué d'une aussi longue course, il s'assit pour se reposer un instant.

« Comme il repartait, il vit sa jument qui, la tête baissée, grattait le sol de son sabot ; il s'approcha et voilà qu'une source abondante jaillit tout à coup sous le pied de la jument ; le cavalier ébahi se désaltéra à cette source. Il rejoignit ensuite ses compagnons et leur raconta ce qui était arrivé.

« Ils continuèrent leur route jusqu'au Touât, où ils firent une abondante rhazia sur les troupeaux des habitants de cette riche contrée, puis ils s'en retournèrent dans leur pays par le même chemin. Ils ne manquèrent pas de s'arrêter à l'endroit où ils avaient oublié leur plat ; ils remplirent leurs outres à la source qu'ils nommèrent *Aïn-el-Fers*, c'est-à-dire *Source de la Jument*.

« Ils étaient de retour depuis peu dans leur ville de Siyoua, lorsque des divisions éclatèrent entre les habitants. Deux partis se formèrent, on se battit, et le parti auquel appartenaient ces gens ayant eu le dessous, ils s'expatrièrent.

Ils ne savaient guère où diriger leurs pas ; l'un d'eux s'écria : *Aiah! nemchou li Aïn el Fers!* c'est-à-dire : *Allons à la Source de la Jument!*

« Ils y retournèrent, ils y plantèrent des palmiers, ils

y bâtirent des maisons. Ce fut là l'origine de *Rhadamès*, dont le nom est formé des deux mots *rhadana ems*, c'est-à-dire *notre déjeuner d'hier ;* et la source qui alimente l'oasis s'est toujours appelée depuis *Aïn-el-Fers*, c'est-à-dire la *Source de la Jument*, »

Il est assez évident que les Arabes se sont emparés ici d'une légende bien antérieure à leur venue dans le pays. Comment les gens de Siyoua, oasis égyptienne, auraient-ils parlé l'arabe quand il n'y avait pas d'Arabes dans le Désert. Sans nul doute, ils la tiennent des Berbères, et ceux-ci des Atrias.

Dépouillé de ce qui est arabe, y compris l'explication étymologique ajoutée pour les besoins de la cause, ce récit n'a rien d'invraisemblable :

Des écumeurs égyptiens partent de Siyoua pour aller piller dans l'ouest ; ils trouvent, chemin faisant, un site charmant, une source abondante. Ils s'en retournent dans leur pays. Quelque temps après la guerre civile éclate chez eux, leur parti est vaincu et ils sont forcés d'émigrer. Ils se souviennent alors du site ombreux, de la belle fontaine, et ils vont s'y établir.

Les Berbères conquérants et leurs sujets Atrias furent, en l'an 19 avant J.-C., assujettis par les Romains qui, sous la conduite d'un certain Cornélius Balbus, paraissent avoir poussé, dans cette direction, une pointe assez avancée vers le sud, puisqu'ils s'emparèrent aussi de Garama, aujourd'hui Djerma, l'ancienne capitale du Fezzann. Mais, je l'ai dit déjà, cette occupation dut être temporaire ; ou, si elle dura 250 ans au moins, comme le croit M. Léon Régnier, de l'Institut[1], elle fut sans doute continuée par des troupes auxiliaires numides : il serait bien extraordinaire que les Romains eussent laissé, dans cette ville, si peu de témoins d'un long séjour.

[1] Henri Duveyrier, *Les Touareg du Nord*. Paris, Challamel aîné.

On ne trouve plus trace de la présence des Romains ou des Grecs à Rhadamès, lors de l'invasion arabe. Ibn Khaldoun mentionne seulement que « depuis le Maghreb el « Aksa jusqu'à Tripoli ou, pour mieux dire, jusqu'à « Alexandrie, et depuis la mer Romaine (Méditerranée) « jusqu'au pays des Noirs, toute cette région a été « habitée par la race Berbère, et cela depuis une époque « dont on ne connait ni les événements antérieurs ni « même le commencement[1]. »

Ce fut en l'an 22 de l'Hégire (642 de J.-C.), sous le khalifa d'Othmann, qu'Amer, fils d'El Aci, commença la conquête de la Tripolitaine, province où Rhadamès est aujourd'hui comprise.

Comme il faisait le siège de Tripoli, Amer envoya à Oueddann[2] Okba, fils de Nafé, qui força les habitants à accepter l'Islam.

Quatre ans après, en l'an 26 de l'Hégire, Okba, devenu commandant en chef de l'armée conquérante, avait pris ses cantonnements d'hiver dans le pays de Sort, au fond de la grande Syrte; avant de pénétrer dans le Maghreb, il apprit que les gens de Oueddann avaient rompu le traité qu'il leur avait imposé en l'an 22; il marcha contre les rebelles, prit leur roi et lui coupa une oreille.

De là, en huit nuits de marche, il se porta sur Djerma, qui était la capitale de Fezzann; il força les habitants à embrasser la religion musulmane, s'empara des autres villes ou bourgades du Fezzann, puis partit pour le pays de Kouar, situé à quinze nuits de marche, sur la limite du Désert, et le conquit également.

Ce fut au retour de cette expédition, qui avait duré

[1] Ibn Khaldoun, *Histoire des Berbères*, trad. de M. de Slane. Paris, Challamel aîné.

[2] Ville et oasis situées à 65 lieues environ au sud de Tripoli, entre cette ville et Mourzouk.

cinq mois, qu'il envoya un corps de cavalerie s'emparer de Rhadamès.

Cependant, ici comme ailleurs, la soumission des Berbères ne fut pas sincère; ils se révoltèrent plusieurs fois et ne manquèrent jamais d'embrasser le parti des novateurs politiques ou religieux.

« En l'an 619 (1222 de J.-C.), dit encore Ibn Khaldoun, Bou el Ola partit de Tunis à la tête des troupes almohades, et se rendit à Gabès afin d'enlever à Ben Ghania tout espoir de posséder cette ville. S'étant alors installé dans le Qçar el Arousiinn, il expédia vers le désert un corps d'Almohades sous la conduite de son fils, le Sid Bou Zeïd, auquel il avait donné l'ordre de faire rentrer dans l'obéissance Djerd et Rhadamès, villes de cette région, et d'y percevoir l'impôt. Un autre détachement, qu'il avait fait partir d'avance, devait tenir Ben Ghania bloqué dans Oueddann jusqu'à ce que Bou Zeïd pût s'y rendre en revenant de Rhadamès. Les Arabes, séduits par les intrigues et l'argent de Ben Ghania harassèrent tellement cecorps qu'ilsle forcèrent à rétrograder sur Gabès. Le Sid Bou Zeïd resta quelque temps à Rhadamès pour en avoir des nouvelles, et, quand il eut appris cette retraite malheureuse, il alla trouver son père et lui fit un exposé de tout ce qui venait de se passer[1]. »

Les différentes dynasties tunisiennes attachèrent une grande importance à la possession de Rhadamès, cette ville étant avantageusement située sur les routes de Tunis au Tidikelt, au Fezzann et au Soudan par le pays d'Aïr ou le Têbou. Aussi fut-elle, de tout temps, le grand entrepôt du commerce entre ces contrées.

L'oasis de Rhadamès s'étend du nord-est au sud-ouest

[1] Ibn Khaldoun, *Histoire des Berbères*, trad. de M. de Slane. Paris, Challamel aîné.

Rhadamès. — Vue générale.

sur 1200 à 1500 mètres, et du sud-est au nord-ouest sur 1000. Elle est entourée d'un mur d'enceinte tantôt en pierres, tantôt en terre; ce mur est garni de petits bastions disposés sans art de la façon la plus capricieuse; dans certains endroits il atteint la hauteur des remparts les plus élevés, dans d'autres il peut être escaladé sans peine; le côté oriental est en ruine; il donne accès dans l'oasis d'où l'on peut, par les chemins des jardins, pénétrer facilement dans la ville. Celle-ci est dominée par le plateau formé d'énormes blocs de grès qui s'étend vers le sud-ouest et sur lequel se dressent les tombeaux ruinés et profanés des anciens rois berbères. Le rebord de ce plateau n'est qu'à 30 mètres des remparts qu'il commande par une pente rapide entre des blocs de grès à moitié arrachés. C'est sur cette pente, jusqu'à dix pas de la ville, que s'étend le cimetière sur une longueur de 1500 mètres, bien au delà des limites du territoire. Les anciennes tombes sont respectées par les générations nouvelles; de là vient l'étendue de ce séjour des morts.

Rhadamès est enclavée dans la portion méridionale de l'oasis : un quartier construit en dehors de la forêt de palmiers est séparé des remparts par une rue assez large.

On entre dans la ville par quatre portes : trois en face du cimetière et du plateau de grès, et une, au nord, qui conduit dans les jardins.

La plus large des rues donne à peine passage à deux hommes de front; les maisons des deux côtés opposés de ces rues unissant par-dessus leur premier étage, l'air et la lumière n'y pénètrent que par des échappées ménagées de distance en distance; encore les petites rues, généralement tortueuses, ne sont-elles aérées que par leurs extrémités; par suite, l'obscurité y est à peu près complète. Aussi, dès que le jour décline, que l'obscurité commence, l'étranger entend avec surprise une sorte de grognement plaintif, répété devant lui par des ombres qui disparaissent aussitôt. Ce sont les femmes, servantes ou esclaves, qui préviennent ainsi de leur présence dans l'étroite ruelle : si une autre femme marche en sens inverse dans la rue, elle répond par le même grognement et l'on se rencontre sans se heurter, s'il se peut ; si c'est un homme, il frappe le sol de son pied, et la femme revient sur ses pas jusqu'à l'angle de la rue pour le laisser passer. Les gens aisés sortent avec des lanternes. La rue principale est bordée de deux lignes de divans en pierres ou en terre, sur lesquels les habitants s'asseyent pendant les chaleurs pour faire la conversation.

Les maisons sont solidement construites, quelques-unes en pierres, la plupart en briques séchées au soleil ; elles se composent généralement d'un rez-de-chaussée qui sert de magasin, et d'un premier étage, qui sert d'habitation. Mais à part celles du quartier en dehors de l'oasis, ces maisons n'ont d'autre ouverture extérieure que la porte d'entrée et ne reçoivent le jour que par un trou dans la terrasse ; le rez-de-chaussée reçoit le jour secondairement, par un trou dans le plancher.

Chaque étage se compose d'une pièce centrale autour de laquelle sont d'autres petites pièces ou *douéra* superposées, qu'on prendrait à première vue pour des armoires dans l'épaisseur de la muraille. On arrive aux *douéra* supérieures par des escaliers en terre construits autour de la pièce principale ; dans un coin de cette pièce, entre une *douéra* et la muraille, est une sorte d'alcôve fermée par des rideaux : là, dort le chef de la famille, sur une natte recouverte d'un tapis.

L'intérieur de chaque maison, orné d'arabesques d'une exécution quelque peu barbare, est soigneusement blanchi à la chaux. Si l'on y allume du feu, l'absence de cheminée en rend le séjour incommode, car la fumée, n'ayant d'autre issue que l'ouverture par laquelle pénètrent en même temps l'air et la lumière, se répand dans toute la maison; la cuisine, il est vrai, se fait ordinairement sur les terrasses, qui communiquent toutes entre elles, de sorte qu'on peut aller d'un bout à l'autre de la ville, et même en faire le tour, sans mettre pied à terre. Toutes les maisons ont des lieux d'aisances, propreté qui manque à l'Oued-Rirh.

Il serait difficile de parler des monuments de Rhadamès, où nulle maison ne dépasse le niveau général; peut-être se rencontre-t-il des ouvrages d'art dans quelque mosquée, mais j'ai dû renoncer à pénétrer dans ces lieux sacrés, pour ne pas froisser les Rhadamésiens. Les mosquées sont au nombre de dix : deux grandes pour les prières et huit pour les écoles.

La ville est divisée en deux grands quartiers, autrefois ennemis et séparés par une muraille, qui sont : *Beni-Oasit* et *Tescout*, lesquels se divisent eux-mêmes en quartiers secondaires ou *chouéra*. Beni-Oasit forme quatre chouéra, qui sont : *Teferfera*, *Tenngzinn*, *Djeressenn* et *Oulad-Bellil*; Tescout en forme deux : *Beni-Drar* et *Beni-Masiq*.

Quant à la population, tout ce que j'ai pu en apprendre c'est que la ville peut mettre de douze à quinze cents hommes sous les armes; les magistrats eux-mêmes n'en savent pas davantage. Cette population, que j'estime à 7000 âmes, se divise en deux classes : les nobles, ou Rhadamésiens proprement dits, et les *Atrias* ou nègres aborigènes parmi lesquels on classe les descendants d'esclaves affranchis.

L'élément berbère s'est conservé ici dans toute sa pureté et, quoique plusieurs Arabes se soient fixés dans la ville, les alliances sont très rares entre eux et les indigènes, les uns et les autres ayant peur d'altérer la noblesse de leur sang.

Dans la partie ouest de la ville, et derrière la maison du gouverneur, jaillit, au milieu d'un bassin carré de 12 mètres sur chaque face, la source légendaire d'*Aïn-el-Fers* dont l'eau, contenant une petite quantité de magnésie, a une température de 30 degrés (observation faite dans un seau transporté à vingt pas). Avant de boire cette eau, on la laisse refroidir plusieurs heures à l'air. Rhadamès a aussi des puits profonds, véritables sources dont quelques-unes, me dit-on, furent abondantes ; ce qui n'est certes plus le cas. On en tire l'eau par une bascule formée d'un tronc de palmier, dont le milieu repose sur un pilier en pierres ou en terre; l'ouverture des puits étant très large, on peut mettre de front trois ou quatre bascules qui manœuvrent en même temps; l'eau tombe dans un bassin, et de là, par des conduits en troncs de palmier, jusque dans les jardins à irriguer.

Les Rhadamésiens paraissent être de fervents musulmans : ils ne manquent jamais de répondre à l'appel du *mouezzen*[1] et vont à la mosquée six fois par jour faire leur prière en commun[2]. Ils sont très tolérants envers les Chrétiens, qu'ils regardent comme descendants d'Isaac, frère d'Ismaël, et comme frères, par conséquent, des Arabes; mais ils détestent les Juifs et les fils de Jacob ne

[1] On nomme مُؤَذِّن *ouezzenn* ou *mouedzenn* le crieur qui annonce l'heure de la prière. Ce mot vient de أُذُن ou وُذْن *oudzenn*, *oreille;* d'où أَذَّن *adzenn*, *annoncer l'heure de la prière.*

[2] Les six prières obligatoires sont les suivantes : *El fedjer*, ou de l'aube; *es cebahh*, ou du matin, avant le lever du soleil; *ed dheher*, ou de midi; *el âcer*, ou de trois heures; *el moghreb*, ou d'une demi-heure après le coucher du soleil, et *el âcha*, ou de 2 heures après le coucher du soleil.

seraient pas tolérés parmi eux. Leurs mœurs sont des plus pures, du moins extérieurement, depuis que le gouverneur a chassé de la ville les courtisanes que fournissait une tribu du Djebel Nefouza, dont les femmes ont, paraît-il, les mêmes coutumes que celles des Oulad-Naïl; la prostitution n'y existe donc pas, du moins ouvertement; l'usage des liqueurs fermentées y est sévèrement interdit, et quiconque fume du kif est impitoyablement châtié.

Le Rhadamésien, Berbère parlant un dialecte berbère, vit en général retiré dans sa maison, et s'éloigne rarement du quartier qu'il habite. Religieux par affectation, naturellement dissimulé et méfiant, il est d'une poltronnerie telle que deux Touareg armés de lances font la loi à cinquante Rhadamésiens armés de fusils et de pistolets. En revanche, il est âpre au gain et rapace outre mesure; il vole sans pudeur, sans vergogne, quiconque s'en rapporte à sa bonne foi. Il n'est point hospitalier, ne fait rien pour obliger l'étranger, et n'entre en relations avec lui que pour lui vendre au poids de l'or. D'une ingratitude révoltante, toujours prêt à tromper son bienfaiteur et à le mettre à mal, il semble complètement dépourvu de sens moral, de fierté, de dignité.

Les femmes de condition ne sortent que la nuit pour aller à la mosquée; elles vivent dans la maison ou sur les terrasses, dont l'accès est interdit aux hommes comme les rues sont interdites à elles-mêmes. On ne voit dehors que des femmes d'Atrias ou des esclaves.

Le costume des hommes se compose d'un ample *seroual* (culotte) dont les jambes descendent jusque sur le cou-de-pied; les riches portent le gilet et la veste maures à larges manches; par-dessus, une ganndoura (longue robe sans manches) blanche ou de diverses couleurs; peu d'entre eux ont adopté le bernous pour l'usage journalier; ils se drapent dans une longue pièce d'étoffe de laine qu'ils nomment *eksa;* ils portent la chachia rouge et le turban, mais ils ont toujours la tête recouverte d'un pan de l'eksa; leurs souliers jaunes sont ornés de broderies.

Quoique les femmes ne sortent que la nuit, j'ai pu, grâce à ma qualité de *thebib*, admirer plus d'un joli minois; et puis quelques-unes de ces curieuses filles d'Ève trouvaient parfois moyen de s'échapper en allant à la mosquée et de se glisser jusque chez moi où, sous prétexte d'un mal quelconque, elles passaient le temps de la prière à me regarder et à faire des commentaires sur mon compte. De jeunes femmes venaient me demander des remèdes contre la stérilité, et je les renvoyais enchantées avec quelque drogue inoffensive. Mais je voyais surtout des négresses, des mulâtresses et des femmes d'Atrias; celles-ci venaient généralement de grand matin, lorsqu'elles sortaient pour faire leur provision d'eau.

En somme, les dames rhadamésiennes (celles de pure race, s'entend) sont belles et leurs traits réguliers rappellent le type grec dans toute sa perfection. Leur costume de sortie consiste en une longue pièce d'étoffe rouge ou bleue avec des raies blanches, qui passe sous le bras droit pour aller s'attacher sur l'épaule gauche, laissant ainsi le sein à découvert; cette pièce est fixée autour du corps par une ceinture rouge; elles se drapent, en outre, dans une autre pièce d'étoffe en laine blanche ou de couleur vive semblable à l'eksa; elles sont coiffées d'un bonnet phrygien, qu'entoure un mouchoir en soie à franges d'or; la partie inférieure de cette coiffure est ornée d'une sorte de diadème, en or ou bien en cuivre, selon la fortune ou la générosité des maris; un gros pompon rouge pend toujours au milieu du front; elles portent au cou des colliers de corail ou de perles rouges;

Femme de Rhadamès.

elles sont chaussées de souliers en cuir rouge, richement brodés.

Les femmes de basse condition que l'on rencontre dans les rues portent une ganndoura recouverte par une eksa en laine simple; elles sont aussi coiffées d'une sorte de bonnet phrygien qui se rapproche assez du casque de nos pompiers, et du milieu duquel pend, sur le devant, jusque vers le milieu du front, le fameux pompon rouge, dont le port est interdit aux esclaves. Ces femmes vont pieds nus; elles portent aux oreilles, aux bras et aux jambes l'attirail ordinaire des femmes arabes. Les petites filles de bonne famille, qu'on voit quelquefois passer, ploient littéralement sous le faix des bijoux plus ou moins extraordinaires qui pendent du cou jusqu'à la ceinture.

Lorsqu'un homme veut se marier, il charge une vieille de s'assurer si telle ou telle jeune fille est jolie et de bonne grâce. Sur réponse encourageante, il la fait demander en mariage par ses parents.

La demande agréée, il offre à la belle des vêtements, des bijoux; puis on fait le repas des fiançailles, et les fêtes se continuent pendant huit jours entre les deux familles, sans que le jeune homme ait encore vu le visage de sa fiancée. On passe ensuite, devant le cadi, un acte pour constituer la dot de la femme, puis les nouveaux époux sont enfermés ensemble, dans une chambre bien close, pendant sept jours.

Durant ces sept jours, le mari dit tout ce qu'il veut à sa femme, mais sa femme ne doit pas ouvrir la bouche pour lui parler. Après ces sept jours de retraite, les époux sont tirés de leur solitude; mais le mari n'en sort que le visage couvert d'un voile blanc, et pour aller prier, se laver, se purifier à la mosquée. Puis on lui met dans la main droite un long sabre, qu'il tient élevé devant son visage découvert, entre ses yeux, et repart pour sa demeure, en marchant si lentement qu'il lui faut deux heures pour faire vingt pas. Dès qu'il a remis les pieds dans sa maison, quatre de ses amis, qui sont sur la terrasse, armés de fusils, déchargent leurs armes par une lucarne ; alors toutes les femmes de la ville, qui n'attendaient que ce signal, poussent des cris aigus en se frappant sur la bouche. C'est la fin de la noce et, à partir de ce moment, les époux entrent dans la vie commune.

Les Rhadamésiens se nourrissent mieux que les Arabes en général. La nourriture du commun est la *bézine*, bouillie (*l'âcida* des Arabes), qui se prépare de la façon suivante : on met de l'eau dans une marmite, on chauffe jusqu'à ébullition, puis on y verse peu à peu de la farine d'orge ou de froment, en remuant avec une cuiller jusqu'à former une boule assez dure pour se couper par morceaux ; en même temps on prépare, dans une casserole, une sauce avec de la viande de mouton, du beurre, du poivre, du sel, sauce qu'on verse sur la boule, dans un grand plat. Ils mangent aussi un couscoussou à gros grains préparé avec de la viande, qu'ils nomment *mehhamsa*.

J'ai pu apprécier une sauce aux oignons excellente et un plat qui ressemble, tant par la couleur que par le goût, à un civet de lièvre artistement préparé : ici le lièvre est remplacé par le mouton, et le vin par le vinaigre de palmier ; un plat de riz, bien préparé au beurre, n'est pas non plus à dédaigner.

Le pain laisse beaucoup à désirer, et encore est-ce un luxe que les plus riches seuls connaissent. Les repas se terminent ordinairement par une salade de carottes crues assaisonnées d'huile d'olive et de vinaigre de palmier ou de citron. Après le repas, on prend ou le thé ou le café.

Les Rhadamésiens prétendent que leur pays est très

froid en hiver et très chaud en été. C'est probable, l'oasis n'étant protégée contre les vents par aucune plantation, par aucune chaîne de montagnes. En hiver, les vents du nord y font baisser la température presque jusqu'à la gelée ; en été la température normale de l'oasis est grandement accrue par les souffles brûlants du sud et de l'est et par la réverbération des rayons solaires sur les plaines de grès. Le climat, à part cela, est sain, et par cela même que les eaux y sont peu abondantes, elles ne croupissent pas dans des mares infectes comme celles que les gens de l'Oued-Rirh décorent du nom de *bahhar* (mer) et les fièvres n'y règnent pas à l'état endémique. Elles y étaient même inconnues lorsque, il y a deux ans, m'a-t-on dit, une fièvre maligne a éclaté tout à coup pendant les chaleurs. Cette fièvre débute par une forte douleur à la tête, au milieu du front, et aux articulations des bras et des jambes ; si, au bout de huit jours, la langue et les gencives deviennent noires, on est sauvé ; si elles deviennent rouges, on ne tarde pas à mourir. Cette fièvre, dont les premiers symptômes ont suivi la rentrée des pèlerins de la Mecque, et qui disparut avec les chaleurs, a éclaté avec moins de force l'été dernier.

Les autres maladies auxquelles les Rhadamésiens sont sujets sont : une affection herpétique assez semblable à la syphilis héréditaire, que j'ai observée chez un grand nombre d'hommes et de femmes, et les maux d'yeux occasionnés, comme dans toutes les oasis du Sahara, par le passage sans transition de l'obscurité des habitations et des rues à la vive lumière du dehors (et aussi par la malpropreté).

Il n'y a pas un seul médecin.

L'instruction est donnée par des *tholba* (savants) dans huit mosquées ou *djâmât-ett-tholba ;* les garçons apprennent à lire, à écrire et à compter : là se borne leur instruction profane ; comme instruction religieuse, on leur apprend la prière et on leur explique le Coran. Quant aux filles, elles ne vont à l'école que la nuit, uniquement pour y apprendre la prière.

L'oasis renfermait, en 1873, époque du dernier recensement, 24 000 palmiers en rapport. Ces palmiers produisent des dattes de quatre qualités : les *deglat-enn-nour*[1], qui sont les plus estimées, y viennent en petite quantité ; les *tissiouenn*, petites, presque rondes, moins sucrées que les *deglat-enn-nour ;* les *medrhioua*, noires, allongées comme les dattes ordinaires, sèches, dures et peu sucrées ; et les *temoudi*, qui ressemblent aux précédentes, mais qui sont plus molles et plus sucrées.

Comme dans l'Oued-Rirh, on décapite les vieux palmiers pour en tirer la sève, mais les Rhadamésiens ne boivent que le *lagmi* frais ; ils ne le laissent fermenter que pour se procurer un vinaigre aussi bon que nos meilleurs vinaigres de vin. Ils font aussi du vinaigre avec du jus de citron, mais en petite quantité.

L'oasis renferme également des figuiers, des abricotiers que j'ai vus en pleine floraison le 15 février, des pêchers, quelques treilles, quelques amandiers, beaucoup de grenadiers : elle produit de l'orge en toute saison, des oignons d'une grosseur extraordinaire, des pastèques, des carottes, des navets, des tomates, des radis, etc. On a commencé, depuis peu, à y planter des orangers qui réussissent très bien et donnent des fruits parfaits. Sur les bords des séguias et dans tous les lieux quelque peu humides, on remarque des chicoracées, ainsi que la jolie petite plante appelée *Orlaya maritima*.

[1] Nom formé des deux mots : دقلة *deglat, espèce de dattes*, et نور *nour, couleur de feu*, ou *diaphane ;* de la racine نار *nara, luire, briller comme l'aurore.*

Il n'y a certainement pas de pays au monde où la propriété soit plus divisée que dans cette oasis ; chacun veut avoir son jardin, ne fût-il que d'un palmier. Malheureusement l'oasis n'est pas aussi abondamment arrosée que celles de l'Oued-Rirh, *Aïn-el-Fers* est insuffisante : on en mesure l'eau avec la plus grande parcimonie ; à peine si chaque propriétaire a un seau par semaine et par palmier. Des deux côtés de l'oasis, à l'est et à l'ouest, des jardins, des champs d'orge ont dû être abandonnés, ce qui fait supposer que la source tend à s'affaiblir. Or, Rhadamès n'a pas de corporation de puisatiers ; les Rhadamésiens payeraient bien cher, disent-ils, pour avoir des puits artésiens comme ceux que les Français ont établis dans l'Oued-Rirh, et dont les Souafa et les Châamba leur ont fait des descriptions merveilleuses. Par suite de l'usure de la plaine, l'eau n'est qu'à une faible profondeur aux environs ; elle arrive même à fleur de terre dans les puits que j'ai observés au nord-ouest de l'oasis, dans la dépression au bout de laquelle se trouvent les ruines de Tekout.

Il se tient tous les vendredis un marché sans animation. Rhadamès étant surtout une ville de transit, le véritable commerce ne se fait point sur le marché, mais chez les négociants.

Ce marché commence à 1 heure, sur une petite place où l'on arrive par une large entrée voûtée, sorte de salle entourée de divans où se réunissent pour causer les gros messieurs du pays. La vente se fait à la criée, au plus offrant et dernier enchérisseur. On vend là des plumes d'autruche par paquets, des tissus de toutes provenances, des nattes, des tapis, des bernous, des gandouras et autres vêtements fabriqués dans tous les pays, depuis Tarablous (Tripoli) et El-Oued jusqu'à Kanou et Tombouctou ; on y vend également des armes, telles que fusils à pierres, sabres et poignards touareg, etc. ; des cuirs, des farines, de l'orge en grains, des dattes, de l'huile, des chameaux, des moutons, etc.

Un autre marché, bien curieux sans doute, mais dont l'accès est interdit aux hommes, se tient tous les jours sur les terrasses : c'est le marché des femmes où il n'y a que des femmes. Là, on vend de tout : des bijoux, tels que boucles d'oreilles, bagues, bracelets, khelakhel (sortes de bracelets que les femmes portent aux jambes), boîtes à talismans en argent ciselé, boîtes à kohheul en même métal, miroirs, peignes, parfumerie, ustensiles de cuisine, provisions de toutes sortes, etc.

A côté de tous leur défauts, les Rhadamésiens ont une grande qualité : ils pratiquent entre eux la charité avec un désintéressement vraiment admirable ; ainsi la pauvre veuve chargée de famille peut se présenter sans crainte au marché comme la femme du plus riche négociant ; elle n'en reviendra pas les mains vides. Elle n'a qu'à paraître : l'une lui porte une mesure de farine en disant : « Tiens ! voici une mesure de farine que je te prête ; tu me la rendras lorsque Dieu t'aura donné au delà de tes besoins. » Une autre, qui vient d'acheter des figues, l'aborde en souriant : « O mère ! vois les belles figues ! Permets que j'en offre la moitié à tes enfants. » Une troisième a acheté du beurre : « Je te dois quelque chose, dit-elle, pour le service que tu m'as rendu l'autre jour ; tiens, prends ce beurre en payement. » Et la maison de la veuve est souvent mieux pourvue que la maison du riche. Voilà comment les femmes de Rhadamès savent soulager la misère.

On fait à Rhadamès des souliers ornés de jolis dessins en broderie, et de fort beaux ouvrages en cuir : les ceintures de guerre, notamment, sont des chefs-d'œuvre : elles se composent d'un large ceinturon auquel sont suspendus la gaine pour le pistolet, la cartouchière, la poire à poudre et un sac à balles ; ce ceinturon, fixé autour du corps par une boucle, est soutenu par deux larges bretelles qui se croisent sur la poitrine. Les plus ordinaires de ces ceintures sont en cuir jaune du Soudan et ornées dans toutes leurs parties de belles broderies en soie de différentes couleurs, travail de patience exécuté par les femmes, les hommes ne se chargeant que du gros œuvre. Les ceintures de luxe sont recouvertes de velours avec broderies d'or.

Quant aux tissus, qui sont l'ouvrage des dames, ganndouras en laine blanche, eksa, bernous grossièrement solides, ils manquent essentiellement de beauté.

Il y a aussi à Rhadamès des menuisiers peu habiles, un petit nombre de bijoutiers qui font des ornements et bijoux sans grâce, et un armurier-serrurier-forgeron-étameur, originaire du haut Sénégal qui, par sa grande intelligence et son caractère ouvert, donne une haute idée de la race foulane, conquérante du Soudan, dont il est le représentant dans ce pays.

CHAPITRE III

État politique de Rhadamès.— Administration. — Impôts. — Excursions aux environs. — Le Plateau Rouge (*Hamadat-el-Hhômra*). — Les « Idoles », tombeaux des anciens rois du pays. — Tour antique ou *Nur-Hag*.

L'oasis de Rhadamès dépend de la Tripolitaine et fait partie de la province du Djebel-Nefouza, dont Qçar-Ifrann est le chef-lieu. Son caïmacam relève du bey de cette province. L'administration est exercée par une djemâa de dix membres, nommés également par le bey, à raison de deux pour chacun des cinq quartiers de la ville ; un sixième, n'en a point (exclusivement habité qu'il est par des Atrias).

Ce conseil se divise en deux groupes : l'un, composé de quatre membres, (de cinq, si l'on compte le caïmacam), forme la *djemâa* proprement dite, chargée du règlement des affaires communales ; l'autre, composé de six membres, forme le *medjelès*, chargé du règlement des affaires commerciales et du jugement des différends qui s'élèvent entre les négociants. Le *medjelès* réunit ainsi les attributions d'une chambre et d'un tribunal de commerce. Après convocation, un seul membre présent et le gouverneur peuvent prendre une décision exécutoire.

Pour les affaires administratives, le caïmacam n'est, en

quelque sorte, que le pouvoir exécutif; mais pour tout ce qui touche à la sécurité ou à la police de Rhadamès, il ne relève que du chef de la province et, de ce côté, il a les pouvoirs les plus étendus.

Pour la garde de la ville, il a sous ses ordres le *bach-agha*, commandant la garnison, laquelle se compose, depuis peu, de cent hommes d'infanterie et de cinquante cavaliers.

Pour la police, il est aidé de deux *cheikhs*, qui rendent compte de tout, mais n'ont pas le droit de punir, même de l'amende. Ces cheikhs sont également chargés de la perception des amendes et des impôts.

Les malfaiteurs sont arrêtés et conduits en prison par des *zaftis* armés de bâtons : ces *zaftis* sont presque tous des gens condamnés à l'exil par les tribunaux de Constantinople.

La justice est représentée à Rhadamès par un *cadi* qui connaît des affaires de succession, des mariages et des divorces.

Les centres qui relèvent de la circonscription de Rhadamès, sont :

1° *Sinaoun*, à cinq journées de marche sur la route septentrionale la plus courte, entre Rhadamès et Tripoli. Cette oasis comprend trois villages : deux du nom de Sinaoun et un troisième appelé *Chaaouaoü;*

2° *Maters*, petit village à une journée et demie de marche sur la route la plus méridionale entre Rhadamès et Tripoli ;

3° *Tefelfelt* (quatre ou cinq maisons), un peu au delà du précédent ;

4° *Derdj*, grand village, à deux journées de marche sur la même route ;

5° *Degoutta*, hameau au nord et à une faible distance de Derdj.

La petite oasis de *Zaouïa Sidi-Mâabet-bou-Djerida*, dans la sebkhat-el-Malahh, dépend aussi de Rhadamès, dont elle n'est distante que de deux kilomètres, mais elle jouit des privilèges de toutes les zaouïas : elle s'administre à sa guise, ses palmiers sont exempts d'impôts, et tous les malfaiteurs trouvent dans son enceinte un asile inviolable.

L'impôt, fixé par les Turcs et réparti par la djemâa, se divise en trois parts : la capitation, qui frappe tous les habitants, mais dont les négociants ont déchargé les Atrias, qui sont leurs clients, ainsi que les pauvres et les artisans en la prenant à leur charge ; la taxe sur la propriété, qui est de 50 centimes par tête de palmier, et la taxe sur l'eau, calculée sur la quantité dont chacun a besoin pour l'irrigation de son jardin.

Il n'est pas question ici, bien entendu, des taxes arbitraires qu'on établit sous toutes sortes de prétextes, ni des amendes ruineuses dont on frappe à chaque instant les commerçants. Il n'est pas question non plus des revenus des *ahhbous* que les Turcs se sont appropriés en prenant à leur charge les frais d'entretien des mosquées[1]. Si l'on ajoute à tout cela le droit de protection de 15 fr. par charge que les négociants payent aux Touareg et les droits de douane à Tripoli, on verra s'il faut que le commerce du Soudan soit lucratif pour que, malgré toutes ces charges, les Rhadamésiens trouvent encore le moyen de faire fortune !

Et cependant, pour qui s'en rapporte aux renseignements officiels fournis par les bons Turcs, les Rhadamésiens sont soumis à une autorité toute paternelle. D'après

[1] L'*imam* de Rhadamès reçoit, des Turcs, les appointements dérisoires de 30 *rialet* (20 fr. 25 de notre monnaie). On comprend que les *piliers de l'Islam* aient poussé la sollicitude jusqu'à décharger les Rhadamésiens de l'administration de leurs biens *ahhbous !*

eux, la ville de Rhadamès et les villages de sa circonscription ne payent que 6000 douros (30 000 fr.) d'impôts, et ces impôts sont si bien répartis que le plus riche négociant de la ville ne paye annuellement que 200 francs.

Aussi les Rhadamésiens, qui voient la prospérité de leur oasis décroître rapidement sous cette administration *paternelle*, sont-ils disposés à se jeter dans les bras de qui voudra les débarrasser au plus tôt des Turcs.

Si l'on sort de Rhadamès par la porte principale et que l'on monte, à travers les blocs de grès, sur la colline au pied de laquelle s'étend le cimetière moderne, on voit, vers le nord, le sol s'élever jusqu'à une colline nue dont le sommet dentelé indique l'usure ; à gauche de cette colline vers le nord-ouest et l'ouest, les grandes dunes montrent leurs pointes fauves ; au nord-est, à l'est, au sud-est, se prolonge le *Plateau Rouge*, la *Hamadat-el-Hhômra*, parsemée de gour, qui se suivent au loin comme de longues murailles. La calotte de ces gour est formée de blocs de grès dur recouvrant des roches gypso-calcaires. Si l'on parcourt cette plaine, on la trouve çà et là semée de pierres plates, noires, rendant sous le choc un son métallique comme celui du fer.

Ces pierres, le plus souvent disposées en longues lignes, sont les débris d'anciens gour qui ont disparu, rongés lentement sur les flancs par les vents du sud-est ; la marne disparaît presque partout sous des rognons de grès rouge ou noir, ou de grès saharien poreux, ou de lamelles de gypse, restes de deux couches sédimentaires que les vents ont balayées. C'est de l'aspect rouge sombre qu'elle doit à ces débris que tira son nom cette plaine infinie d'où la vie s'est retirée.

Vers le sud et le sud-ouest, le sol, tout encombré de gros blocs de grès dont la désagrégation est à peine commencée, à cause de leur nature ferrugineuse, monte encore, à partir de la colline qui domine la ville, jusqu'à une autre colline plus élevée, éloignée de quatre kilomètres. Entre ces deux coteaux, de profondes ravines creusées par les pluies torrentielles, si rares mais si violentes dans ces contrées, se dirigent, à droite, vers la *Sebkhat-el-Malahh;* dans ce parcours, on remarque avec étonnement, sur de gros blocs de grès plats, des empreintes de pieds d'animaux qui paraissent avoir été faites par le sabot d'un cheval. Les Rhadamésiens les attribuent à la jument du Prophète.

A quelques pas vers l'ouest sont les ruines singulières que le peuple nomme *les Idoles*, et que le gouverneur me dit être les tombeaux des anciens rois du pays [1].

De ces tombeaux, au nombre de dix, quatre sont assez bien conservés.

Il y en a de trois espèces.

Le premier type est celui d'un obélisque parfait, haut de 5 mètres sur un piédestal de 3, soit 8 mètres en tout. Le monument est en moellons bruts de grès soudés par un ciment de dolomie ; la face qui regarde le sud-est a été dégradée, par les vents sans doute, de la base à la pointe de l'aiguille; mais les trois autres faces sont en bon état, et l'on distingue très bien, sur l'épaisse couche de ciment, les jointures des pierres plates dont étaient revêtus le piédestal et l'obélisque. Sur ces pierres devaient être gravées des inscriptions. Que sont-elles devenues ? Nul n'a pu me le dire.

[1] Il est regrettable que la mission envoyée à Rhadamès en 1862 n'ait pas eu le loisir de visiter attentivement ces ruines, que M. le colonel Mircher nomme « des vestiges de constructions grossières..... ayant un peu l'apparence de colossales statues, les unes debout, les autres assises. » De loin, elles ont en effet cet aspect. M. Duveyrier, qui en a donné un dessin peu exact, fait sans doute de mémoire, les appelle des ruines *sui generis*.

Le second type est celui d'une grosse colonne carrée avec saillie en forme de couronnement sur le sommet ; la colonne a trois mètres, sur un piédestal de deux exactement semblable au premier. Ici aussi, on distingue les jointures du revêtement sur la couche de ciment qui recouvre les moellons.

Deux autres tombeaux étaient en forme de croix : le bras qui regardait le sud a disparu.

Les deux derniers monuments sont fort dégradés : l'un d'eux était une aiguille peu élevée.

Les gens du pays prétendent que ces tombeaux furent construits par un peuple mulâtre qui habitait la ville de Djerma (l'ancienne Garama) ; ils disent que sous ces mausolées sont cachés d'immenses trésors. C'est pour cela qu'ils ont été violés par les gouverneurs turcs.

J'en attribuerais plutôt la construction aux ancêtres des Rhadamésiens, dont l'origine phrygienne me paraît incontestable. En effet, on a découvert, dans l'intérieur du piédestal de ces monuments, une chambre ovale bien voûtée, de la longueur d'un homme de grande taille. Ces chambres, qui se ressemblent toutes, renfermaient, m'a-t-on dit, des ossements et de petites lampes en terre cuite, dont le cheikh du Medjelès, Si el Hhadj Moktar, me donna un échantillon. Le signe en forme de P tracé au milieu de cette lampe est bien un signe grec se rapprochant beaucoup du monogramme du Christ.

Cependant, les tombeaux en forme de croix, pas plus que le signe gravé sur la lampe, ne prouvent que les Berbères de la Phazanie aient jamais été chrétiens. On sait aujourd'hui que la croix est une importation de l'Inde ; qu'elle fut, dès la plus haute antiquité, un signe mystique chez beaucoup de peuples et qu'on la trouve même sur des poteries qui datent de l'âge de pierre. On a rencontré des croix dans les stations lacustres de l'Émilie et

Village de Touareg et tombeaux anciens, près de Rhadamès.

du lac du Bourget; M. Gozzadini a trouvé ce signe, en 1853, près de Villanova, dans un cimetière étrusque où il est gravé sur tous les ossuaires; les dieux de l'ancienne mythologie portaient des croix à la main; en Égypte, la croix se voit dans les hiéroglyphes et à la main des rois; les Assyriens l'employaient dans leur écriture et la gravaient sur la poitrine de leurs idoles; encore aujourd'hui les Rhadamésiens peignent de grandes croix rouges dans tous les carrefours de leur ville; les épées, les poignards des Touareg ont la poignée en forme de croix; enfin, il y a en Irlande des monuments en forme de croix bien antérieurs au christianisme, et, chose singulière, ces monuments ont une certaine ressemblance avec ceux de Rhadamès.

Quant au monogramme du Christ, on le retrouve également de toute antiquité avec de légères variantes. Ce signe dut être également importé de l'Inde par les émigrants qui s'éloignaient du foyer commun, et c'est ainsi qu'on le rencontre à Rhadamès, où sans doute il arriva d'Égypte.

Au sud des mausolées s'étend, sur le même plateau, un vaste cimetière dont les tombes sont faites de quatre pierres brutes, plates, plantées dans le sol et disposées en carrés ayant 80 centimètres sur chaque face. On m'a assuré que dans ces tombes, violées aussi par la cupidité, on a trouvé des lampes exactement semblables à celles des mausolées. En vain j'en ai bouleversé plusieurs, toutes avaient été fouillées.

A l'ouest et à un kilomètre environ de l'oasis, toujours sur le même plateau, s'élève une tour à moitié ruinée, en moellons taillés, disposés par assises horizontales, sans trace de ciment à l'extérieur. Ronde, un peu conique, haute de 5 mètres, avec 12 pas de diamètre, elle était couronnée d'une plate-forme, sur le côté nord de laquelle s'élève encore une autre petite tour ovale; dans cette tour est une chambre également ovale, longue de 2 mètres, qui devait être voûtée, à en juger par l'inclinaison intérieure des murs. La forme de cette petite tour, et le soin avec lequel ses parois intérieures furent recouvertes d'un enduit formé de dolomie et de graviers, me portent à croire qu'elle servit de sépulture.

Cette tour, je l'avais crue romaine, mais ce que m'a appris, ce que m'a montré M. Alex. Lombard, l'auteur des *Nur-Hags de Sardaigne et des Vieilles tours d'Irlande*[1] m'a convaincu qu'elle est bien plus antique.

Elle ressemble, en effet, beaucoup aux tours anciennes, très anciennes appelées *nur-hags*, qu'on trouve encore en grand nombre en Sardaigne et aux Baléares. Au pied de cette tour sont épars d'énormes blocs de pierres brutes, mais rien n'indique que ces blocs aient été des *pierres levées* ou des *menhirs*.

J'ai aussi trouvé près de Rhadamès, comme je l'ai dit plus haut, des restes qui ne peuvent être attribués qu'aux Romains. En traversant à plusieurs reprises le cimetière musulman, tout autour de l'oasis, j'ai remarqué, parmi les pierres brutes plantées sur les tombes, des corniches d'un ordre simple, comme l'ordre toscan, mais dont la taille régulière, hardie, dénote l'œuvre d'ouvriers habiles, comme Rome et la Grèce pouvaient seules en fournir.

Les ruines de Tekout sont fort intéressantes; leur site est éloigné de Rhadamès, au nord-ouest. J'en parlerai plus tard.

[1] Genève, Ramboz et Schuchardt, 1873.

CHAPITRE IV

Commerce. — Traite des Noirs. — Itinéraires des caravanes.

Solidement fixés désormais, de Nemours à Gabès, d'Alger à Ouargla, dans la partie de l'Afrique la plus tempérée, la plus septentrionale, la plus rapprochée de la France, nous sera-t-il possible, nous est-il facile de détourner sur l'Algérie-Tunisie le courant commercial qui unit les immenses pays du Soudan, d'une part à Tripoli, d'autre part à Mogador et à Tanger?

Que faut-il faire pour que l'Algérie devienne, suivant l'heureuse expression, le « portique d'un monde nouveau? » Quelque belle qu'elle soit par elle-même, avec ce qu'elle vient de s'ajouter (et avec ce que l'avenir tient pour elle en réserve), elle ne sera vraiment le séjour d'une grande nation que si elle attache à sa fortune les peuples vigoureux, féconds, agricoles qui couvrent les régions du Niger et du Tchad.

Cet avenir ne lui échappera pas si nous savons le préparer dès aujourd'hui.

Mais l'entreprise est dure, elle veut de la décision, de l'esprit de suite, de la sagesse.

Et il ne faudra pas jeter, comme nous faisons d'habitude, le manche après la cognée.

Au sud de notre grande Algérie, deux villes du Sahara central sont admirablement placées pour relier les riches contrées de l'Afrique centrale aux pays, non moins riches, qui longent les côtes méditerranéennes : ces deux villes sont *Rhadamès* et *Aïn-Çalahh*.

Sentinelles avancées des pays du nord vers le Soudan, elles sont, avec Mourzouk et Araouann, les points d'appui des caravanes qui traversent l'immense Désert : aussi les négociants qui trafiquent entre Tell et Soudan y font-ils leur séjour ordinaire.

Aïn-Çalahh et Araouann sont les points d'appui des caravanes qui vont du Soudan occidental au Maroc en passant par Tombouctou [1], comme Rhadamès et Mourzouk sont ceux des caravanes qui vont du Soudan central oriental à Tripoli de Barbarie et en Égypte en passant par Aïr et par Rhât.

Il y a de plus un courant d'échanges entre Rhadamès et Aïn-Çalahh : tel produit qui abonde ici pouvant être rare ou manquer là.

Rhadamès achète à Tripoli : des toiles de coton d'Europe de toutes couleurs, des tissus divers pour turbans, des draps de toutes qualités, des soieries diverses (fils et tissus), des foulards, des indiennes, des chaussettes, des cordons, des aiguilles, des perles pour colliers, du corail brut, des miroirs ronds, des couteaux, des ciseaux, des ustensiles en cuivre, des cadenas, des serrures, des scies, des armes : fusils, sabres et pistolets, de la poudre, de petits chaudrons en fer, des brocs en cuivre (ai-

[1] René Caillié dit *Tomboctou :* c'est la prononciation des Nègres riverains du Niger ; les Foulanes disent aussi *Tomboutou;* mais les Arabes écrivent et prononcent *Tinnbouktou* (*Tine-Bouktou*).

guières), des bracelets en argent, en cuivre et en corne, des bagues en argent et en corne, des peignes en corne et surtout en bois, des allumettes, des bougies, du camphre, du thé, du café, du sucre en quantité, de la cassonnade, enfin des farines pour sa propre consommation : du tout, environ 3000 charges à 125 kilogrammes.

Ces objets proviennent généralement : les toiles, la quincaillerie, la coutellerie, le thé, d'Angleterre ; les draps, les chaussettes et les perles, d'Allemagne ; les soieries, d'Italie ; les armes, de Belgique et d'Angleterre ; les sucres et les bougies, de France par voie anglaise ; la bijouterie vient des villes du littoral.

Les Souafa (gens du Souf) apportent à Rhadamès des bernous et des *eksa* pour vêtements ; des laines brutes, du tabac, des dattes pour suppléer à l'insuffisance des palmiers de l'oasis, en tout annuellement 150 charges à 150 kilogrammes.

En outre, les Souafa et les Châamba y viennent vendre les produits de leurs chasses. Peu avant mon arrivée, une caravane y avait apporté cent antilopes oryx ; une autre, le 19 février, avait cinq chameaux chargés de gazelles. Une antilope de bonne taille vaut jusqu'à 70 francs ; une gazelle, moins la tête et les pieds, de 7 à 8 francs ; la peau se vend 75 centimes, les cornes sont abandonnées dans le Désert.

En retour, Souafa et Châamba achètent à Rhadamès des armes, de la poudre, des cuirs, quelques plumes, des chameaux et des ânes qu'ils revendent dans leur pays.

Les caravanes de Rhadamès portent au Soudan des produits de l'Europe ou du littoral barbaresque qu'elles tirent de Tripoli. Ce commerce se fait surtout par l'intermédiaire de Rhât, qui est le grand marché du Sahara oriental.

En échange, de Rhât ou du Soudan, elles rapportent à

Rhadamès des cuirs de toutes qualités, des peaux de tigre, des tissus de coton de différentes couleurs, des plumes d'autruche, des dents d'éléphant, des nattes, du musc, du miel, de la cire, de l'encens, des cornes, des esclaves.

Rhadamès ne commerce pas directement avec le Bernou : les produits de cette contrée s'exportent surtout par les routes du Fezzann; mais elle fait, avec le Soudan occidental, par Aïn-Çalahh et Tombouctou, un commerce presque aussi considérable qu'avec le Soudan central et oriental; ses caravanes vont même directement à Tombouctou par le Tidikelt. Elle tire de ce côté la plus grande partie de ses plumes d'autruche, des tissus, des tapis estimés. Dix jours avant mon arrivée, une caravane d'Aïn-Çalahh avait apporté cent charges de plumes. La poudre d'or du Soudan s'exporte vers le Maroc par Tombouctou ; il en passe peu par Rhadamès.

Il entre annuellement, à Rhadamès, des produits du Soudan dans les proportions suivantes :

Plumes d'autruche. . .	400	charges de	125 kilogr., soit	50.000	kilogr.
Dents d'éléphant. . . .	600	—	—	75 000	
Tissusdecoton.	700	—	—	87.500	
Cuirs préparés.	800	—	—	100.000	
Cire	50	—	—	6.250	
Encens.	50	—	—	6.250	
Musc, miel, beurre et divers	200	—	—	25.000	
Totaux . . .	2800	charges de	125 kilogr., soit	350.000	kilogı.

A cela il convient d'ajouter 500 esclaves des deux sexes.

Les tableaux suivants indiquent les prix de vente et d'achat, à Tripoli et à Rhât.

2° Articles d'exportation.

DÉSIGNATION DES MARCHANDISES	QUANTITÉS	PRIX d'achat à Tripoli	PRIX de vente à Rhât	OBSERVATIONS
		fr. c.	fr. c.	
Foulards rouges en coton....................	1 douzaine	5 15	6 30	
Colliers corail, grosses perles ovales.....	100 perles	»	»	Ne se vendent qu'à Rhadamès 150f.
Morceaux de corail longs percés dans le sens de la longueur..........................	1 livre [1]	350 »	450 »	Article recommandé.
Colliers grosses perles rouges.....	»	»	»	Ne se vendent qu'à Tombouctou.
Petits miroirs ronds avec fermoirs............	1 douzaine	1 »	4 »	
Bougies de 5 à la livre (qualité inférieure).....	1 livre	2 »	4 »	
Bougies minces (qualité inférieure)............	paquet de 6	1 »	2 »	
Tissus blancs en coton pour turbans	2 turbans	7 50	15 »	
Id. autres, avec bande jaune............	id.	7 50	15 »	
Id. pour ganndouras...........	65 drâa [2]	12 50	20 »	
Id. pour seroual (culotte)..........	id.	20 »	30 »	
Tissus bleus, coton.......	id.	25 »	40 »	
Tissus coton à grands dessins rouges........ .	id.	33 »	45 »	
Draps rouges et bleus (qualités diverses)......	»	»	»	Bénéfices, même proportion que pour les cotonnades.
Longues chachias (calottes) rouges..........	une	5 »	10 »	Article recommandé.
Sucre blanc.	1 livre	0 65	1 35	
Café..................................	le kilog.	3 60	5 35	

[1] La *livre* (rethel) vaut 16 *ouquia* ou 480 grammes. | [2] Une *drâa* (mesure de longueur) vaut 0 m. 498 millim.

2° Articles d'importation.

DÉSIGNATION DES MARCHANDISES.		QUANTITÉS.	PRIX D'ACHAT à Rhât.	PRIX DE VENTE à Tripoli.	OBSERVATIONS.
			fr. c.	fr. c.	
...re du Bernou	1er choix...	les 100 livres	700 »	900 »	
	2e choix....		500 »	650 »	
	3e choix....		300 »	400 »	
...ouilles d'autruches mâles.	1er choix...	l'une	450 »	500 »	Pour la vente d'une dépouille, on se base encore sur le nombre de belles plumes blanches que l'on estime à raison de 20 à 25 fr. l'une. Les plumes de la queue et les grandes noires, à raison de 10 pour 1 grande blanche.
	2e choix....	id.	350 »	400 »	
	3e choix....	id.	200 »	250 »	
...ouilles d'autruches femelles....		id.	100 »	150 »	Les plumes sont grises.
...mes noires longues de mâle et les blanches ...e la queue....................................		1 livre.	200 »	250 »	
...mes petites noires........................		id.	100 »	125 »	
...mes de femelles, en masse..............		id.	25 »	50 »	
...rs filalis rouges et jaunes.	1er choix...	1 peau	3 »	4 »	
	2e choix....		2 50	3 50	
c..ns en pains......		100 livres	125 »	160 »	
...sc..		1 ouquia [1]	30 »	40 »	
...e..		100 livres	175 »	200 »	
...ux de léopards..........................		»	»	»	Prix très variables.
...pis de Tombouctou......................		»	»	»	Peuvent être l'objet d'un grand commerce.

[1] L'*ouquia* vaut 30 grammes ou 1/16 de *rethel*.

J'estime que la somme totale du commerce de Rhadamès, importations et exportations, est de 12 millions au minimum, celui de Mourzouk de 15, celui d'Aïn-Çalahh de 20 : soit 47 millions, sans compter ce qui passe hors de ces trois grands « emporium ».

Bien entendu, ces chiffres, bien que consciencieusement établis, n'ont rien d'absolu.

Le meilleur ivoire vient du Bornou.

La cire, le musc et l'encens viennent de Kanou, dans le Hhaoussa.

Les plumes viennent du Bornou et de l'Oued-Aï, sur les bords du lac Tchad, du Damergou et de l'Adrar.

Les cuirs, qui pourraient être l'objet d'un grand commerce, viennent surtout du Noufi, au sud du Hhaoussa.

Le coton pousse spontanément au Soudan, et l'on en fait des tissus très estimés.

Les tapis et l'or viennent de Tombouctou.

Ces transports se font à dos de chameaux, chacun de ces animaux ne portant que 125 à 150 kilogrammes.

Le prix du transport, entre Touggourt ou El-Oued et Rhadamès, est de 60 francs par charge de 150 kilogrammes; de 40 francs entre Tripoli et Rhadamès, et de 60 francs entre Rhadamès et Rhât.

La différence du prix de transport, qui est de 20 francs plus élevé de notre côté, se trouve largement compensée par l'entrée en franchise des marchandises sur notre territoire.

Voici le tableau des monnaies ayant cours sur les marchés de Tripoli, de Rhadamès et de Rhât, avec leur valeur en francs :

Le *bara* égale 0 fr. 005,625; 20 *barat* valent 1 *bouâcherinn.*

L'*acher-barat* égale 0 fr. 01,125, 10 *barat* ou 1/2 *bouâcherinn.*

Le *bou-âcherinn* égale 0 fr. 1125.

Le *guerch-tourqui* égale 0 fr. 225 ou 2 *bou-âcherinn.*

Le *rial sebilia* égale 0 fr. 675 ou 6 —

Le *bachelik* égale 1 fr. 125 ou 10 —

Le *rial sahiahh* égale 1 fr. 35 ou 2 *rialet sebilia.*

Le *bou-ârba* égale 2 fr. 70 ou 4 —

Le *bou-khamsa* égale 3 fr. 375 ou 5 —

Le *dourou cinnco* égale 5 fr. 0625 ou 7 1/2 —

Le *bou-maras* égale 5 fr. 175 ou 7 *rialet sebilia* et 4 *bou-âcherinn.*

Le *rial bou ter* égale 5 fr. 625 ou 8 *rialet sebilia* et 2 *bou-âcherinn.*

Le *dourou cinnco* est la pièce de 5 francs française ou italienne.

Le *rial bou ter* est une large pièce d'argent à l'effigie de Marie-Thérèse : c'est la monnaie la plus connue et la plus estimée dans tout le centre de l'Afrique.

La pièce de 5 francs espagnole, connue sous le nom de *dourou bou medfâ* (*dourou au canon*), passe au même taux que les pièces françaises ou italiennes.

Les pièces d'or françaises de 5, 10 et 20 francs sont maintenant acceptées sur les marchés de Rhadamès et de Rhât, comme représentant une, deux et quatre fois la valeur du *dourou cinnco.*

De l'aveu des négociants de Rhadamès, qui tous ont passé plusieurs années au Soudan, ce pays pourrait nourrir un commerce immense, car, disent-ils, son sol est d'or.

Mais, faute de moyens de transport, on a dû se borner jusqu'à ce jour à l'exploitation des produits qui ont une grande valeur sous un petit volume. Le coton, qui pousse partout sans culture, les gommes, les huiles et tant d'autres aliments de l'industrie européenne, sont laissés sur place par les caravanes comme étant d'un transport trop difficile avec les chameaux.

L'écoulement des produits par les ports du littoral de la Guinée étant également gêné par la difficulté des transports, et, en outre, par les fièvres de la zone paludéenne et l'infinité de droits de passage qu'il faut payer à une infinité non moins grande de roitelets, le Chemin de fer Transsaharien, dont on s'est tant moqué, dont on rit encore, peut seul résoudre avantageusement le problème des transports entre le Soudan et l'Europe.

Lui aussi, il aura son jour : ceux qui l'injurient le loueront.

Le mouvement d'échange entre le Soudan et le littoral ne date pas d'hier. Les Garamantes et les Phazaniens, qui furent assujettis par Cornelius Balbus l'an 19 avant J.-C., furent autrefois les intermédiaires de ce commerce; les marchandises étaient transportées d'abord à Garama et à Cydamus, d'où elles étaient ensuite dirigées soit vers le littoral au nord, soit vers l'Égypte au nord-est.

Ce commerce, que les invasions des Arabes arrêtèrent, recommença ensuite de plus belle et notre Ouargla, ville du Sahara central septentrional, lui dut une période de splendeur : on l'appela la *Reine du Désert*.

Aujourd'hui le commerce du Soudan échappe à l'Algérie. Les caravanes se sont détournées d'elle depuis 1830, bien que les routes soient plus sûres chez nous que chez nos voisins.

Les Anglais, gens pratiques et point scrupuleux, ont établi leur domination (commerciale s'entend) sur les têtes de ligne, et ils ont fait occuper aux Turcs, il y a trente et tant d'années, la ville de Rhadamès : leur but, parfaitement atteint, était d'empêcher les Rhadamésiens de se rendre à Tunis (capitale fatalement destinée, comme le démontrent assez les événements présents, à devenir une station française) et de les forcer de correspondre avec Tripoli, place fort éloignée alors de la sphère de gravitation de l'Algérie.

Aujourd'hui les marchandises du Soudan sont d'abord expédiées aux deux grands marchés sahariens, qui sont : Rhât au sud-est et Tombouctou au sud-ouest. A ces deux marchés se rendent, dès la fin de l'été, les diverses caravanes de l'Afrique du nord, chargées des objets manufacturés de l'Europe et du littoral méditerranéen.

Rhât est surtout fréquentée par les gens de la Basse-Égypte, du Fezzann, de Rhadamès et d'Aïn-Çalahh. Les marchands de la Haute-Égypte opèrent principalement dans le Darfour, vont aux ports de la mer Rouge, où ils vendent aux Anglais.

Les caravanes de la Basse-Égypte s'en retournent par Mourzouk, d'où elles gagnent le Caire par l'oasis de Siyoua; les marchandises qu'elles transportent sont achetées par les Anglais d'Alexandrie qui les dirigent sur Malte.

Les caravanes des Rhâdamésiens transportent d'abord leurs marchandises dans leur ville, où elles sont entreposées en attendant de prendre le chemin de Tripoli ; là elles tombent aussi dans les mains des Anglais qui les transportent à Malte.

Enfin, les caravanes du Touât s'en retournent à Aïn-Çalahh par le Tassili et le Mouydir ; à Aïn Çalahh elles passent leurs marchandises à d'autres caravanes qui les portent à divers ports du Maroc, où elles sont encore vendues aux Anglais, qui les entreposent à Gibraltar.

Tombouctou est surtout fréquenté par les caravanes des oasis marocaines et par celles d'Aïn-Çalahh; cependant les Rhadamésiens y vont aussi, comme je l'ai dit plus haut, mais les marchandises de Tombouctou sont transportées de préférence à Rhadamès par les caravanes du Touât.

Les caravanes marocaines s'en retournent dans leur pays soit par l'Adrar, pour aboutir au cap Noun, soit par Araouann et Mabrouk pour aboutir au Tafilalt, d'où les marchandises sont dirigées sur les ports de la côte, où elles sont également livrées aux Anglais, qui les entreposent à Gibraltar.

Les caravanes du Tidikelt et du Touât montent vers le nord-est en passant par le lac d'Anafis et les marais d'Ez-Ziza, et elles arrivent à Aïn-Çalahh, d'où les marchandises s'en vont, partie aux ports du Maroc, et partie à Rhadamès par Temacininn, petite oasis arrosée par deux sources abondantes. D'un côté comme de l'autre, ces marchandises tombent entre les mains des Anglais, qui les dirigent soit sur Malte, soit sur Gibraltar.

Quant au commerce des esclaves, fort actif encore dans le Sahara, je ne crois pas qu'il soit encore possible de l'abolir. La présence des consuls européens dans les villes du littoral péut bien empêcher la marchandise humaine d'arriver jusqu'à la côte, du moins ouvertement; mais dans l'intérieur, où la surveillance est difficile, impossible, ce commerce est encore florissant.

On s'y est pris très mal, jusqu'à ce jour, pour empêcher la traite des Nègres. Ce n'est pas par les branches qu'on attaque un arbre qu'on veut détruire, mais par les racines. Or, commencer par les côtes pour empêcher la traite, c'est attaquer par les branches.

Il faut atteindre l'esclavage au cœur même de l'Afrique. Le roi des Belges l'a compris quand il a fondé l'*Association européenne pour l'abolition de la traite.*

Il faut le poursuivre dans le Soudan même, dans ce grand pays que les Indigènes appellent *Tekrour*, et les

Arabes sahariens *Berr-el-Abid* (*Terre des esclaves*) ou *Blad-es-Soudann* (*Pays des Noirs*).

Il n'y a pas longtemps encore, le Soudan était habité exclusivement par des Nègres, la plupart des idolâtres, mais presque tous intelligents et jusqu'à un certain point laborieux et industrieux. Mais une autre race fit son apparition dans le pays.

Ces nouveau-venus étaient des hommes de haute taille, au visage bronzé, au nez presque aquilin, aux lèvres relativement minces, à la mine intelligente.

Quels étaient ces hommes et d'où venaient-ils? Qui ils étaient? ils l'ignoraient eux-mêmes; d'où ils venaient? de l'ouest; mais leur pays d'origine leur était inconnu. C'est pourquoi on les appela *Foulanes*, mot arabe qui signifie *un tel*[1].

Les Foulanes musulmans, d'ailleurs très larges dans la pratique de leur religion, furent mal accueillis dans le Soudan, et notamment dans le Hhaoussa où ils s'établirent en grand nombre. Industrieux, actifs, économes, ils furent en butte aux persécutions des Nègres. Cependant, toujours plus nombreux, il arriva qu'enfin ils se trouvèrent assez forts pour secouer le joug.

Sous la conduite d'un certain Bellou, qui fut depuis leur sultan, les Foulanes s'insurgèrent, ils s'emparèrent du Hhaoussa et autres contrées, asservirent leurs anciens maîtres et vendirent tous ceux qui ne voulurent pas embrasser l'islam.

La conquête du pays par cette race supérieure n'est pas encore achevée : le fils de Bellou poursuit les Nègres partout où ils sont encore indépendants. Tous ceux qu'il prend, il les partage en deux catégories : les vieux qu'on

[1] Il est possible, sinon probable, que les Foulanes sont des Nègres sahariens refoulés vers le sud-ouest par les Berbères et les Arabes.

massacre sur-le-champ, et les jeunes destinés à être vendus ; mais si, pour une cause ou pour une autre, les vainqueurs ne peuvent trouver l'écoulement de cette marchandise humaine, tous les prisonniers sont égorgés sans distinction.

On fait de même dans les contrées avoisinant le golfe de Guinée, où des peuplades nouvelles tendent partout à se substituer à d'autres.

Sans doute, le Coran prescrit aux Musulmans de bien traiter leurs esclaves et, en général, la prescription du livre sacré est bien observée : à ce point de vue, les Arabes, avouons-le, agissent plus humainement que les peuples les plus policés au temps où l'esclavage florissait chez eux ; mais pour un esclave vendu, que de malheureux massacrés !

La France qui règne en Algérie, en Tunisie, au Sénégal, route du Niger, à l'Ogôoué, route du Congo, la France a parmi ses plus pressants devoirs de contribuer plus que toute autre nation à la suppression de l'esclavage. Qu'elle n'hésite plus à s'y consacrer en pénétrant dans le Soudan, de la Méditerranée par le Transsaharien, de Saint-Louis par le Sénégal et le Niger, et du Gabon par le fleuve Ogôoué ; mais avant tout de la Méditerranée : c'est de là seulement que nous pouvons dominer le pays des Noirs.

CHAPITRE VI

Le Simoum. — Considérations sur l'origine des dunes au pays de Rhadamès. — Le Sahara : ce qu'il fut, ce qu'il pourrait, ce qu'il devrait devenir. — Un jugement sommaire.

Le vendredi, 19, à onze heures du matin, le thermomètre descendit tout à coup de 733 à 721 millimètres. C'était le signe d'un changement de temps, dont je voulus me rendre compte.

Je sortis avec Ali et mes deux *zaftis*, et à nous quatre nous gravîmes la colline de grès qui domine les remparts.

Le vent soufflait du sud-est avec une grande violence ; en passant sur les plaines de grès décomposé, il balayait ces plaines et soulevait des masses de sable qui, volant vers le nord-ouest, formaient une espèce d'épais brouillard donnant au ciel une teinte grise et aveuglant les rayons du soleil. Je ne puis mieux comparer ce phénomène qu'aux brouillards d'automne sur les bords de nos grands fleuves.

J'éprouvais un malaise général, j'avais les bras fatigués, les jambes cassées ; les grains de sable chassés par le vent me fouettaient le visage ; ils m'entraient dans les yeux, dans le nez, dans la bouche, dans la gorge. Il me semblait respirer du feu.

C'était le redoutable simoum[1] dont je recevais, pour la première fois depuis mon entrée dans le Désert, les brûlantes caresses, et avec lequel je devais, plus tard, renouveler connaissance dans des circonstances critiques.

Ainsi, plus de doute : les Zemoul-el-Akbar, les grandes dunes de l'ouest qui forment, sur un sol ruiné, un pays nouveau rempli de terribles mystères, sont formées ou tout au moins agrandies des débris d'une autre contrée qui se dépouille lentement à leur profit.

Par suite du déboisement du Sahara, lorsque la couche d'argile qui couvrait les plateaux eut été balayée par les vents du sud et du sud-est, la carapace supérieure de grès, peu épaisse, a été chauffée par un soleil brûlant ; puis, les pluies survenant, l'eau, en s'infiltrant par les crevasses, a mouillé le calcaire sous-jacent, qui s'est gonflé et a soulevé, en les disloquant, les grès qui le couvraient. Ces roches, ainsi soulevées et disloquées ont offert une très grande prise aux influences atmosphériques.

Si cette règle n'est pas absolue, j'oserais presque affirmer qu'elle est générale. Comment expliquer autrement l'existence, dans nombre de vallées de l'Erg, et notamment près du gros ghourd *Dourit-el-Mâmmar*, sur la route du Souf, de ces énormes blocs de craie savonneuse, remplis de coquillages fossiles, qu'on dirait soulevés par une force souterraine ?

Et aussi, comment se seraient soulevés, dans les parties de la Hamada qui ne sont pas désagrégées encore, ces blocs de grès épars pêle-mêle, les uns debout, ne se sou-

[1] سموم *Simoum* ou *semoum* (et non pas *simoun*, comme on l'écrit à tort) signifie *vent chaud et pestilentiel;* ce mot dérive de la racine سمّ *samma, empoisonner quelqu'un.*

tenant que par un miracle d'équilibre, les autres renversés et parfois superposés.

Il peut se faire que, généralement, les dunes aient commencé à se faire sur place, avec les sables formés dans les contrées mêmes où elles s'élèvent. Je dois en excepter les dunes de Bethboul, ainsi que celles d'El Achiya, dans le bassin de l'Igharghar, qui s'élèvent au milieu de plaines de grès dont la désagrégation n'est pas encore commencée.

Quoi qu'il en soit, si les dunes n'avaient eu pour grandir que les roches sur lesquelles elles s'élèvent, elles n'auraient jamais atteint les proportions colossales que je leur ai trouvées dans les Zemoul-el-Akbar; l'Erg ne serait qu'une contrée sablonneuse, assez accidentée, telle qu'elle était sans doute à l'époque où les Romains firent leur expédition de Phazanie.

Comparons le Sahara tel qu'il est à ce qu'il était d'après les Anciens.

Écoutons Hérodote (Ve siècle avant J-C.), l'auteur le plus ancien qui nous parle du Grand-Désert.

Et d'abord ce qu'il dit des Lybiens : il nous les donne comme *des gens de couleur ayant à peu près les mêmes mœurs que les Égyptiens*, mais différant de ceux-ci par le costume; les femmes de ces peuples *portaient des anneaux d'airain à chaque jambe et elles avaient grand soin de leur chevelure*, absolument comme de nos jours les Négresses sahariennes.

Hérodote ajoute : « En remontant dans l'intérieur des terres, se trouve la partie de la Lybie qui nourrit des bêtes féroces, et au delà de cette contrée est une vaste ceinture de sables qui s'étend de Thèbes d'Egypte jusqu'aux colonnes d'Hercule. De dix en dix journées de marche, au milieu de ces sables, on rencontre des tertres couverts de monceaux de sel, en gros fragments, et du sommet de chacun de ces tertres, jaillit, au milieu du sel, une source d'eau fraîche et douce. Autour de ces sources, vivent quelques nations qui sont les derniers des habitants de la Lybie du côté du Désert, et au delà de la contrée habitée par les bêtes féroces. La première de ces nations, à peu près à dix journées de Thèbes, est celle des Ammoniens[1], chez laquelle se voit le temple de Jupiter élevé à l'imitation de celui de Jupiter Thébain...

« Après avoir dépassé les Ammoniens, à dix autres journées de marche de distance, on rencontre dans cette même enceinte de sable un tertre de sel semblable à celui des Ammoniens, et de l'eau près de laquelle sont des habitations. Cette contrée porte le nom d'Augila[2] et les Nasamons y viennent faire la récolte des dattes.

« A partir d'Augila, et encore après dix journées de marche, se trouve un nouveau tertre de sel, de l'eau et un très grand nombre de palmiers, qui portent des fruits, comme dans les autres contrées que je viens de décrire. Le peuple qui habite celle-ci porte le nom de Garamantes, nation forte et nombreuse. Elle est dans l'usage de répandre de la terre végétale sur la croûte de sel qui couvre le sol, et c'est de cette manière qu'elle sème et récolte des grains. Le chemin le plus court pour aller du pays des Garamantes chez les Lotophages est de trente jours de marche. C'est aussi dans le même pays où se trouvent les bœufs qui paissent à reculons, à cause de la direction de leurs cornes saillantes en dehors de leur tête et qui s'enfonceraient dans la terre s'ils marchaient devant eux en paissant. Du reste, ces animaux ne diffèrent en rien des autres bœufs, si ce n'est par cette par-

[1] C'est l'oasis actuelle de Siyoua.
[2] Il s'agit du groupe d'oasis dont fait partie Oudjila, au sud-est de la Grande Syrte.

ticularité, et par la souplesse et l'épaisseur de leur peau. Les Garamantes vont à la chasse des Troglodytes éthiopiens sur des chariots attelés à quatre chevaux. »

Hérodote parle encore des Atarantes et des Atlantes, autres peuplades qui vivent autour de tertres de sel, de dix en dix journées de marche, jusqu'à l'Atlas, et toujours en marchant vers l'ouest. Cela prouve que notre historien était fort mal renseigné sur l'Atlas.

Ainsi, cinq siècles avant notre ère, il y avait déjà des sables dans le Sahara, et de distance en distance, dans ces sables, des oasis et même des groupes d'oasis considérables, avec de nombreux habitants. Mais le pays était plus accessible qu'aujourd'hui, puisqu'on pouvait y voyager avec des chars attelés à quatre chevaux; enfin les Sahariens possédaient alors des troupeaux de bœufs, ce qui serait impossible de nos jours, faute d'assez de pâturages. Les bœufs à cornes saillantes dont il est question dans la description qui précède, étaient sans doute les antilopes mohor qu'on y trouve encore çà et là à l'état sauvage. Quant aux tertres de sel d'où l'eau jaillissait, il faut les ranger dans le domaine de la fable, ou plutôt de l'exagération; alors comme maintenant, c'était dans les chotths et sebkhas qu'on devait recueillir le sel.

Du temps d'Hérodote, certaines parties du Sahara septentrional étaient assez boisées et arrosées pour nourrir des animaux féroces; tandis qu'aujourd'hui, du fond des Syrtes à la barrière de sables, on ne rencontre que des lits de rivières desséchées, et point de végétation en dehors des oasis.

Le même auteur, parlant du voyage de cinq jeunes Nasamons des bords de la Grande Syrte, rapporte que toute la partie de la Lybie qui s'éloigne de la mer et des peuples qui vivent sur les côtes, n'est habitée que par des bêtes féroces, et qu'au delà de cette contrée sauvage s'étend un désert de sable entièrement privé d'eau : puis il continue :

« Ceux qu'entre les jeunes gens du même âge le sort avait désignés, munis de vivres et d'eau, traversèrent d'abord le pays habité, ensuite la contrée sauvage, et entrèrent enfin dans le Désert, où ils firent route en se dirigeant vers le couchant. Après avoir marché plusieurs jours dans des sables profonds, ils aperçurent des arbres qui s'élevaient au milieu d'un champ; ils s'en approchèrent et mangèrent des fruits que portaient ces arbres. A peine avaient-ils commencé à en gouter, qu'ils furent surpris par un grand nombre d'hommes d'une stature fort inférieure à la taille moyenne, qui les saisirent et les emmenèrent avec eux. Ils parlaient une langue inconnue aux Nasamons, et n'entendaient pas la leur. Ces hommes conduisirent les cinq jeunes gens à travers un pays coupé de grands marécages, dans une ville dont tous les habitants étaient noirs et de la même stature que leurs conducteurs. Auprès de cette ville coulait un fleuve considérable dont le cours était du couchant à l'orient et l'on y trouvait des crocodiles. »

Si les voyageurs dont parle Hérodote se fussent dirigés vers l'ouest, ils seraient arrivés tout droit au Gourara, au Touât, au Tidikelt; mais là il n'y a point de grande rivière allant d'occident en orient; il n'y a là que l'oued Saoura, qui va du nord-ouest au sud-est. Il faut donc que les Nasamons aient marché soit vers le sud-ouest pour aboutir au Niger, soit vers le nord-ouest pour arriver sur l'oued Djeddi, et c'est ce qui me paraît probable. En effet : les contrées couvertes de sable que parcoururent les cinq jeunes gens répondent assez bien aux dunes de l'Erg vers le nord-ouest de Rhadamès; les contrées marécageuses nous les retrouvons au sud du *lac Triton*, où l'oued Souf (ancien *fleuve Triton*) et l'oued Rirh, qui coulaient encore, couvraient le pays de leurs bras; le fleuve allant de l'ouest à l'est ne peut être que l'oued Djeddi (ancien Nigris) qui passe un peu au sud de Biskra et qui, même encore au temps de l'occupation romaine, nourrissait des crocodiles.

Certes, l'aspect de ces contrées a bien changé depuis lors : les sables profonds se sont transformés en dunes de plus de 150 m. d'altitude; le fleuve Triton a disparu sous les sables et l'oued Rirh est à sec. Il ne reste plus que le Djeddi, dont les eaux tendent elles-mêmes de plus en plus à disparaître sous les alluvions.

Quant aux hommes de petite taille dont il est question, peut-être ont-ils été, comme beaucoup d'autres peuples, refoulés jusque dans l'Afrique centrale où l'on a récemment découvert des tribus de nains, ou plutôt de gens de taille exiguë.

Ibn Khaldoun, qui écrivait en 780 de l'Hégire ou 1228 de J.-C., avait, sur le Sahara septentrional, des données bien plus précises que les géographes grecs et latins. Voici ce qu'il dit :

« Du côté du sud-est et du midi, le Maghreb a pour limite une barrière de sables mouvants, formant une ligne de séparation entre le pays des Berbères et celui des Noirs. Chez les Arabes nomades cette barrière porte le nom d'*Areg*. L'Areg commence du côté de la Mer environnante (l'Océan) et se dirige vers l'est, en droite ligne jusqu'à ce qu'il s'arrête au Nil, grand fleuve qui coule du midi à travers l'Égypte. La moindre largeur de l'Areg est de trois journées.

« Au midi du Maghreb central, il est coupé par un terrain pierreux, nommé *el Hamada* par les Arabes. Cette région commence un peu en deçà du pays des Mozab et s'étend jusqu'au Rirh. »

Ailleurs, l'historien des Berbères nous dit que « chacun

des districts de Rhadamès, du Fezzann, d'Oudann, renferme près d'une centaine de localités remplies d'habitants, couvertes de villages, de dattiers, d'eaux courantes. » Pour ne parler que du district de Rhadamès, il n'a plus aujourd'hui cent villages, mais seulement huit, la plupart simples hameaux.

Et pour finir, je rappelle ici ce que m'a dit mon guide : son grand père allait d'Ouargla à Rhadamès en huit jours, en marchant du lever au coucher du soleil à travers une plaine sablonneuse couverte de végétation. Or, c'est sur cette route abandonnée que se trouvent aujourd'hui les plus hautes dunes de l'Erg.

Mais, disons-le bien vite, il semble que la grande révolution météorologique qui a bouleversé cette partie de l'immense Désert touche à son terme : elle est même entrée çà et là dans sa période de décroissance.

Ces plaines de l'est et du sud-est, qu'aucun cours d'eau n'arrosait plus, que la pluie ne mouillait jamais ; ces plaines abandonnées par les animaux eux-mêmes, si arides que les caravanes les mieux approvisionnées osaient à peine les traverser, sont déjà rongées en beaucoup de lieux jusqu'à la nappe liquide. Dans les parties les plus usées, des puits ont été creusés et des plantations de palmiers, des champs d'orge, prospèrent dans les endroits où le peu de profondeur de l'eau dispense de l'arrosage.

Peut-être qu'un jour, lorsque cette révolution sera achevée et que les Barbares nomades auront été réduits à l'impuissance, peut-être que ces plaines immenses se couvriront de belles plantations de palmiers abritant de nombreux villages, autour desquels mûriront de riches moissons.

Quand leur travail de formation, de tassement aura pris fin, ces dunes se couvriront d'une jeune et luxuriante végétation ; les pluies ramèneront la fraîcheur et la vie dans ce pays nouveau, formé des débris d'un autre pays. Et à la place du Désert de la soif et de la mort, nos arrière-neveux verront une contrée pittoresque et fertile, avec forêts et ruisseaux.

Mais bien des générations passeront avant que cette transformation s'accomplisse d'elle-même ; elle pourrait se faire en peu d'années si la main de l'homme venait aider le travail de la nature. Il faudrait moins d'un quart de siècle pour couvrir ces sables de belles et riches forêts d'acacias, de pins d'Alep et d'autres essences, au moyen de postes de condamnés civils ou militaires chargés de faire des semis dans les dunes. Les pluies redeviendraient périodiques et peut-être que l'Igharghar, dont le tarissement a desséché les chotths algériens, recommencerait de porter vers le nord le tribu de ses eaux !

Je « pourpensais » tout cela, pendant que, du sommet de la colline, je contemplais les sables emportés par le simoum.

Après la prière d'une heure, le gouverneur vint me prendre pour me conduire au marché.

Des marchands étaient accroupis devant leurs marchandises, en rangs serrés. C'étaient des vendeurs de farine, d'huile, de dattes, de miel, de laine, etc. ; d'autres parcouraient les rangs et, se frayant passage à force de bousculades, vendaient à la criée des fusils, des sabres, des eksas, des bernous, des ganndouras, des cuirs du Soudan, des tapis de Tombouctou, des plumes d'autruche, etc. Au fond de la place, contre la muraille, appuyés sur de longues lances et immobiles comme des statues, se tenaient des hommes au costume sombre, au visage voilé ne laissant voir que deux yeux brillants d'énergie : c'étaient des *Touareg* ou *Imoucharh* habitant les casses rondes que j'avais remarquées près des tombeaux, le jour de mon entrée à Rhadamès.

J'allai m'asseoir à côté du caïmacam installé sur les divans qui entourent la grande salle ouverte par laquelle on pénètre sur la place du marché ; il causait avec le bach-agha et deux ou trois vieillards. A peine venais-je de me mêler à la conversation, qu'elle fut interrompue par l'arrivée d'un soldat qui vint se plaindre d'avoir été insulté par un Rhadamésien : il avait été traité de mulet (*berhal*), ni plus, ni moins.

— Mulet ! cria le gouverneur en se levant furieux, mulet ! Et quel est l'homme qui s'est permis de traiter un Musulman de mulet? Qu'on aille le chercher !

Quelques secondes après, deux *zaftis* traînaient devant nous un pauvre diable dont les vêtements étaient déjà en lambeaux.

— C'est toi, lui dit le caïmacam, qui te permets d'appeler mulet un honnête Musulman ?

Le malheureux voulut s'excuser, mais le gouverneur fit un geste ; la voix du délinquant fut coupée par deux formidables coups de bâton qui s'abattirent avec bruit entre ses omoplates : puis il disparut, poussé par les *zaftis* qui le fourrèrent en prison pour y rester huit jours.

Mulet est l'insulte à laquelle les Musulmans sont le plus sensibles : l'homme incapable de procréer est, à leurs yeux, un être méprisable. C'est peut-être la seule infirmité pour laquelle ils n'ont aucune indulgence.

CHAPITRE VII

Les Touareg et les Imoucharh : leurs origines, leur histoire. — Les Azguer et les Ihoggarenn. — Les nobles et les serfs. — Mœurs et coutumes. — Leurs querelles et leurs guerres.

Les vrais Touareg[1], *ceux de la tête*, comme disent les Arabes, habitent le pays d'Aïr, entre Rhât et le Soudan. Ils se nomment *Kaïlaoui*[2]. Ces Touareg. pasteurs ou commerçants, sont noirs, mais il y a beaucoup de blancs parmi eux, et aussi beaucoup de mulâtres, par suite de croisements. Ils habitent un pays fertile, boisé, couvert

[1] توارق *Touareg* fait au singulier تارقي *Targui*. C'est un mot arabe qui dérive peut-être de la racine طَرَقَ *tharaqa*, qui signifie *assaillir quelqu'un pendant la nuit*, ou encore *faire une incursion de nuit*, ce qui entre bien dans les habitudes de ces peuples. Si cette étymologie était la vraie, il faudrait écrire طوارق *Thouareg* et non توارق *Touareg;* cependant elle me parait plus rationnelle que celle de تُرِكَ *taraka, il a été abandonné* (de Dieu), qui m'a été donnée par quelques lettrés.

[2] Mon ignorance de la langue tamacheq, en usage chez les Touareg, m'oblige à toujours conserver l'orthographe arabe et à copier les noms tels qu'ils ont été écrits par les personnes de qui je tiens ces renseignements.

de villages et arrosé de nombreux ruisseaux; ils ont des troupeaux et des chevaux de belle race. Ceux qui s'occupent de commerce vont acheter du sel dans le Têbou, pays situé entre le Fezzann et le Bornou, et le portent au Soudan où ils passent régulièrement six mois de l'année. Ce peuple est très doux, au dire des Arabes.

Toutes les caravanes qui traversent le pays d'Aïr payent au chef un droit de passage.

Une autre tribu de vrais Touareg, appelée *Kilguers*, est établie sur le territoire de Sokoto à trois journées de marche au nord de cette ville. Les gens de cette tribu font aussi le commerce du sel, mais de seconde main, et dans le pays seulement, tandis que les *Kaïlaoui* vont jusqu'à Tombouctou.

Mais ce n'est point aux Kaïlaoui, aux vrais Touareg, que ce chapitre est consacré; c'est à ceux que M. Henri Duveyrier appelle *Touareg du Nord*, qu'Ibn-Khaldoun appelle *Sanhadja porteurs de litam* (voile), qu'enfin les Arabes appellent *Touareg blancs*. Suivant l'exemple de M. le commandant Hanoteau, je leur restitue leur véritable nom d'*Imoucharh*.

Pendant mon séjour à Rhadamès, j'ai fréquenté de tout mon pouvoir ces curieuses gens, je me suis fait des amis parmi eux, et de ces amis j'ai tiré tous les renseignements que j'ai pu, pas beaucoup, à vrai dire, le temps ayant été court. Voici, brièvement, ce que je sais d'après eux.

Les historiens grecs et romains ne paraissent pas avoir eu connaissance d'un peuple voilé qui habitât de leur temps le nord de l'Afrique. Salluste lui-même n'en fait pas mention; il nous dit seulement que les Numides avaient des boucliers de cuir, comme en ont encore aujourd'hui les Imoucharh; mais cette arme défensive pouvait être commune à tous les Berbères.

La nation des Imoucharh descend évidemment de tribus berbères chassées du nord tant par leurs guerres civiles que par l'invasion des Romains. Dans leur route vers le Sud, ces tribus s'arrêtèrent dans un massif de montagnes, qui avait quelque ressemblance avec leur Tell natal.

Ibn Khaldoun nous fournit de précieux renseignements sur les Imoucharh, qui, devenus musulmans, formèrent, au centre même du Sahara, un puissant empire qui s'étendait jusque dans le pays des Noirs.

« Les Molettminn (les voilés), peuple de race sanhadjienne, dit l'historien des Berbères, habitaient la région stérile qui s'étend au midi du désert sablonneux. De temps immémorial (depuis bien des siècles avant l'Islam), ils avaient continué à parcourir cette région où ils trouvaient tout ce qui suffisait à leurs besoins. Se tenant ainsi éloignés du Tell et du pays cultivé, ils en remplaçaient les produits par le lait et la chair de leurs chameaux; évitant les contrées civilisées, ils s'étaient habitués à l'isolement, et, aussi braves que farouches, ils n'avaient jamais plié sous le joug d'une domination étrangère. Ils occupèrent les lieux voisins du *Rif*[1], de l'Abyssinie et la région qui sépare le pays des Berbères de celui des Noirs. Ils se voilaient la figure avec le *litam*, objet d'habillement qui les distinguait des autres nations. S'étant multipliés dans ces vastes plaines, ils formèrent plusieurs tribus, telles que les Guedala, les Lemtouna, les Messoufa, les Outzila, les Targa[2], les Zegaoua et les Lamta. Ces peuples sont tous frères des Sanhadja et demeurent entre l'Océan environnant (l'Atlantique) du côté de l'occident, et Rhadamès, endroit situé au midi de Tripoli et de Barka.

[1] Côtes septentrionales du Maroc.

[2] C'est sans doute du nom ou surnom de cette tribu que les Arabes ont appelé Touareg (au singulier Targui), tous les Berbères voilés.

« ..... A l'instar des Berbères du Maghreb, ils professaient l'idolâtrie. Ils ne cessèrent de se tenir dans ce pays et de le parcourir avec leurs troupeaux jusqu'à ce qu'ils embrassèrent l'islamisme, quelque temps après la conquête de l'Espagne par les Arabes.

« Le droit de leur commander appartenait aux Lemtouna. Déjà à l'époque où la dynastie fondée par le prince oméïade Abd-er-Rahhmann ibn Moaouïa-ed-Dakhel régnait en Espagne, ils formaient une nation puissante qui obéissait à des rois héréditaires.....

« Dans le pays habité par ce peuple, on vivait ordinairement jusqu'à l'âge de quatre-vingts ans[1]. Quand les Lemtouna eurent soumis les régions du Désert, ils portèrent la guerre chez les nations nègres pour les contraindre à devenir musulmans. Une grande partie des Nègres adopta l'islamisme, mais le reste s'en dispensa en payant la capitation.

« Telagaguinn (le premier de leurs rois) eut pour successeur Tiloutann qui, d'après Ibn Abi Zerâ, fut le premier des Lemtouna qui régna dans le Désert. »

Ce qui précède est emprunté à l'excellente traduction d'Ibn Khaldoun par le baron de Slane; ce qui suit l'est à la traduction du *Roudh el Kartas* (*jardin des feuilles*[2]) par M. A. Beaumier, vice-consul de France à Maroc :

« Le premier qui régna au désert fut Tloutânn fils de Tyklânn le Senhadja[3], le Lemtouna; il gouvernait tout le Sahara et était suzerain de plus de vingt rois du Soudan qui lui payaient tous un tribut. Ses états s'étendaient sur

[1] Il n'est pas rare de voir, chez ces peuples, des hommes dépasser la centaine. Le chef des Azguer, El Hhadj Khenoukhenn a actuellement 106 ans et il est très robuste.

[2] *Roudh el Kartas, Histoire des souverains du Maghreb et Annales de la ville de Fez*, trad. de A. Beaumier. Paris, imprimerie nationale, 1860.

[3] On voit qu'ici l'orthographe des noms diffère quelque peu.

un espace de trois mois de marche en long et en large et ils étaient peuplés partout. Il pouvait mettre sur pied cent mille cavaliers; il vivait du temps de l'imam Abd-er-Rahhmann, souverain de l'Andalousie, et il mourut en 222 (836 de J.-C.), âgé d'environ quatre-vingts ans. Son neveu El Athyr fils de Bethinn fils de Tloutann lui succéda, et gouverna les Senhadja jusqu'à sa mort, en 237, après soixante-cinq ans d'existence. Il fut remplacé par son fils Temim ben el Athir, qui conserva son commandement jusqu'en 306, et fut renversé par les cheikhs des Senhadja, qui se révoltèrent et le mirent à mort (920 de J.-C.). A la suite de cela, les cheikhs ne voulurent plus se soumettre à personne, et restèrent dans l'anarchie pendant cent vingt ans. Alors ils choisirent entre eux un émir, Bou Mohhammed ben Tifat, connu sous le nom de Tarsina et Lemtouni, et ils le reconnurent pour souverain (426 de l'Heg, 1040 de J.-C.). Ce prince était religieux, vertueux et bienfaisant; il fit le pèlerinage à la Mecque et la guerre sainte; il gouverna les Senhadja pendant trois ans, et fut tué dans une rhazia sur les tribus du Soudan, à l'endroit nommé Bkâra. Ces tribus habitaient les environs de la ville de Teklessinn; elles étaient Arabes et pratiquaient la religion juive. Teklessinn est habité par la tribu senhadja des Beni Ouarith, qui sont gens de bien et suivent le Sonna qui leur fut apporté par Okba fils de Talahh le Feheri, à l'époque de sa venue dans le Maghreb; ils font la guerre sainte aux habitants du Soudan qui ne professent par l'islam. »

Mais les tribus sanhadjiennes ne furent pas les seules qui fournirent des émigrants au Sahara. Dès leur entrée en Afrique, les Arabes chassèrent les Berbères du pays de Barka (côte entre la Tripolitaine et l'Égypte), dont ils firent un désert. Or, parmi ces Berbères se trouvaient les Hhoouara, divisés en plusieurs tribus.

« De ces tribus, » dit Ibn Khaldoun, « il s'en trouva une qui traversa les sables jusqu'au Désert, et s'établit à côté des Lamta porteurs de voile qui habitaient auprès de Gaougaoua, localité située dans le pays des Noirs, vis-à-vis de l'Ifrikia (Tunisie). *On reconnaît l'origine hhoouaride de cette peuplade au nom qu'elle porte, et qui est une altération du mot*, Hhoouara; *car, ayant changé le* ou *de ce mot en une espèce de* k *dont le son est l'intermédiaire du* k *doux et du* q *guttural*, ils en ont *formé* Hheggar. »

Il s'agit ici, assurément, des Hhoggarenn (Ahhaggar en tamahhaq), qui ont donné leur nom au massif central du Grand-Désert. Quant à la ville de Gaougaoua, située dans le pays des Noirs, il est probable qu'elle se trouvait dans le Hhoggar ou toute autre contrée avoisinante, car avant l'arrivée des Berbères, le Hhoggar, aussi bien que le Soudan, était pays des Nègres, et au Hhoggar comme ailleurs, ces Nègres devinrent les serfs des conquérants, état qu'ils ont conservé depuis lors.

Quand les Sanhadja eurent fondé dans le Maroc et l'Espagne l'empire des Almoravides, les « voilés » furent soumis à cette dynastie, qui finit par dominer sur le Sahara et sur une partie du Soudan (XIe siècle).

Sous les Almohades, qui succédèrent aux Almoravides, les « voilés », profitant des guerres incessantes qui retenaient en Espagne les armées des sultans marocains, reprirent leur indépendance, qu'on ne leur a pas enlevée depuis. Je ne les suivrai pas dans leur destinée souvent tragique, n'ayant pas le loisir de traduire de l'arabe un manuscrit que je possède sur l'histoire du Sahara, et de mettre en œuvre tous les renseignements oraux, tous les documents écrits que je dois à l'obligeance de Si Mohhammed bou Aïcha, caïmacam de Rhadamès.

Aujourd'hui les Imoucharh du Sahara septentrional se

divisent en deux grandes fractions : les *Azguer* et les *Hhoggarenn*.

Les Azguer, dans les déserts compris entre Rhadamès, l'oued Igharghar, le Hhoggar, le pays d'Aïr et le Fezzann, se divisent en tribus nobles et en tribus serves.

Les tribus nobles sont : les *Ouraghann*, qui passent pour être d'origine *cheurfa*[1]; les *Imanann*, qui ont conservé, dit-on, le pur sang et les pures traditions des anciens Imoucharh; les *Kalisabann;* les *Djadanarad;* les *Matharilal;* les *Hiaouann*, les *Imannghasatenn* et les *Foggas*[2].

Ces tribus se subdivisent elles-mêmes en fractions; leurs tribus serves ou vassales seraient au nombre de vingt-deux.

La seule ville du territoire des Azguer est Rhât, dont la population est un mélange de tous les peuples sahariens. Ils possèdent en outre plusieurs petites oasis sur la route de Rhât, la zaouïa de Temacininn, ainsi que l'oasis de Djanet, située à sept journées au sud-ouest de Rhât, du côté du Hhoggar et divers villages entourés de cultures.

Les Hhoggarenn, qui occupent le plateau du Hhoggar et les autres contrées à l'ouest et au sud-ouest, se divisent, comme les Azguer, en tribus nobles et en tribus serves.

Leurs tribus nobles sont : les *Kalrhâla*, les *Bouglann*, les *Edemba*, les *Taïtouk*, les *Kelhamallat* et les *Djelhamallat*[3].

[1] C'est-à-dire qu'ils descendraient de la famille du Prophète, ce qui est faux, puisqu'il est suffisamment prouvé que les Imoucharh ont une tout autre origine que les Arabes.

[2] M. le commandant Hanoteau, à qui la liste complète des tribus fut donnée à El Aghouat, en 1858, par le nommé Rhotmann ag el Hhadj Bekri, dit plus justement, en conservant l'orthographe tamacheq : Ifour'as, Our'arenn, Imenr'assatenn, Ihadhanarenn, Imenann, Kel azabann, Ihéaouenn, Imetrilalenn, et Kel tinalkoum. En tout : 9 tribus.

[3] D'après M. Hanoteau, les tribus nobles des Hhoggarenn (Ahhag-

Idelès est une de leurs bourgades.

Leurs tribus serves seraient au nombre de 31. Les serfs, qui descendent des anciens aborigènes vaincus par les Imoucharh, cultivent les palmiers des nobles, gardent les troupeaux et sont assujettis à toutes sortes de corvées. Les Imoucharh vont, en outre, acheter des esclaves au Soudan. Tout comme les nobles, les serfs peuvent avoir des esclaves.

Chaque noble tribu est commandée par un cheikh qui exécute les décisions de la djemâa ou conseil ; la réunion de tous les cheikhs forme le conseil suprême, et les décisions de ce conseil sont exécutées par le bach-cheikh ([1]) ou chef suprême. Le gouvernement des Imoucharh est donc une république fédérative.

Les Imoucharh sont de grands et beaux hommes, secs, nerveux, à physionomie intelligente, marchant la tête haute, lentement, avec des mouvements saccadés qu'il faut attribuer à la forme de leurs chaussures et au port de la lance.

Il y a beaucoup de blonds parmi eux; j'ai même vu des femmes ayant de magnifiques chevelures blondes et de très beaux yeux bleus, et c'est là un signe de haute noblesse. Cette persistance de type doit avoir pour cause l'altitude du pays et la salubrité du climat.

D'après les Arabes, et aussi d'après les Rhadamésiens, les Imoucharh sont de très mauvais musulmans, des paresseux, des *traîtres, d'effrontés pillards,* des lâches qui ne font jamais grâce aux vaincus.

Pure calomnie d'un ennemi contre un ennemi ! Les

gar) sont les suivantes : Kel r'ela, Inemba, Tégéhé n ousidi, Irèchchoumannn, Ibouglaun, Kel tahat, Kel amer'eri, Kel *taïtouk'*, Tégéhé n eniira, Ikedihenn, Tégéhé Mellet, Kel hamelleun, Tégéhé asekkel, Tégéhé n ag'ali. En tout : 14 tribus.

[1] Son véritable titre est *Aménoukal.*

Imoucharh son des hommes très courageux, de bonne foi, fidèles à leur parole, désintéressés.

Ses Imoucharh ont un tel amour pour l'indépendance qu'ils n'habitent jamais les villes; plusieurs d'entre eux croiraient faire offense à leur dignité, s'ils mettaient les pieds dans un bourg quelconque. Quelques tribus se construisent de petites cases rondes, en pierres, couvertes en hhalfa; mais la plupart campent sous des tentes en cuir d'antilope. Leur humeur vagabonde ne leur permet pas de rester longtemps en place.

Ce ne sont pas des musulmans fervents. Ils prennent du Coran ce qui ne contredit pas leur raison et leurs anciennes coutumes. On peut les appeler les « voltairiens de l'islam ». Pour cela, et aussi parce qu'ils sont monogames et laissent à leurs femmes une grande liberté, les vrais croyants les regardent avec mépris.

Tous ces traits qui les éloignent des Arabes, les rapprochent de nous.

Les hommes portent un voile qui leur couvre le visage jusqu'à la partie supérieure du nez; une sorte de visière, formée par le turban, leur couvre le front, et même quelquefois les yeux, au point qu'ils sont obligés de lever la tête pour y voir devant eux. Le voile est noir, ou plutôt bleu foncé pour les hommes murs, et blanc pour les enfants et les adolescents.

Dans ce pays où l'air est si sec, ce voile entretient devant la bouche et le nez une humidité suffisante. Ils ne montrent jamais leur visage, même sous leur tente, devant leurs femmes et leurs enfants. Cependant, tous ou presque tous ceux que j'ai connus se sont découverts devant moi.

Leurs vêtements, faits au Soudan, sont généralement de couleur sombre; ils se composent d'un seroual (large culotte) et d'une ample blouse bleue, ou ganndoura, serrée autour de la taille par une ceinture. Leurs chaussures consistent en larges semelles retenues aux pieds par des lanières de cuir qui passent entre les orteils. Quelques riches portent de jolis bernous en drap rouge.

Leurs armes sont une longue lance, un sabre droit à deux tranchants, un large poignard et un bouclier en cuir. Très peu se servent du fusil et encore jettent-ils cette arme après la première décharge, pour prendre lance, dont le maniement leur est plus familier. Ils combattent montés sur de légers *mahara* (singulier *mahari*), chameaux coureurs sur lesquels ils franchissent, en peu de jours, d'immenses étendues.

Les femmes, qui ne sont jamais voilées, sont généralement belles, grandes, élancées, bien proportionnées, un peu maigres; l'embonpoint est ici la marque de beauté par excellence.

Leurs grands yeux expressifs s'ouvrent sous des sourcils noirs parfaitement arqués; le nez est bien fait, la bouche petite, les lèvres assez minces, la tête ovale, les traits réguliers, la physionomie ouverte, intelligente.

Mais elles ont la déplorable manie de se teindre le visage et les autres parties du corps avec de l'indigo et de se faire une raie rouge sur toute la longueur du nez, usage qui, disent-elles, les préserve des maladies.

Le peigne leur est inconnu; elles partagent leurs longs cheveux au milieu de la tête et les arrangent en une infinité de petites tresses, qu'elles réunissent ensuite par leurs extrémités en trois mèches, deux recouvrant les oreilles et la troisième tombant entre les épaules : à ces mèches sont suspendues de petites pelotes rouges; dans les mèches des côtés sont passées de larges boucles en argent, trop lourdes pour être soutenues par les oreilles. Elles portent aux bras des bracelets en argent, en perles et en corne garnie de cuivre, des bagues en argent aux doigts. Ces ornements sont de meilleur goût que ceux des femmes arabes.

Leur costume consiste en un seroual sur lequel elles passent une longue robe traînante blanche ou rouge ; sur la robe, elles portent une gandoura ou large blouse bleue ornée de broderies blanches ; leur coiffure est une sorte de mantille ordinairement rouge dont elles se couvrent le visage à la vue d'un étranger. Leur démarche est lente et grave. Presque toutes savent lire et écrire.

Chez les Imoucharh, la jeune fille est aussi libre que le jeune homme; elle va où bon lui semble, elle reçoit qui elle veut, elle choisit librement son époux.

Outre sa dot paternelle, qui consiste en un certain nombre de chameaux, la jeune fille reçoit, de son fiancé, une autre dot de même nature. L'avoir constitué par ces deux dots réunies appartient exclusivement à la femme, sans que le mari ait aucun droit d'en disposer. Il en résulte que la fortune des Imoucharh, chameaux, chèvres, brebis, etc., est presque tout entière entre les mains des femmes.

Devenue épouse, la femme imoucharh est aussi libre qu'en Europe; elle sort librement, le visage découvert, elle fait partie de la société et sa voix est écoutée dans la conversation ; mais, quoiqu'elle jouisse de privilèges qui chez nous paraîtraient excessifs, il n'est pas exact de dire qu'elle commande à l'homme. J'ai vu des cas où l'omnipotence du mari se manifestait brutalement : la galanterie n'est guère le fait de ces barbares.

Parmi les privilèges dont jouissent les femmes imoucharh, le plus important est celui de transmettre la noblesse et l'héritage à leurs enfants.

En vertu d'un antique usage, inspiré par les habitudes vagabondes des hommes, dans la plupart des tribus, ce n'est point le fils du chef qui succède à son père, mais le fils de la sœur aînée de celui-ci.

Dans le cas où le chef défunt n'a pas de neveu, la succession appartient à son frère aîné, et, dans le cas où il n'a pas de frère, au plus ancien de la tribu.

Le jeune homme hérite, ai-je dit, de la noblesse de sa mère. Tous les Imoucharh sont nobles en principe; mais il en est, tels que les Ouraghann et les Imannghasatenn, qui se croient plus nobles que les autres. Donc, si une femme des Imannghasatenn épouse un serf, son fils sera noble comme les Imannghasatenn et appartiendra à cette tribu; mais le fils d'un noble marié à une serve ne peut être anobli : il rentre dans la tribu de sa mère.

Il fut un temps où les Azguer s'entendaient entre eux; leur accord était même devenu proverbial. Les caravanes qui passaient sur leur territoire leur payaient un droit de protection, sauf un certain nombre de tribus de marchands qui avaient passage libre; la sécurité était parfaite chez eux, et il s'y commettait rarement une injustice; mais, en 1867, le différend entre El Hhadj Khenoukhenn et El Hhadj Djabbour mit fin à cette belle harmonie.

Ce différend et ses suites funestes seraient longs à raconter, et de fort peu d'intérêt pour le commun des lecteurs français : « Loin d'épuiser une matière, il n'en faut prendre que la fleur. » Je dirai donc simplement que cette malheureuse « sécession » a causé rhazia sur rhazia, qu'il y a eu de véritables batailles à la fin de 1874 et au commencement de 1875, que cette partie du Désert est dangereuse, voire inabordable.

CHAPITRE VIII

Adieux de mon guide. — Visite aux ruines de Tekout. — Je cherche et trouve un nouveau guide, Bel Kacem ben Bachir. — Une diffa avec plat « pantagruélesque ». — Conférence politique et commerciale avec les notables. — Projet de traité de commerce entre les Français et les Rhadamésiens. — Départ pour le Souf.

Le lundi 22, je reçus les adieux de mon guide. Pour diverses raisons qu'il n'avoua pas, Rabahh renonçait à me reconduire à Touggourt par la route d'El-Oued en Souf, route que, du reste, il connaissait mal, et sur laquelle il pouvait lui arriver d'être *rhazé* par les Souafa, qui sont ennemis des Châamba, surtout depuis le sac d'El-Guemar[1].

Le lendemain, mardi 23, je visitai les ruines de Tekout, promenade à laquelle m'avaient convié le caïmacam et le bach-agha. Ces ruines sont au nord-ouest de Rhadamès, assez loin, sur une gara isolée.

Notre départ fut à dix heures, au petit trot de nos montures.

Le caïmacam et son fils, le bach-agha, Si el Hhadj

[1] Ville du Souf pillée par Bou Choucha, dans la bande duquel il y avait beaucoup de Châamba.

Attiya, Ali, mon serviteur et moi, six cavaliers devant, six cavaliers derrière, notre caravane se composait de dix-huit personnes.

Laissant à gauche les mausolées anciens et la tour ronde à demi-ruinée, nous prîmes au nord-ouest, par une dépression d'environ 2000 mètres de large, à fond de marne et de calcaire gypseux.

Au bout de 10 kilomètres, nous atteignîmes les puits de *Souani*. Celui près duquel nous mîmes pied à terre, se trouve dans un petit champ où poussent quelques jeunes palmiers; creusé dans une marne verdâtre, sans seuil, sans coffrage, son eau, qui est à 5 mètres de profondeur, a 16 à 18°; elle contient quelque peu de magnésie. L'autre puits a été comblé à moitié par un éboulement.

A ces puits, la dépression tourne brusquement au nord; dans le coude formé par ce changement de direction, à 1500 mètres environ des puits, s'élève une gara ronde, haute de 50 mètres, dont le sommet est couronné de deux bons murs d'enceinte circulaires en moellons bruts de grès, sans trace de ciment, et qui peuvent avoir 4 à 5 mètres de hauteur.

En montant par un sentier en colimaçon, on rencontre successivement l'entrée d'un souterrain taillé dans le roc vif communiquant avec un puits profond, une première enceinte, et à 5 mètres plus haut, une seconde, couronnant le sommet de la gara.

Ce sommet est une plate-forme horizontale, circulaire, de 46 pas de diamètre, sur laquelle s'élèvent, à un mètre du sol, une trentaine de petites maisons de 7 pas de long sur 4 de large, dont l'intérieur est creusé de 50 centimètres, maisons construites en moellons bruts de grès saharien, sans ciment; il ne leur manque que la toiture, laquelle était à double pente et très inclinée, à en juger par les murs des façades latérales.

Au nord-est s'élève une maison plus vaste et plus haute que les autres, percée de deux petites fenêtres. Au sud-ouest, à ras du sol, est une ouverture d'un mètre de diamètre, celle du puits auquel communique le souterrain

Ruines de Tekout.

percé sur le flanc de la gara ; les indigènes disent qu'il a été creusé par les génies jusqu'au centre de la terre. Le souterrain, par lequel on entrait sans doute dans la ville à l'aide d'une échelle, devait se trouver au niveau de la plaine avant l'usure de celle-ci, et c'est aussi l'opinion des gens du pays.

Ces ruines, en bon état de conservation, ont une grande ressemblance avec les villages kabyles qui s'élèvent sur les crêtes du Djurjura.

Ces ruines sont celles de Tekout, ville dont les plus anciens du pays n'ont conservé aucun souvenir; ils ne savent même aucune légende à son propos, sauf bien entendu, celle d'immenses trésors gardés par des génies, des *djenoun*, qui dévorent au fond du puits les audacieux venus pour fouiller les décombres : on conte qu'un Nègre disparut ainsi.

Revenant au petit pas, nous rentrâmes en ville à la tombée de la nuit.

Cependant, mes pourparlers étaient en bonne voie à Rhadamès; j'avais vu, isolément ou par groupes, les membres de la djemâa et du medjelès, ainsi que les principaux négociants, tous en apparence pleins d'enthousiasme à l'idée d'aller trafiquer dans le sud de l'Algérie et surtout d'aller se pourvoir dans nos manufactures. J'avais demandé du conseil un écrit qui fût l'expression de leurs bonnes dispositions, et l'on m'avait promis que j'aurais cet écrit avant mon départ.

En attendant, je cherchais un guide, *rara avis*, capable de me mener au moins jusqu'au Souf.

Il y avait à Rhadamès plusieurs caravanes de chasseurs Souafa, et j'avais chargé mon serviteur Ali de s'entendre avec l'un ou l'autre des chefs de ces caravanes; mais ceux-ci refusèrent de se charger de ma personne, de peur d'être faits responsables des accidents qui pourraient m'arriver en route : le souvenir du malheureux Nacer ben Kina, leur compatriote, mis en prison comme accusé d'avoir trempé dans l'assassinat de Dournaux-Dupéré, les rendait intraitables.

Mais Ali finit par trouver l'oiseau rare. Le samedi 27, il me présenta un de ses compatriotes, le nommé Bel

Kacem ben Bachir, de la tribu des Rebâïa, auquel je fis le meilleur accueil.

C'était un homme d'une trentaine d'années, d'une taille un peu au-dessous de la moyenne, solidement constitué, à mine intelligente.

Il n'avait pas du tout l'air décidé à se mettre à mes ordres : un douro, que je lui glissai dans la main, le « vira un petit », et il se déclara prêt à me conduire au Souf : « Malheureusement, dit-il, je ne puis te louer qu'un chameau, deux peut-être. »

« Il m'en faut absolument trois, lui dis-je, en lui glissant dans la main deux autres douros, et je compte sur toi pour me les procurer. »

Les trois douros produisirent un effet merveilleux : Bel Kacem me jura qu'il me trouverait trois chameaux et même davantage.

Le lendemain, dimanche 28, le gouverneur vint me prendre au saut ou plutôt au lever du lit (car j'avais pour couche une peau de guépard étendue sur une natte), pour m'annoncer que les *Kbar* de Rhadamès, réunis chez un membre de la djemâa, m'attendaient pour m'offrir une *diffa*[1] *à la rhadamésienne.*

Accompagné du fidèle Ali, je suivis le gouverneur.

Nous entrâmes dans une salle assez vaste où se trouvaient réunies vingt-six personnes, y compris quinze esclaves ou serviteurs. Le gouverneur m'ayant présenté à la société, deux vieillards me souhaitèrent la bienvenue et s'informèrent de l'état de ma santé; puis je fis le tour de la salle, touchant la main à chacun et portant ensuite ma main à mes lèvres, selon l'usage.

[1] Dérive du verbe-racine ضاق *dhafa, être invité à un repas;* d'où ضيفة *dhifa, repas, hospitalité.* C'est donc à tort que l'on écrit *diffa.*

Au milieu de la salle était un plat en terre si vaste que je n'avais pas encore vu son pareil, et surmonté d'un couvercle en feuilles de palmier dont le sommet en pointe arrivait à hauteur d'homme. Nous nous assîmes onze, sur des tapis, autour de ce plat « pantagruélesque », encore n'étions-nous pas serrés. On enleva le couvercle et je vis une pâte feuilletée dont la blancheur me fit supposer qu'elle était de pure farine de froment; un grand luxe pour ce pays. Quelques instants après, je savais qu'elle est cuite avec du lait et du miel, très agréable au goût, mais lourde pour un estomac européen.

« C'est, me dit le gouverneur, le plat de gala du pays; on ne le sert qu'à l'arrivée d'un notable revenant heureusement d'un long voyage, on le mange avec les mains : c'est l'usage. »

Trois serviteurs firent le tour du cercle, deux portant un large bassin en cuivre, et le troisième une aiguière de même métal. Chacun s'étant lavé les mains, un vieillard donna le signal, et l'on piocha de son mieux dans le plat. Je soutins bravement l'épreuve, mais, quand je m'arrêtai, je n'en pouvais plus.

Ensuite les domestiques s'emparèrent du plat qui n'était pas encore à moitié vide, et ils le nettoyèrent en moins de temps que je n'en mets pour l'écrire. Ils étaient là quinze d'un furieux appétit.

Puis on causa. Des voyageurs étrangers que ces notables Rhadamésiens avaient vu à Tripoli leur avaient conté toutes sortes de fables sur les Français en Algérie. Ils leur avaient dit que si, par hasard, les gens de Rhadamès allaient en Algérie, on les forcerait à renier l'Islam ; que s'ils s'y refusaient on les jetterait en prison après confiscation de leurs marchandises.

Aidé du gouverneur, je combattis énergiquement ces calomnies. Je leur dis que chrétiens et musulmans reçoi-

La diffa.

vent l'éducation en Algérie dans les mêmes écoles, que la tolérance religieuse y est rigoureusement observée. Ils furent même tout à fait émerveillés quand ils surent qu'un temple musulman avait été construit à Paris même, à l'époque où les spahis et les tirailleurs y tenaient garnison.

Satisfaits de mes déclarations, plusieurs négociants, parmi lesquels Si El Hhadj Attiya, se déclarèrent disposés à me suivre en France pour visiter nos manufactures et y faire des achats.

« J'ai l'intention, leur dis-je, d'amener, l'hiver prochain, à Rhadamès, une caravane de négociants français ; à leur retour, ils vous emmèneront en France et vous visiterez avec eux les villes d'industrie et de commerce. »

C'est que je craignais la timidité naturelle aux Rhadamésiens ; malgré leurs promesses, je prévoyais qu'ils n'oseraient pas aller aux marchés du sud de l'Algérie ; et je pensai que le meilleur moyen de les engager à venir chez nous, c'était de conduire là-bas des Français, délégués des Chambres de commerce.

« Et les savants, continuai-je, les recevrez-vous bien ?

— Oui, certainement, surtout *des savants pour l'eau* : nos sources diminuent ; nous sommes forcés de resserrer, chaque année, les limites de l'oasis. Nous sommes disposés à faire tous les sacrifices pour avoir des puits artésiens comme ceux que les Français ont établis dans l'Oued-Rirh, et dont les Souafa nous ont tant parlé. »

Le terrain ainsi préparé, je me présentai, dans l'après-midi, devant le medjelès et les principaux négociants réunis officiellement pour m'entendre.

Lorsque j'entrai, en compagnie du caïmacam, dans la salle où le conseil était réuni, les vieillards me souhaitèrent la bienvenue. Si Mohhammed bou Aïcha me fit asseoir à son côté, on me servit le café, on me donna de quoi fumer. Un vieillard me félicita d'avoir traversé pour me rendre à Rhadamès des contrées abandonnées, à travers lesquelles les Châamba eux-mêmes redoutent de s'aventurer.

Nous discutâmes longtemps avec suite, avec calme, et, sur l'avis des plus influents, on conclut qu'il serait avantageux de commercer avec les Français.

La discussion terminée, on me pria de mettre sur le papier ce que je venais de dire, en triple expédition: l'une pour moi, l'autre pour les archives, la troisième pour le bey de Qçar-Ifrann, dont relève Rhadamès.

Les demandes formulées dans cette espèce de mémoire étaient les suivantes:

« 1° Voulez-vous faire du commerce avec les Français?

« 2° Si je conduis ici des négociants, seront-ils bien reçus?

« 3° Leurs marchandises payeront-elles des droits d'entrée?

« 4° En payant, seront-ils logés dans la ville?

« 5° Si des Rhadamésiens sont satisfaits de cet essai, si l'on établit des puits sur la route, viendront-ils à nos marchés de Touggourt ou d'El Oued?

« 6° Si des savants, médecins ou autres, reviennent ici avec moi, les Rhadamésiens les verront-ils avec plaisir? »

Voici la réponse du conseil:

« Il a été lu six articles écrits en plume arabe et en plume française, remis par le Sid Nacer ben Lardjou, qui est venu du pays d'Alger de la part des négociants de la nation française, la protégée de Dieu, pour ouvrir un débouché commercial avec le Soudan, et qui a choisi celle des trois routes qui lui fut indiquée par Si Mohhammed ben el Hhadj ben Driss, et par les chefs Tidjani Si Mohammed-el-Aïd et son frère Si Màammar.

« Réponse a été donnée par cette ville sur tout ce qu'il

a proposé, et tout ce qui a été proposé par l'envoyé a été approuvé. Ces propositions ont été faites par devant le medjelès et plusieurs négociants du pays. Il y a eu échange d'explications et tout ce qui a été dit a été compris par nous.

« Quant à l'envoyé, pendant tout le temps qu'il a séjourné parmi nous, nous n'avons vu en lui que du bien; et il n'a rien fait qui soit de nature à choquer nos mœurs ou notre religion.

« Pour ces motifs, nous lui avons fait délivrer cet écrit, de la part du medjelès de Rhadamés qui relève de la province de Djebel-Nefouza, dépendant de Tarablous (Tripoli), le 22 Mohharrem, an 1292. »

Sceau du caïmacam :

« Mohhammed bou Aïcha. »

Cet écrit ne me fut remis que le 4 mars, avant-veille de mon départ.

Mon but était atteint.

Devant l'impossibilité d'aller pour l'instant plus loin dans le Désert, il ne me restait qu'à presser mon départ pour Touggourt, voie du Souf. La saison des chaleurs approchait; je ne voulais pas qu'elle me surprît dans les dunes, parce qu'alors il m'aurait fallu voyager la nuit, et que je n'avais pas de tente pour me mettre à l'ombre le jour.

Le 2 mars, je louai le chameau et les services d'Aoun ben Menacer, homme d'une quarantaine d'années, compatriote d'Ali; et le soir même, les services et le chameau de Messaoud ben el Bahhadi, jeune homme de vingt-cinq ans environ, court et trapu, mais d'une figure agréable et intelligente, vêtu avec une certaine recherche.

Restait à fixer la date du départ: je proposai le vendredi 5. Mes hommes me jurèrent que rien au monde ne les ferait partir ce jour-là, parce qu'il arrive toujours malheur à ceux qui se mettent en route le vendredi ; du reste, il leur fallait sept à huit jours pour terminer leurs affaires.

Je n'insistai pas sur le vendredi : je sais par expérience qu'il est toujours mauvais de heurter les préjugés ; mais je leur promis à chacun un pistolet s'ils consentaient à partir le samedi.

« — Vraiment ! s'écria Aoun ben Menacer, si tous les Français parlaient comme toi, ils feraient de nous tout ce qu'ils voudraient !

L'affaire arrêtée, je leur remis leurs pistolets et ils me quittèrent tout joyeux, en me promettant de tenir leurs chameaux prêts pour le samedi au *fedjer* (lever de l'aurore).

Le gouverneur parut contrarié de me voir partir si vite, il voulait me retenir quelques jours encore. Je le remerciai vivement de son bel accueil, et je l'assurai que mes compatriotes sauraient bientôt comment Si Mohhammed bou Aïcha, caïmacam de Rhadamès, entend l'hospitalité. Puis, je lui fis quelques nouveaux présents qui parurent lui être agréables.

Je fis visite à El Hhadj Attiya, auquel je fis également quelques cadeaux, entre autres un pistolet à deux coups et une boîte de savonnettes.

Le 4, je fis aussi ou reçus de nombreuses visites et j'eus la satisfaction d'offrir quelque chose à chacun de ceux dont j'avais eu à me louer pendant mon séjour.

Le soir, j'écrivis à M. Delaporte, consul général de France à Tripoli, pour lui faire part des heureux résultats de mon voyage. J'avais déjà écrit au général Chanzy, gouverneur général de l'Algérie, ainsi qu'à M. Hertz, secrétaire général de la Commission de géographie commerciale.

Dans la matinée du vendredi, je reçus moi-même beaucoups de présents des membres du medjelès.

Du gouverneur, j'eus une peau de tigre, des armes et des ustensiles en usage chez les Touareg, différents objets du Soudan.

Si El Hhadj Attiya m'envoya des tapis de Tombouctou, des chaussures de Rhadamès, des plumes d'autruche et autres curiosités; un présent bien agréable, ce fut une mesure de couscoussou : il était très difficile de s'en procurer à Rhadamès.

Après souper, le gouverneur me vint voir, suivi de deux serviteurs chargés de farine, de petits pains sans levain, de dattes, d'œufs, de viande sèche et de quatre poules. J'avais déjà fait acheter un mouton au marché ; avec le supplément qu'on m'apportait, je ne craignais plus d'avoir faim en route.

Ali m'avait acheté une forte provision d'excellent moka, du sucre et des bougies de France, à 3 francs la livre.

Le gouverneur me remit des lettres de lui et de la djemàa pour l'agha de Touggourt, ainsi que pour les marabouts Tidjani. Plusieurs négociants me chargèrent de commissions pour El Oued.

QUATRIÈME PARTIE

LES DUNES DE L'EST. — LE SOUF

CHAPITRE I

Je quitte l'oasis, suivi d'une brillante escorte. — Ma caravane. — Un vieillard choyé. — Le « Fourreau de la torture. » — Le ghourd et la bataille d'El Hhaouamed. — Etat des dunes dans cette partie du Sahara. — Les scorpions. — Le « Rendez-vous des Rebâïa » — Mzara de Sidi Hhamed bou Koucha. — Une journée de dures fatigues. — Les sables et les caravanes. — Chameaux égarés. — Treize heures et demie de marche.

Mes chameliers m'avaient solennellement juré d'être prêts au lever de l'aurore, et cependant nous ne partîmes de Rhadamès qu'à deux heures un quart. Je m'y attendais, ces gens-là n'en font jamais d'autres.

Le caïmacam, le bach-agha, Si El Hhadj Attiya et plusieurs notables de la djemâa, tous vêtus de leurs plus beaux habits, richement armés et montés sur des chevaux luxueusement harnachés, m'attendaient à la porte avec 50 cavaliers du rhazou. La foule des Rhadamésiens, sur la colline de grès, faisait parler la poudre pour saluer mon départ.

Il était près de quatre heures quand, près de l'oasis de Zaouïa, je dis adieu au brave gouverneur et à sa suite. J'avoue que je ne m'éloignai pas sans émotion de Si Mohhammed bou Aïcha, avec qui j'avais passé vingt jours au sein de la plus large et de la plus cordiale hospitalité.

Après avoir traversé la sombre sebkhat-el-Malahh et franchi la veine de droite du ghourd Mennfrouda, nous nous arrêtâmes, à 5 heures 20, dans une partie sablonneuse de la plaine de grès qui sépare les grandes dunes de Rhadamès.

Notre caravane se composait de neuf personnes : moi et mon serviteur Ali ; mes trois chameliers : Bel Kacem ben Bachir, Aoun ben Menacer et Messaoud ben el Bahhadi ; un jeune homme d'une vingtaine d'années appelé Bel Kacem ben Amar ; une espèce de colosse d'une quarantaine d'années appelé El Fehem ben Mohhammed ; un nègre du nom de Belel, serviteur de Messaoud, et un vénérable vieillard, appelé Nacer ben Rhotaya, qui, dès qu'il m'aperçut, me salua du titre de sultan.

Ces braves gens, tous chasseurs de profession, s'en retournaient dans le Souf, leur pays, après avoir vendu à Rhamadès les produits de leurs chasses. Ils avaient acheté, outre des fusils, de la poudre, des sabres, etc., une demi-douzaine de petits ânes destinés à être revendus dans le Souf, où on les emploie à retirer le sable que les vents transportent dans les jardins. Ils avaient onze chameaux dont quatre jeunes non chargés et quatre portant des outres pleines d'eau, ce qui m'avait dispensé de faire remplir mes barils.

Je vis tout de suite que les gens de la caravane, et particulièrement notre géant El Fehem, témoignaient la plus grande déférence au vieillard Nacer ben Rhotaya. Régulièrement, on lui allumait un feu à part, on mettait de côté, pour lui, les meilleurs morceaux de gazelle, on le frictionnait matin et soir, on l'aidait à monter et descendre de chameau.

Ali m'apprit que cet « ancien » avait perdu sa femme, ses deux fils, et que maintenant il se trouvait sans famille, dans un âge très avancé. « Si ce vieillard, me dit-il, était obligé de rester coi au village ou sous la tente, il mourrait dans la quinzaine, mais les chasseurs se secourent toujours entre eux ; ils emmènent le vieux Nacer avec eux dans les dunes, où il fait ce qui lui plaît ; à la fin de la saison, ils le conduisent à Rhadamès, où on lui remet sa part, tout comme s'il avait chassé. »

Vraiment, ne serait-il pas bon que notre société s'inspirât un peu de la barbarie de ces gens-là ?

Je voulus faire comme eux : je lui fis servir le café matin et soir, et il m'arriva souvent, lorsque les nuits menaçaient d'être fraîches, de lui verser de l'alcool de menthe dans son café, et cela même me valut de la part de mes compagnons les Rebâïa nombre de petites complaisances.

Le 7, marchant vers le nord, nous entrâmes dès 8 heures trois quarts dans les dunes à *Zemelet-el-Baba-Ham*. A 9 heures et demie nous étions dans la petite vallée de Ihamaïat-Ali-ben-Amar (*La défense d'Ali, fils d'Amar*) ; à midi, nous apercevions, vers le sud, le ghourd *Cheikh-el-Aghred* que j'avais déjà observé en allant. A 2 heures 30, nous passions entre les deux siouf d'*Ed Deguerinat* ou *les Petites Barricades*, et nous nous arrêtions, à 3 heures 20, à l'extrémité d'une étroite vallée, appelée *Oued Khaoudh-el-Fethour*[1] *ou Vallée spongieuse du Déjeuner*.

[1] خاوض *khaoudh*, mot barbarisé, signifie *friable* (en parlant des roches, par exemple) ; de خضا *khadha*, être *friable*. فطر *fethour* signifie *déjeuner*, de فطر *fathara*, *rompre le jeune*.

Le lundi 18 mars, nous partîmes à 6 heures 50 pour traverser une succession de ravins profonds barrés à tout instant par de hautes veines. Ici les dunes sont bien moins élevées que dans le Zemoul-el-Akbar : je ne crois pas que les plus hautes dépassent 150 mètres.

Nous longeâmes d'abord le très profond ravin qui se nomme *Rhemad-es-Celeba*[1], ou le *Fourreau de la torture*, bordé de hautes dunes, à pente rapide, d'où souvent les chameaux glissent.

Une marche très accidentée, très fatigante nous mena au lieu du déjeuner, au ghourd d'*El Hhaouamed* celèbre par un combat livré, il y a quelques années, entre des Souafa et un rhazou de Hhaouamed, tribu qui campe à l'est de Rhadamès. Le vieillard Nacer ben Rhotoya me raconta cette histoire.

« Le *ghourd* était alors presque aussi gros que tu le vois aujourd'hui. Des Souafa, revenant de Rhadamès, taillaient un sentier pour permettre à leurs chameaux de monter sur une *veine*. Tout à coup, à gauche, retentit un coup de fusil, et nos hommes virent une troupe d'ennemis l'arme au poing.

« Les Souafa, quoique surpris, ne perdirent pas la tête : ils se dispersèrent entre les *veines*, en un demi-cercle de guerriers invisibles, puis la poudre parla, de tous côtés, autour des Hhaouamed, et pas un n'échappa au massacre. »

On me montra quelques crânes, au fond d'un trou, au pied du ghourd. Les Souafa ramènent soigneusement ces crânes à la surface quand le sable menace de les couvrir.

[1] غماد *rhemad, fourreau*, de غَمَدَ *rhamada*, et صلبة *çeleba, souffrance, torture*, de صَلَبَ *çalaba, mettre à la torture*.

Oughroud sur la route du Souf.

Vers midi nous longions le gros *Sif* d'*Ed Douriat-el-Mâmmar* ou du *Cercle plein*, et deux heures après nous étions dans la vallée parfaitement horizontale de *Babani*, qu'entourent des *oughroud* ayant à peine cent mètres de haut : sous cette plaine de grès l'eau est à une faible profondeur, paraît-il.

Après avoir passé à 2 heures trois quarts à l'ouest du ghourd d'*El Khadem*, *de la Négresse*, où l'on voit la tombe d'une pauvre esclave morte d'épuisement, et, à 4 heures, au lieu appelé *El Qebour-Cerhar* ou les *Petites tombes*, nous fîmes halte, à 4 heures 40, près du gros ghourd de *Ben-Aoumar*. Cette journée nous avait fatigués par sa chaleur suffocante ; à 9 heures 45, le thermomètre marquait déjà 47° centigrades au soleil et il s'était élevé à 58° à 1 heure, au soleil s'entend.

Le travail de formation des dunes doit toucher ici à sa fin : Nacer ben Rhotoya, qui était enfant à l'époque où se passa l'affaire des Hhaouamed, n'a pas remarqué que les *oughroud* aient beaucoup grossi depuis cette époque. La végétation, sans y être plus fournie, est bien plus ancienne que dans les grandes dunes du sud-ouest. On y remarque le *hhalfa*, espacé mais de belle venue ; l'*alennda* dont les fleurs se préparent à sortir ; le *hhelma* et le *çfâr*, très abondants dans les vallées ; mais on admire surtout, jusque sur les pointes les plus élevées des *oughroud*, de beaux pieds d'*âzel*, à doubles ou à triples troncs, couverts de leurs jolies fleurs blanches semblables à celles de l'aubépine, dont elles ont la délicieuse odeur. J'en vis un dans les rameaux duquel des oiseaux avaient établi comme une petite forteresse de nids, disposés en cercle, dont les ouvertures regardaient toutes parties de l'horizon. Pour donner une idée de ce bel arbrisseau, je dirai qu'en me levant sur la pointe des pieds, j'avais peine à toucher, de ma longue épée targuie, la partie inférieure de ces nids qui, cependant, ne se trouvaient qu'aux deux tiers à peu près de la hauteur de l'âzel.

Le mardi 9 mars, à notre réveil, nous nous vîmes entourés d'une multitude de petits scorpions jaunes, sortis pendant la nuit des roches poreuses près desquelles nous étions campés. Chaque fois que le vent d'est se lève pendant la nuit, les scorpions, me dirent les Rebâïa, se promènent par bandes; or ce vent s'était levé la veille, à 1 heures du soir, avec une certaine violence.

A la vue de ces vilaines bêtes, chacun disait de mettre ses souliers, hormis Bel Kacem ben Bachir qui disait en riant : « Les scorpions et moi nous nous connaissons, nous sommes amis ! » Mais tout à coup il fit un saut en arrière en poussant un grand cri : il venait d'être piqué entre le premier et le second orteil.

Je courus à lui et, ayant reconnu la piqûre, je dis à Messaoud de faire deux entailles en croix avec une lame bien tranchante, pendant que j'allais chercher un remède; le prévoyant Ali avait déjà tiré d'une caisse ma bouteille d'ammoniaque. Quand je retournai vers Bel Kacem, je vis qu'il s'était fait l'opération lui-même, avec un mauvais rasoir arabe. A la contraction des muscles de son visage, je jugeai qu'il souffrait horriblement. Sans perdre de temps, je brûlai fortement la plaie, à plusieurs reprises, avec l'ammoniaque; puis je fis prendre au malade un verre d'eau où je versai quelques gouttes du liquide corrosif.

Bel Kacem souffrit beaucoup pendant deux heures ; mais il n'y eut pas d'enflure et la douleur alla en diminuant jusqu'au soir.

Les Arabes, lorsqu'ils sont piqués par un scorpion, écrasent la bête sur la plaie et frottent ensuite avec du sable : c'est tout; aussi succombent-ils quelquefois dans les vingt-quatre heures.

A cause de cet accident, il fut convenu que cet endroit s'appellerait à l'avenir *Mahhallet-el-Aghareb*, c'est-à-dire *Camp des Scorpions*.

Partis aussitôt après l'aventure de Bel Kacem, à 6 heures 35, on atteignait à 8 heures 10 *Miâd-er-Rebâïa* ou le *Rendez-vous des Rebâïa*, lieu ainsi nommé de ce que des délégués de cette tribu se rencontrèrent autrefois avec ceux de Rhadamès, afin de s'entendre sur les moyens de mettre fin à une guerre déjà longue, très préjudiciable aux caravanes rhadamésiennes faisant alors fréquemment le trajet de Rhadamès à Tunis et *vice versâ*. En même temps que d'éteindre cette guerre, ils avaient pour mission de fixer les limites de leur territoire.

En commémoration de cette réunion, dans laquelle ils finirent par imposer leur volonté, les Rebâïa élevèrent à cet endroit de petits monuments en pierres brutes, en forme de cercles ou de pyramides, ayant la prétention de représenter les personnages qui figurèrent dans cette *miâd*. Une pyramide, plus élevée que les autres avec un morceau de bois planté horizontalement sur le sommet, représente le cheikh des Rebâïa fumant sa pipe.

A 9 heures, nous entrâmes dans une belle vallée unie, décorée du nom poétique d'*El Fthaïssat* c'est-à-dire, *des Charognes*. Nous nous arrêtâmes 40 minutes pour déjeuner.

Plus loin, au *sif el Azel*, nous vîmes, épars sur le sable, des crânes, des ossements et deux squelettes à moitié ensevelis, dont les têtes encore garnies de leur chevelure semblent grimacer au nez des passants. Voici l'histoire :

En 1870, des Châamba allèrent rhazer, près de Rhadamès, des troupeaux des Sinaouï (gens de Sinaoun). Les maîtres des troupeaux suivirent les ravisseurs et, après quelques coups de feu qui abattirent trois ou quatre hommes des deux partis, réussirent à reprendre leur bien. Mais les Châamba, ayant à leur tour poursuivi les Sinaouï, les surprirent en cet endroit, leur tuèrent cinq hommes et reprirent les chameaux.

A 11 heures, on me montra sur la gauche la tombe d'un homme d'Ouargla, assassiné par les Châamba en 1871.

A 2 heures 10, nous passâmes près du *ghourd-el-Midi*, ou de la *Table*, ainsi nommé de son sommet plat, au pied duquel gisent, sous de petits monticules de sable, les cadavres de deux Arabes assassinés aussi par des Châamba ; et à 4 heures et quart nous établîmes notre bivouac à *Mzarat-el-Kahhla* (*la Tombe-Noire*).

Le mercredi 10, partis à 6 heures 20, on passa près de la *Dune du Tournant* (*Zemelat-ed-Douria*), puis entre deux *sabres*, les *Petits Oughroud de la Chanson empêchée* (*Eghrid Rhoun-Meniâa*), où campa jadis H. Duveyrier, dans un voyage d'El-Oued à Rhadamès. Notre déjeuner fut dans une belle vallée de 3000 mètres de largeur, *Hhoudh-el-Belbelet* (*le Creux de la Confusion*), à laquelle succède celle d'*El-Hhaïadh*, où l'eau est à une faible profondeur : on y creuserait aisément un puits. Puis vint le *Ravin du pèlerin Sàïd* (*Khaoud-el-Hhadj-Sâïd*), puis vers midi, le pas difficile, dangereux, auquel les chasseurs ont donné le nom d'*Ouaraya-Terhouma*, qui signifie *Indice de la Tristesse*. Le cadavre d'un chameau qui gisait au fond de ce ravin depuis une année, me dit-on, était encore en parfait état de conservation, mais sa peau était tellement sèche que je pus à peine l'entamer de mon sabre.

Nous passâmes ensuite à l'ouest du *ghourd Amar*, ensuite, à 1 heure 40, à l'est d'une dune allongée en forme de sif appelée *Zemela-Taferiesset*, et enfin entre deux oughroud reliés par une haute veine appelée *Mahadamet-*

ben-Kida, pour aller camper, à 4 heures 15, à l'entrée d'une petite vallée circulaire dont j'ai oublié d'écrire le nom.

Partout sur les dunes autour de cette plaine, on voyait se dessiner, sur le fond bleu du ciel, de beaux pieds d'*âzel* formant de loin en loin de petits bosquets, dont la vue me charma.

Le 11, nous vîmes successivement le *sif* nommé *Zerdeb-es-Çfar ;* le *sif Fatima*, le *ghourd Bou-Aqou*, c'est-à-dire *du Malheur*, près duquel il nous arriva justement un petit accident : un chameau qui courait en descendant la veine, heurta les autres avec une telle violence qu'il creva son *tellis* dont le contenu, dattes, viande sèche, se répandit sur le sable. Après ce ghourd, ce fut celui d'*El Galal*[1] ou *de la Disette*, puis la tombe appelée *Gabra* ou *Qabrat-Abdallah*, du nom d'une victime de la férocité des Châamba qui gît là sous un monticule de sable.

A 11 heures nous rencontrâmes une *mzara*[2] élevée à la mémoire de Sidi Hhamed bou Koucha, marabout du Souf très vénéré. Quand je dis *élevée*, entendons-nous : cette mzara n'est qu'un monticule de sable surmonté d'un pied d'alennda où les gens des caravanes déposent leur *ex-voto*, en rapport avec la simplicité du monument : ils consistent en troncs morts ou en branches vertes arrachées aux arbrisseaux des alentours. Cette mzara a l'origine suivante :

Un Soufi qui revenait de Rhadamès avec un seul chameau, vit ici son animal tomber sous sa charge. La posi-

[1] Régulièrement il faudrait écrire *qilla* ou *qalal;* mais tous les noms sont ici barbarisés.

[2] Le mot *mzara*, qui signifie *visite* (à un lieu saint), ou simplement *lieu saint* ou encore *tombeau d'un saint* (que l'on visite), dérive du verbe-racine زار *zar*, *visiter* (*un saint personnage* ou *un lieu saint*).

tion du bonhomme n'était pas brillante, le chameau à demi mort portant ses vivres et son eau, c'est-à-dire sa vie. Dans cette heure d'angoisse, il invoqua Sidi Hhamed bou Koucha qui, de son vivant, avait joui d'une grande réputation de sainteté. Et aussitôt la bête se releva pleine de vigueur.

Depuis lors, toutes les caravanes qui passent par là déposent des ex-voto sur la mzara, en invoquant le saint qui exauce toujours leurs prières, excepté quand il leur arrive des accidents. Dans ce cas, c'est qu'ils ont oublié de l'invoquer dans les règles.

Ayant passé, à midi, près du ghourd *Messaouda*, nous rencontrâmes 45 minutes après, une autre tombe appelée *el Abad*, c'est-à-dire *les Esclaves*, parce que des malheureux, achetés à Rhadamès par des Souafa, succombèrent là et y furent ensevelis côte à côte.

A 2 heures 10, nous passâmes près d'un ghourd assez élevé appelé *er Rabâa* ou *de la Course*, parce qu'une fois des Châamba, venus jusque-là pour rhazer une caravane de Souafa, se sauvèrent dès qu'ils virent ceux-ci prêts à se battre.

A 3 heures 50, nous longeâmes une grosse dune de forme singulière appelée *Zemelet-ez-Zemouta*, ou la *Dune des Couleurs variées* et nous fîmes halte, à 4 heures 20, après une journée qui aurait été presque exempte de fatigues si la brise du matin avait duré; mais elle cessa de souffler vers midi, et, par un soleil de plomb, notre marche fut très pénible, en même temps que fort irrégulière : les Souafa, gens gais, passant la moitié du temps à chanter, à bavarder, à poursuivre en folâtrant les chameaux qui s'écartaient pour brouter des touffes de çfar.

Le 12, partis à 6 heures, on passait, à 7, entre deux grosses dunes dont l'une, haute de 100 mètres, pointue, s'appelle *Rouba-Châambia*, d'une femme qui, se rendant à Rhadamès, donna un régime de dattes aux gens d'une caravane, à la condition qu'ils donneraient son nom à ce ghourd.

Non loin de là je remarquai, plantée sur un sif et nous regardant tranquillement passer, une gazelle dont le pelage d'un blanc pur se dora d'abord, puis devint comme lumineux sous les rayons du soleil levant. Les Rebâïa me dirent que les mauvais génies prennent ainsi quelquefois la forme d'une gazelle blanche pour attirer au loin les chasseurs et les égarer dans les dunes. Tous les talismans n'ont pas le pouvoir de sauver l'homme qui est sous l'empire d'un de ces génies; il faut qu'ils soient écrits par des personnages dont la sainteté ne laisse rien à désirer.

Cette histoire me rappela le temps où certain curé de mon village bénissait le plomb que les paysans lui présentaient après la messe, car le plomb béni avait seul la vertu de faire fuir un grand cheval blanc (beliche) qui parcourait nos campagnes à partir de onze heures du soir.

A 8 heures et quart on déjeuna non loin d'une grosse dune appelée ghourd *es Sêid*, parce qu'on y vit une fois les traces d'un lion qui s'était égaré dans le *Pays de la Soif*[1] en poursuivant des gazelles.

Du déjeuner à l'heure du campement, nous longeâmes, traversâmes ou aperçûmes les *oughroud Tannguer*, que trois journées de marche séparent du puits de *Mouye-Aïssa* ou *Petite eau d'Aïssa* par lequel passa le commandant Bonnemain;

La *plaine de la Contestation* (*Çahhann Tannguer*);

Les *Siouf Megharinat* ou des *Petits trous*;

[1] Le Sahara est souvent surnommé *Blad-el-Athech*, c'est-à-dire *Pays de la soif.*

Les *Zemoul-el-Hharchat* ou *Dunes raboteuses :* ce nom vient de ce que partout aux alentours le grès se montre par blocs poreux en voie de désagrégation.

Arrêt à 4 heures 1/4, après une journée agréable, par une bonne petite brise du nord qui dispersait au loin les chants et les airs de flute de nos gais compagnons les Souafa; mais le lendemain, 13 mars, fut un triste jour, sous le vent du sud-est, le redouté *simoum*, qui souffla dès le matin et nous enveloppa d'un brouillard de sable. Malgré la précaution que nous prîmes de nous voiler le visage à la façon des Touareg, ce sable fin, impalpable, nous entrait dans les yeux, dans le nez, la bouche, la poitrine, et nous donnait une soif ardente; or, il fallait très peu boire, menacés que nous étions de manquer d'eau.

Aussi nous arrêtâmes-nous dès 3 heures, après avoir passé près des *Grandes Dunes* ou *Zemoul-el-Akbar*, les *Vallées des Autruches mâles* (*Oudiann-el-Dzelmann*) où ces gallinacées se rencontrent de temps en temps; la petite plaine circulaire d'*El Ardjem;* la plaine, également circulaire, de *Nazreg*, nom qui indique l'aspect sombre de ses grès noirs en décomposition, et celle de *Çahhann Zguiyeg*, anomatopée imitant le bruit du grès en désagrégation qui craque sous la chaussure.

Nous étions fourbus, la gorge altérée, quand nous campâmes au lieu appelé comme par une amère dérision, *Meksem-el-Assel*, c'est-à-dire le *Défilé du Miel*, parce qu'un homme, s'en retournant de Rhadamès au Souf avec une caravane, cassa un pot de miel en cet endroit.

Nous nous établîmes de notre mieux entre deux veines, au milieu d'une superbe végétation de merkh, dont les grosses touffes, ornées de fleurs jaunes, nous abritèrent un peu contre le vent qui ne cessait de souffler, et contre le sable fin qu'il chassait devant lui.

Dans la nuit, nous dûmes nous lever plusieurs fois

pour secouer le sable, et encore nous réveillâmes-nous le dimanche matin à moitié ensevelis.

On raconte que des caravanes, des armées même, ont disparu sous les sables. Je n'y crois guère, mais je comprends fort bien que si des hommes, à demi-morts de fatigue, de soif et n'ayant plus d'eau, sont surpris dans leur sommeil par une forte tourmente, ils puissent périr asphyxiés par les sables, surtout si cette tourmente dure plusieurs jours, avec des tourbillons semblables aux trombes marines comme il s'en forme parfois dans l'Erg.

Hérodote rapporte comme suit la disparition de l'armée que Cambyse avait envoyée contre les Ammoniens (Traduction de A.-F. Miot) :

« Quant au détachement que Cambyse avait envoyé contre les Ammoniens, et qui était parti de Thèbes, on regarde comme certain qu'il parvint jusqu'à la ville d'Oasis, sous la conduite des guides dont il s'était fait accompagner. Cette ville, habitée par des Samiens que l'on croit être descendus de la tribu Æschrionienne, est distante de Thèbes de sept journées de marche à travers les sables, et le territoire qu'elle occupe signifie l'*Ile des Bien-Heureux*. On sait donc que l'armée arriva dans ce lieu ; mais l'on ne connaît que par les Ammoniens, ou par ceux qui l'ont appris d'eux, ce qu'elle devint ensuite. On n'a pu s'en instruire par aucune autre voie, puisqu'il est certain que cette armée n'atteignit pas le pays des Ammoniens et qu'elle ne revint point en Égypte; au surplus, voici ce que les Ammoniens rapportent : Ils disent que, l'armée ayant quitté Oasis pour s'avancer dans le pays à travers les sables, et se trouvant à peu près à moitié chemin, un vent du midi violent et tempêtueux vint à souffler pendant le temps qu'elle était arrêtée pour manger; que ce vent éleva de tels tourbillons de sable que l'armée entière fut engloutie et qu'elle avait ainsi disparu tout à fait. Tel est le récit des Ammoniens sur le sort de cette armée. »

Je ne crois pas, je le répète, qu'une armée puisse périr ainsi.

Ou bien les outres des soldats de Cambyse furent desséchées par les vents du sud et ils moururent de soif;

Ou bien dans une halte, pendant une tempête de sable aveuglante, ils furent surpris, massacrés par les Ammoniens.

Quand le lendemain, 14, nous voulûmes nous mettre en route, on s'aperçut de la disparition de trois chameaux et de deux chamelles. L'inquiétude fut grande parmi les Rebâïa.

Ils craignaient que les Châamba, dont ils connaissaient la ruse, n'eussent profité de la tempête pour éloigner les animaux, afin de pouvoir attaquer, avec plus de chances de succès, la troupe dispersée à leur recherche.

« De deux choses l'une, leur dis-je : Ou les Châamba cherchent à nous disperser pour nous tuer isolément; ou bien les animaux, peu habitués à leurs nouveaux maîtres, ont repris d'eux mêmes le chemin de Rhadamès. Dans l'un comme dans l'autre cas, il suffit que deux hommes aillent à leur recherche, les autres demeurant ici sur la défensive. »

Deux des plus habiles chasseurs disparurent aussitôt dans l'épais brouillard de sable.

Une heure ne s'était pas encore écoulée que l'un d'eux ramena les trois chameaux et une chamelle. Nous comprîmes dès lors que les Châamba n'étaient pour rien dans ce qui nous était arrivé. Le chasseur repartit aussitôt pour aller rejoindre son compagnon, et tous deux nous rejoignirent à 2 heures et demie avec la seconde chamelle. Nous partimes aussitôt avec l'intention bien arrê-

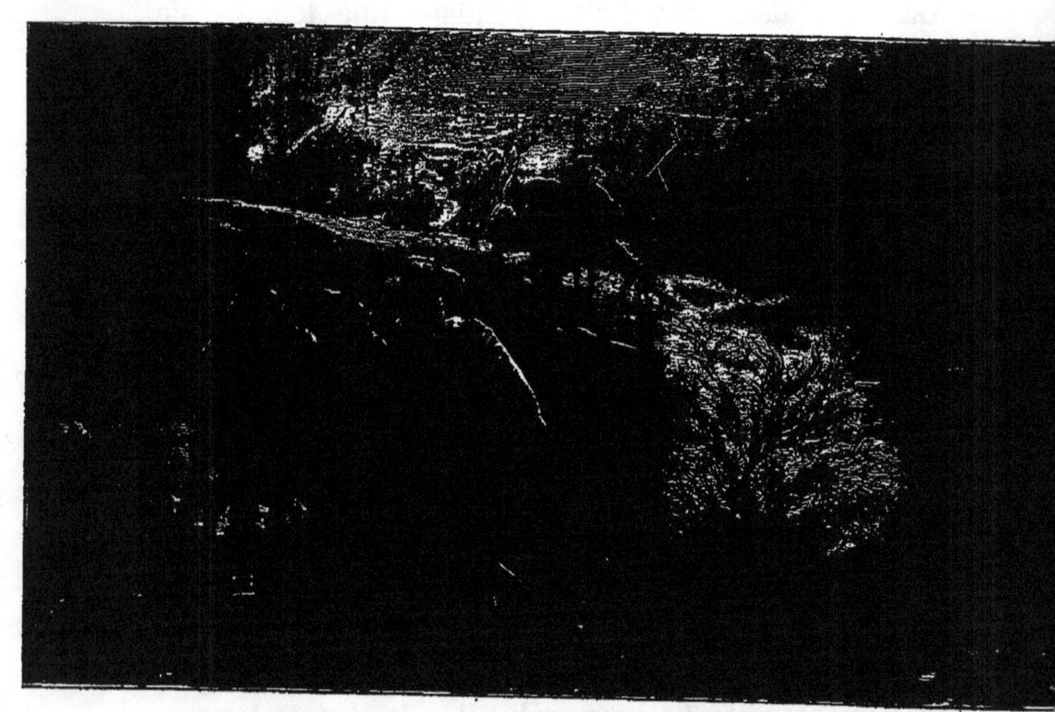

Le simoum. — **Un chasseur ramenant les chameaux.**

tée de voyager la nuit pour rattraper le temps perdu, car il ne nous restait qu'une demi-outre d'eau et, même en y mettant une économie sordide, nous devions fatalement arriver à en manquer. Cependant nous fîmes halte dès les 7 heures.

Mais le lendemain, lundi 15, nous partîmes à 3 heures et demie du matin pour regagner, par une marche forcée, le temps perdu la veille, car nous étions encore bien loin du puits le plus proche, le *Bir-es-Çof*, où je craignais que nous ne fussions obligés de passer. Mes préférences étaient pour le *Bir-el-Djedid* qui n'avait pas encore été vu par aucun voyageur, tandis que le Bir-es-Çof avait été visité par M. Duveyrier.

Malheureusement, les Arabes ne savent jamais au juste la distance d'un lieu à un autre; quoique mes compagnons eussent passé peut-être vingt fois par ce chemin, ils ne savaient préciser quand nous arriverions au puits. Leur réponse invariable était : « Nous y souperons ce soir ou nous y déjeunerons demain, *inn châ Allah* (s'il plaît à Dieu). »

Si les marches de nuit sont agréables dans les plaines sablonneuses, elles sont fatigantes dans les dunes, même par un beau clair de lune, car les ombres des arbrisseaux cachent souvent des trous profonds où l'on est exposé à rouler pêle-mêle avec les chameaux. Heureusement, par cette marche avant l'aurore, il ne nous arriva pas d'accident.

A 4 heures, nous passâmes près du sif de *Natrounia :* un chameau qui portait une charge de natron (en arabe *natroun*) étant mort de soif en cet endroit, on fut obligé d'y abandonner la charge; de là le nom.

Nous traversâmes ensuite une plaine assez vaste appelée *Çahhann Rakhkhia*[1] ou la *Plaine Molle*, parce que le grès décomposé cède sous les pieds.

Zemelat-Douria ou *Dune ronde*, *Zemelat-el-Gourrafa*[2] ou *Dune du Détour*, *Çahhann-el-Gourrafa* ou *Plaine du Détour*, *Ghourd-el-Leya*[3] ou *Dune de la bifurcation* (d'où part, à droite, le chemin de *Bir-es-Çof* ou *Bir-er-Reçof*, le *Puits du roc plat*), *Çahhann-el-Leya* ou *Plaine de la Bifurcation;* dune pointue de *Meqbedh*[4] (*Manche, pilon*), voisine des deux *dunes de Hharaza* ou le *Mortier*, ghourd et plaine de *Bou-Douar*, tels furent les accidents naturels que nous rencontrâmes ce jour-là dans une marche effective de *treize heures et demie !*

A 5 heures nous nous arrêtâmes, brisés de fatigue, au pied des dunes qui bordent la plaine au N.-E. En réunissant le fond de nos outres, nous vîmes avec joie qu'après avoir fait cuire le couscoussou, il nous restait la valeur de deux verres d'eau pour chacun : l'un pour être bu après le repas, l'autre destiné au café du lendemain matin. Mes compagnons me dirent que nous arriverions certainement au puits dans la journée du lendemain, *inn châ Allah !*

Et en effet, le lendemain, mardi 16, nous passâmes d'abord près du *Puits de la contradiction* (*Bir-bou-Khalfa*), ainsi nommé de ce que les Souafa le comblèrent

[1] Du verbe-racine رخي être *mou*, *lâche*, ou رخّ la 8e f., a la même signification.

[2] Encore un mot barbare que je traduis d'après les indications de mes guides. En arabe, je ne connais que la racine قرف *qarafa*, *enlever la croûte*, *l'écorce*, et ses dérivés, qui aient quelque rapport avec ce nom.

[3] ليه *leya* ou *liya*, *coude*, *bifurcation*, de la racine لوى *laoua*, *courber*, *détourner*, *se bifurquer*.

[4] De la racine قبض *qabadha*, *serrer*, *empoigner*.

pour empêcher les Châamba d'y boire, puis nous entrâmes dans une grande plaine de graviers, barrée à l'horizon par des dunes assez hautes.

Au milieu de cette plaine s'élevait une petite éminence blanche : C'était le *Bir-el-Djedid* (*le Puits nouveau*). Nous y arrivâmes à 8 heures 20.

Nous nous désaltérâmes; les chameaux aussi, qui n'avaient pas bu depuis onze jours; les ânes également, qui n'avaient eu d'eau que trois fois depuis notre départ de Rhadamès.

CHAPITRE II

Le Bir-el-Djedid. — Les vents sahariens. — Nous entrons dans les dunes blanches. — Séparation au puits salé de Si-Moussa. — Entrée dans l'Erg ou pays des Veines. — Raisons de la nudité du Sahara. — Fertilité de ses parties sablonneuses. — Enn Nakhla. — Amiech.

Le « puits nouveau » est justement, au dire des vieillards, le plus ancien de cette partie du Sahara.

Sans seuil et sans coffrage, visible de loin à cause de pierres blanches amoncelées à côté, il est creusé dans un calcaire gypseux. Sa profondeur n'atteint pas tout à fait 13 mètres. Son eau, dont la température est de 21° centigrades, plaît assez au goût; réputée comme la meilleure de cette partie du Désert, c'est bien la plus douce que j'aie bue dans le Sahara.

Nous décidâmes d'y passer le restant de la journée pour nous y reposer; l'après-midi fut agréable : à 1 heure, par un petit vent d'est, le ciel étant voilé par un cirrus, le thermomètre ne monta qu'à 45°, et à 7 heures du soir, le ciel ayant gardé lesdits cirrus, il descendit à 12° 5.

D'après mes observations, et surtout d'après les renseignements que je ne cessai de recueillir auprès des nomades, les vents qui dominent dans le Sahara sont : Celui du nord-est, toujours frais, et soufflant quelquefois avec assez de force. Puis celui du sud-est, qui est également frais lorsqu'il rencontre en chemin des courants venant du nord ; les Arabes lui donnent alors le nom de *bahhari*, c'est-à-dire de *vent marin* ; mais ils l'appellent *simoum* lorsque, soufflant avec violence en rasant le sol, il s'échauffe au contact de la carapace des roches sahariennes : il charrie alors des masses de sable ramassées dans les plaines de grès en désagrégation qu'il effleure ; on peut dire que c'est un vent de supplice, que n'oublient jamais ceux qu'il a martyrisés.

Il est rare qu'après le simoum le vent ne passe pas au sud-ouest, d'où viennent surtout les rares ondées qui humectent les dunes de l'Erg.

En quatrième rang, il faut ranger les vents du nord-ouest qui amènent aussi quelques gouttes de pluie. Ensuite viennent les vents d'est (*chergui*) qui transportent parfois du sable, surtout du sable *blanc*[1], et enfin les vents du sud, qui sont aussi de deux sortes : le vent frais (*el guebli* ou *méridional*), et le vent chaud, brûlant, auquel on a donné le nom de *chihili*[2], de la racine *chahila*, *nuire*, *être funeste*. Le chihili apporte aussi des sables dans les déserts de l'Erg, mais en petite quantité. Il arrive presque toujours que le vent, de quelque côté qu'il souffle, tombe le soir avec le soleil, et les nuits sont ordinairement calmes.

Le mercredi 17, nous partîmes à 7 heures et demie du Bir-el-Djedid pour traverser la plaine de *Becebabit*, nom

[1] Cette observation ne se rapporte qu'à la région de l'Erg du Bir-el-Djedid.

[2] Dans le Sahara, j'ai entendu dire *chichiri* de *chahara*, *être haletant*.

qui signifie *avec les souliers*, parce que les morceaux lamelliformes de calcaire jaune schisteux dont elle est couverte obligent à se chausser pour se garantir les pieds.

A 9 heures 30, nous rentrons dans les dunes qui, à cet endroit, changent, avec le sol, de nature et de couleur : le grès a disparu et l'on ne foule plus, à partir de là, qu'une croûte sédimentaire de calcaire gypseux. Aussi la première grosse dune que nous rencontrons porte-t-elle le nom de *Zemelat-ed-Degûig*, ce qui veut dire *Dune de farine*.

La démarcation entre les dunes jaunes et les dunes blanches, très visible jusqu'aux limites de l'horizon, est parfaitement déterminée par une ligne de l'est-sud-est à l'ouest-nord-ouest, qui passe par Bir-es-Çof, Bir-el-Djedid et les collines d'El Archem, à trois journées de marche au sud de Touggourt.

Nulle part je n'ai vu la végétation plus belle que dans ces petites dunes blanches : l'alennda y est énorme ; l'âzel et le merkh s'y montrent pleins de vigueur ; le hhalfa, le hhelma, le baéguel et le hhadh y sont abondants.

A 1 heure 20, nous passâmes près d'un puits desséché situé au milieu d'une petite dépression appelée *Aouadedit-er-Rkeb* ou la *Petite vallée de l'étrier*, parce que là on descend de monture pour y passer la nuit.

A 4 heures et demie nous campions près du puits de *Mouye-Hereba* (*petite eau de la fuite*), ainsi dénommé parce que les Rebâia y mirent en fuite un parti de Châamba maraudeurs : l'eau, à 5 brasses seulement de profondeur, me dit-on, est agréable à boire. Cette journée nous avait été dure, par son violent simoum et ses nuées de sable.

Ce même abominable simoum souffla aussi le lendemain, jeudi 18. Partis un peu avant 7 heures, nous venions de déjeuner à *Bou-Smiâ* le (*lieu de l'audition*), près d'un puits comblé voisin de deux tombes : là, nous aperçûmes, à travers les nuages de sable moins épais en ce moment, un homme qui marchait au loin dans la plaine. C'était la première forme humaine que nous eussions vue depuis douze jours. L'homme ayant disparu derrière une chaîne de petites dunes, nous reprîmes notre route après avoir inspecté les batteries de nos fusils : Au Désert, on ne saurait être trop prudents.

Peu après, nous rencontrâmes des chameaux qui paissaient, puis, dans une espèce de creux, à l'abri du vent, une tente de nomades que les chasseurs reconnurent pour appartenir à Bachir ben Rhedeïâ, l'un des Châamba les plus riches du Souf : sa fortune se compose de 500 chameaux et 2000 moutons sans les palmiers[1].

Dans la tente, nous ne trouvâmes qu'une jeune femme, très belle, avec trois petits enfants.

Son mari était l'opulent Châambi, El Bachir, avec lequel nous causions dix minutes après. Il indiqua à mes compagnons les Rebâia quelles directions avaient prises leurs nezlas qui, depuis peu de jours, avaient quitté l'oasis d'Amiech pour se répandre dans le Désert avec leurs troupeaux.

A la suite de ces renseignements, il fut décidé que mes trois chameliers m'accompagneraient jusqu'à El Oued, tandis que les autres iraient rejoindre leurs nezlas.

A 11 heures 5 nous étions au puits d'*El Malahh* (le salé) *Si Moussa*, ainsi nommé du goût détestable de ses eaux amères auxquelles un coffrage en troncs de merkh et

[1] Quelques familles de Châamba d'Ouargla se sont fixées dans le Souf où elles forment une tribu distincte.

d'alennda donne par surcroît une forte saveur sulfureuse : profondeur 13 mètres, température 21° 8.

Là, partage fait, à la tohu-bohu, pendant une tempête de sable, nous nous séparâmes.

Je gardai, comme dit ci-dessus, mes trois chameliers : Bel Kacem ben Bachir, Messaoud ben el Bahhadi et Aoun ben Menacer, chez qui j'avais remarqué, en route, une intelligence supérieure.

Tous ces Rebâia avaient été pour moi de bons, de joyeux compagnons, de gais chanteurs, d'amusants conteurs ; je les vis partir avec peine.

Je quittai surtout avec regret le vieillard Nacer ben Rhotoya. Il me fit l'honneur de me dire que jamais Français aussi patient que moi n'avait mis le pied dans les dunes.

Il me pria de le rappeler au souvenir de M. Henri Duveyrier, « qu'il avait eu si grand peur de voir mourir de soif dans les dunes. » Ce bon vieillard m'avait souvent demandé combien il y a de journées de caravane d'El Oued à Paris et si l'on trouve beaucoup d'eau sur la route. « Si ce n'était pas si loin, me disait-il, j'y irais tout exprès pour porter une charge de dattes à Sâad ; mais c'est loin et je suis vieux ! »

Je repartis à midi. L'éternel simoum avait redoublé de fureur : il nous semblait marcher au milieu des nuages ; le sable, chassé d'une dune à l'autre en nuages épais, nous aveuglait ; nous posions souvent les pieds dans le vide et nous roulions du haut des dunes, heureusement peu élevées dans cette partie du Désert, dont les *ahhouadh* [1], dépressions à fond humide, argileux, entre-

[1] On donne le nom de حوض *hhoudh*, au pluriel احواض *ahhouadh* (*citernes*, *réservoirs*), à des dépressions peu étendues, en

tiennent une petite végétation assez curieuse : j'y vis le *châelt-er-rehh*, ou la *flamme du vent*, qui est la *cleome arabica*, L.; la *dehina*, dont le nom signifie *odoriférante* (*ononis serrata*, Forsk); la *dzaïffa*, ou l'*empoisonneuse* (*lotus pusillus*, Viv.); le *djerdjir*, ou l'*absorbant*, aussi appelé *qceb*, c'est-à-dire *boucle* (*de cheveux*), qui est le *reseda arabica*, Boiu.; le *khobbiz* (*malva parviflora*), ainsi appelée en arabe parce que ses graines sont en forme de pains ; on y trouve encore la plante appelée *el maïta ou el hhayat*, dont le nom signifie *morte et vivante*, et qui est l'*erythrostictus punctatus* (Schlecht) et quantité d'autres petites plantes.

Nous nous arrêtâmes à 4 heures 40, à moitié suffoqués, et nous nous abritâmes de notre mieux au bord d'un hhoudh, derrière un gros pied d'alennda ; mais le vent tomba heureusement peu après, et notre plat de couscoussou ne reçut pas, ce soir-là, son supplément d'assaisonnement, chose à laquelle j'avais, après tout, fini par m'habituer.

Le vendredi 19, nous partîmes à 1 heures et quart, par une fraîche matinée, et presque aussitôt l'on me montra au fond d'un hhoudh, un puits comblé appelé *Bir Mouye-er-Rebâïa-el-Guebli*, c'est-à-dire *Puits méridional de la petite eau des Rebâïa* ; et, après ce puits, celui de *Bir Mouye-er-Rebâïa-el-Dhaharaoui* ou *Puits septentrional de la petite eau des Rebâia* : celui-ci, sans coffrage, profond de dix brasses jusqu'à l'eau, donne un liquide essentiellement désagréable, ayant goût de soufre ; et à midi, nous passâmes à celui d'*El-Gouerat* ou des *Petits gour*.

A 1 heure nous entrions dans l'*Erg* ou *pays des Veines*, justement nommé ainsi, car, à partir de ces lieux jus-

forme de cuvettes. Ce mot dérive de la racine حاض *hhadha*, *ramasser, confluer vers un point* (en parlant de l'eau).

qu'à El Oued et au delà, la plaine, naturellement très mouvementée, est toute couverte de veines blanches peu élevées, semblables à de gros sillons parallèles allant du nord-est au sud-ouest : ce qui suffirait à prouver, quand même on n'aurait été témoin du fait, que, dans cette contrée, les sables sont surtout chassés du sud-est au nord-ouest. La végétation, très clairsemée, s'y compose presque exclusivement du merkh, de l'âzel et de quelques touffes de hhalfa se montrant de loin en loin sur le dos des veines.

Dans l'après-midi, comme nous nous traînions péniblement sur des dunes, sol mobile, Messaoud me montra sur le sable les traces de deux hommes et de trois chameaux; il y reconnut aussitôt les pieds de son oncle et de ses cousins : Nous ne tarderons pas, me dit-il, à les atteindre, car, à en juger par leurs traces, les chameaux doivent être pesamment chargés.

Nous les rejoignîmes, en effet, vers 4 heures 30 : Messaoud avait bien « diagnostiqué, » les trois chameaux étaient chargés de dix-huit gazelles, à moitié pourries et d'une puanteur abominable.

Très-fatigués, nous campâmes à 5 heures, dans un creux, entre deux veines élevées; ce ne fut pas sans peine qu'on découvrit çà et là quelque peu de bois pour la cuisine.

Cette nudité des sables qu'on remarque dans tout le Sahara autour des lieux habités, a pour cause la paresse de l'Arabe, son insouciance. L'Arabe n'aime pas à peiner, il fait le moins possible, à peine le nécessaire pour lui et pour ses troupeaux : s'il voit un tronc à portée de sa main, il le coupe pour se chauffer ne respectant que de rares arbrisseaux auxquels sa superstition attribue quelque merveilleuse puissance, et où il ne manque jamais d'attacher en passant une frange de ses loques, en manière d'*ex-voto;* si une touffe d'herbe pousse près de sa tente, il l'arrache pour son chameau, et voilà pourquoi la végétation manque souvent dans le Sahara jusqu'à deux journées de marche des centres habités.

Ainsi qu'on l'a vu par ma description des déserts de l'Erg, les sables sont naturellement fertiles : ils contiennent une grande quantité d'humus provenant de la couche végétale qui couvrait autrefois une notable partie du Désert.

L'observateur qui a voyagé de Biskra à Touggourt par une tempête du sud-est, a pu voir l'argile se détacher par croûtes sous les efforts du vent, et s'aller fixer en poussière impalpable, sur les petites dunes au bord de la route. Quand l'argile a été complètement enlevée, elle laisse à nu la carapace gypso-calcaire qui se pulvérise sous l'action des météores et forme ensuite peu à peu les dunes.

Les mêmes faits ont dû se passer dans la région de l'Erg : la croûte végétale a été balayée d'abord, puis la carapace de grès, mise à nu, s'est désagrégée et a formé les dunes ; mais l'humus qui servit de base à ces dunes est sans cesse ramené à la surface, et c'est ce qui explique ces veines noires, terreuses, que j'ai toujours vues après la pluie sur les veines et sur les oughroud. Cette quantité d'humus est encore augmentée par la décomposition des végétaux.

Plus on s'éloigne des bourgades, plus la végétation est belle. Dans les dunes d'antique formation, qui ont cessé de grossir, comme dans celles que des foyers presque éteints n'alimentent plus que faiblement, par exemple entre le Bir-el-Djedid et Rhadamès, on voit des troncs très anciens jusque sur les sommets des oughroud ; parfois aussi de beaux arbrisseaux, fleurissant au printemps, forment de loin en loin de petits bosquets charmants dans ces contrées sauvages. Aux flancs des oughroud et sur les veines, le hhalfa croît par touffes vigoureuses et serrées, tandis que les plaines nues ou les vallées peu sablonneuses n'ont que peu d'arbustes, d'ailleurs épineux, maigres et rabougris.

Dans les dunes récentes, dans celles qu'alimentent des foyers puissants, et qui grossissent encore avec rapidité, comme par exemple dans la partie de l'Erg comprise entre le Bir-el-Achiya, le puits Botthinn et Rhadamès, la végétation, jeune, vigoureuse, mais peu abondante sur les hauteurs, ne comprend guère que des arbustes de croissance rapide, capables de résister à l'ensevelissement par les sables qu'apportent les vents du sud-est. Quand cet ensevelissement est complet, par suite de la continuelle croissance des dunes, du tronc ensablé de l'arbuste sortent de nouvelles racines, et d'un arbrisseau qui, là où il pousse librement, a souvent jusqu'à 3 mètres de hauteur, on n'aperçoit que de jeunes pousses au-dessus de cette marée qui monte sans cesse. Ainsi des dunes de plusieurs centaines de mètres d'élévation peuvent être traversées de la base au faîte par les faibles arbustes autour desquels s'arrêtèrent, il y a des siècles, les premiers grains de sable qui furent les fondements d'un ghourd immense!

Et certes, cette végétation, qui transformera le pays des dunes, serait bien plus serrée déjà si la plupart des pousses qui naissent après les pluies n'étaient aussitôt dévorées par les herbivores, gazelles et autres, qui pullulent dans ces parages.

On trouve pourtant dans les ravins qui serpentent entre les dunes en voie de formation de beaux pieds de hhalfa, ainsi que des arbustes fort âgés. Cette différence vient de ce que le sable transporté par les vents ne s'accumule que sur les sommets. Le hhalfa et les beaux arbrisseaux croissent seulement dans les parties sablonneuses des dépressions; quant aux arbustes qui poussent sur le calcaire nu, ils sont toujours rabougris, sauf deux ou trois espèces.

Le samedi 20 mars, nous marchions joyeusement dès 4 heures du matin; c'était notre dernière journée dans l'Erg. Des *Vaux boisés* ou *broussailleux de la gazelle* (*Chouchat-Aoudaïat-el-Rhazal*), nous allâmes au *Bir-Baggam*, puits à moitié comblé par les sables, ainsi nommé d'une plante tinctoriale, et de là à *Enn-Nakhla* ou *le Palmier*, qui n'est pas une oasis à proprement parler : c'est plutôt une suite de petits jardins de palmiers disséminés entre de hautes veines de sable, sur la crête desquelles on a planté des haies de *djerids*[1] pour empêcher l'ensablement des jardins. L'eau des puits d'Enn-Nakhla est délicieuse.

Comment dire la joie du voyageur qui sort de la roche et du sable sans ombre et sans eau courante, du pays des puits saumâtres et corrompus, pour entrer dans la glorieuse forêt des palmes, dans ce Souf où les eaux sont limpides et fraîches. Heureux et fier, il me semblait renaître.

Mes compagnons, non moins enthousiasmés, firent parler la poudre en signe de réjouissance. Ces rudes enfants du Désert rayonnaient : la joie débordait de leur cœur à la pensée qu'ils allaient revoir leurs humbles gourbis.

Nous franchîmes les hautes veines absolument vierges de végétation qui dominent, de ce côté, la vallée du Souf. On dirait une mer courroucée dont les flots, soulevés comme des montagnes, ont été subitement pétrifiés au moment où ils allaient s'abattre.

A 8 heures 35, nous entrions dans les jardins d'Amiech.

[1] جريد *Djerid, branche de palmier*, dérive de la racine جَرَدَ *djarada* qui signifie *dépouiller un arbre*.

CHAPITRE III

Entrée à El Oued. — Le Khalifa et le Cadi. — Le Souf; le vieux fleuve Triton. — Les fosses à palmiers. — Villes et bourgades. — El Oued. — Origine des Souafa, leurs qualités, leurs mœurs. — Industrie et commerce. — Le retour.

L'un de mes compagnons, le plus intelligent, Aoun ben Menacer, qui précisément était d'Amiech, nous devança pour aller annoncer notre arrivée à Si Mehhemet ben Touati, khalifa d'El Oued, sous les ordres de l'Agha de Touggourt.

Vers 11 heures, une troupe s'avançait à ma rencontre : c'était le khalifa, suivi de mon vieil ami le cadi Si Aïssa ben Ahhmed es Smati el Djellali, et de plusieurs cheikhs et notables du pays.

La réception fut des plus cordiales. On me conduisit à la casba où l'on m'offrit du lait, des figues, des dattes, des oranges.

Le khalifa et le cadi protestèrent que ce jour resterait gravé dans leur mémoire : le matin même un courrier de l'agha de Touggourt leur avait apporté le sceau, emblème de leur dignité.

Si Mehhemet ben Touati, que j'avais entendu louer

par les Rebâïa mes compagnons de voyage, est un homme de 45 ans environ, court de taille, d'un embonpoint assez prononcé, d'un aspect agréable, sympathique même; l'ensemble de sa physionomie dénote l'intelligence; sa bonne figure ronde, encadrée d'une courte barbe grisonnante, respire en même temps la franchise et la dignité. Les Souafa vantent la loyauté de son administration, l'impartialité de sa justice.

Mon ami le cadi était ravi de me voir :

« Comme tu es devenu noir! me dit-il; tu as dû bien souffrir dans les dunes? Aujourd'hui tu es l'hôte du khalifa, demain tu viendras chez moi; nous t'attendons avec impatience et nous te gardons, depuis quinze jours, une galette qu'on m'a envoyée de Tunis.

De mes trois chameliers, deux me quittèrent à El Oued, Aoun et Messaoud, pour aller rejoindre leurs familles quelque part dans le Désert; le troisième, Bel Kacem ben Bachir, se déclara prêt à me conduire à Touggourt, voire au delà, et s'engagea à me procurer les deux chameaux dont j'aurais besoin, le sien non compris.

Mon serviteur Ali profita de ce jour de repos pour aller voir sa famille, à El Guemar, petite ville du Souf, située au nord-ouest d'El Oued : il devait être de retour le lendemain matin, pour le départ.

Mais une pluie torrentielle qui tomba toute la nuit et la plus grande partie de la matinée vint mettre obstacle à mon départ que je renvoyai au 23.

Parlons du Souf, puisque j'y reste un jour de plus.

Le Souf est situé entre 4 et 5 degrés de longitude orientale et entre 33 et 34 degrés de latitude septentrionale; ou plus exactement : à 110 kilomètres à l'est de l'Oued-Rirh, à 185 kilomètres au sud-sud-est de Biskra, et à 105 kilomètres à l'est-nord-est de Touggourt, toutes distances calculées à vol d'oiseau.

El-Oued. — Vue générale.

C'est, en somme, une étroite vallée dont la partie méridionale est occupée par le village et les jardins d'Amiech. Elle se bifurque à partir d'El Oued : une branche se dirige vers le nord-nord-ouest, et l'autre directement au nord. La plus grande longueur de la partie cultivée ne dépasse pas 30 kilomètres.

Cette vallée n'est autre que la partie inférieure du lit de l'ancien fleuve Triton qui, au dire des anciens géographes, prenait sa source près de la gorge Garamantique (Rhât), traversait le lac Nuba (peut-être la Sebkha de Rhadamès) et se rendait dans le lac Triton.

La position du fleuve Triton est très clairement indiquée par Hérodote lorsqu'il dit par exemple :

« Les Machlyes confinent, du côté de la mer (au sud de la petite Syrte), aux Lotophages, et font usage, comme eux, du fruit du lotus, mais moins exclusivement. *Ils habitent les bords d'un très grand fleuve qui porte le nom de Triton, et se jette dans un vaste lac* (*le lac Triton*). Au milieu est une île appelée île de Phla, où les naturels du pays prétendent que les Lacédémoniens, sur la foi d'un oracle, devaient envoyer une colonie[1]. »

En outre, il est de tradition, chez les Arabes, que le pays des Throud (le Souf) était autrefois fécondé par les eaux du Nil[2], et il existe des manuscrits qui en font foi[3].

Depuis, le lit de ce fleuve a disparu sous les sables, excepté, comme je viens de le dire, dans la partie infé-

[1] Hérodote, trad. de A.-F. Miot. Paris, Firmin-Didot.

[2] نيل Nil est un nom générique que les Arabes donnent à tous les grands fleuves ; ainsi le *Nil d'Égypte*, le *Niger*, l'*Indus*, etc., portent également le nom de *Nil*, auquel on a ajouté un nom distinctif. *Nil*, qui signifie *bienfaisant*, dérive de la racine نال *nala*, *être généreux*, *bienfaisant*, *donner*.

[3] Voyez, par exemple, dans la *Flore saharienne* (*Histoires et légendes*), l'*histoire des Throud*. — Paris, Genève et Neuchatel, Sandoz et Firschbacher, éditeurs.

rieure de son bassin, qui forme la vallée du Souf. Celle-ci, bien que fort exhaussée par les apports des vents, n'a pas encore été, grâce à d'incessants travaux, ensevelie par les dunes, qui se dressent à droite et à gauche, comme des vagues menaçantes.

D'un côté de la vallée s'élèvent les villes et les villages; de l'autre côté sont creusés les jardins.

Les Souafa n'ont pas de puits artésiens comme les gens de l'Oued-Rirh; c'est par un autre moyen qu'ils amènent à la surface les eaux souterraines de l'oued Souf.

Ils creusent patiemment, dans le sol sablo-gypseux, une fosse profonde de 15 mètres en moyenne, c'est-à-dire allant jusqu'à la nappe souterraine; dès qu'on a rencontré cette nappe, on élargit la fosse suivant les proportions qu'on veut donner au jardin, et l'on y plante les palmiers, dont les racines plongent ainsi constamment dans la nappe liquide pendant que la tête se nourrit d'air et de soleil. Ces palmiers sont donc plantés dans les meilleures conditions, puisque, pour produire d'excellents fruits, il faut, disent les Arabes, « qu'ils aient les pieds dans l'eau et la tête dans le feu. »

On voit de ces jardins qui ont jusqu'à 200 palmiers. Le propriétaire n'a pas de plus pressant souci que de faire enlever après chaque récolte les sables que le vent y a charriés pendant l'année; les déblais, qui forment autour de chaque jardin des monticules élevés, sont consolidés par des haies en branches de palmier, dont on garnit aussi les dunes qui bordent la vallée, afin de maintenir les sables sur l'escarpement; ces haies doivent être renouvelées à mesure que les déblais augmentent, que les dunes grossissent. Ainsi, dans ce curieux pays, l'on ne voit partout que têtes de palmiers émergeant par bouquets au-dessus des hautes *veines* de sable qui semblent près de les engloutir.

Vue des jardins du Souf.

Pour l'évaluation du prix de la propriété, dans le Souf, on se base sur le nombre de palmiers que renferme un jardin. Le cadi d'El Oued m'a dit avoir vendu l'un de ces jardins à raison de 500 francs par tête de palmier; mais la moyenne est de 300 francs, ce qui est fort honnête. Chaque tête de palmier paie 35 centimes d'impôt. Il y a dans le Souf 136,000 palmiers.

Les palmiers du Souf donnent des dattes de plusieurs espèces; mais les plus estimées sont les *Deglat-enn-nour*, qui se vendent en moyenne 40 francs le quintal métrique[1] à Rhadamès et à Biskra, où elles sont transportées à dos de chameaux.

Viennent ensuite les *rhars* qui sont moins estimées.

A part le palmier, on cultive encore la garance, le tabac, le henné, l'orge, l'oranger, le figuier, la vigne, l'abricotier, la carotte, l'oignon, les pastèques, les pommes de terre[2], etc.

Ces cultures se font habituellement dans des jardins à part, en dehors des plantations de palmiers; comme ici l'arrosage est indispensable, il y a toujours près des jardins des puits dont on tire l'eau par une bascule montée sur une fourche en palmier. L'eau du Souf est excellente.

Le Souf comprend 3 villes principales et 7 bourgs ou villages. Les villes principales sont : El Oued (*la Vallée*), Kouininn (*la Cachée*), El Guemar (*la Brillante*); viennent ensuite : Amiech (*les Mélanges*), Bou Hermès (*l'Homme*

[1] Les dattes que nous vendent nos marchands sont généralement de mauvais fruits des Zibaan, que ces honorables industriels trempent dans un sirop pour leur donner le goût sûcré, l'apparence diaphane. Ce sont ces dattes-là que les Arabes font manger à leurs chameaux.

[2] Culture nouvelle, qui date de deux ans : elle réussit admirablement bien. J'espère qu'il en sera de même à Rhadamès, où j'ai donné des pommes de terre à deux propriétaires de jardins.

austère), Ez Zeggoum[1] (*le mets succulent*), Behima (*l'Anesse*), Tarhzout (*d'où l'on part pour la guerre*), Djebila (*la Grasse*), et Sidi Aoun (*Monseigneur Aoun*) : tous ces centres sont reliés par des lignes de maisons échelonnées sur les routes. Les habitations sont toujours construites sur la hauteur, en dehors des jardins.

Quand un Soufi veut bâtir une maison, il convoque le ban et l'arrière-ban de ses amis. Tous, gaillardement, se mettent à l'œuvre, et l'édifice, commencé le matin, doit être achevé le soir, sans quoi il resterait en plan jusqu'à ce que les amis, suffisamment refaits des efforts extraordinaires de cette journée de travail, se décident à secouer leur paresse : ce qui pourrait bien prendre un an, ou plus ; et si la pluie survenait entre temps, il faudrait tout recommencer.

Ces maisons, on le comprend assez, ne sont pas des monuments plus durables que l'airain ; toutefois, vues du dehors, elles ont un certain air d'élégance et de propreté qu'on ne trouve pas dans l'Oued-Rirh. Leur longueur est de 7 à 8 mètres, leur largeur de 1 mètre 50 à 2 mètres, leur hauteur celle d'un homme de moyenne taille ; ne serait-il pas trop pénible de dresser un échafaudage ? Les Souafa jugent inutile de donner à leurs demeures plus d'élévation que ce qu'il faut pour se tenir debout ; ils préfèrent même creuser le sol en dedans que de bâtir de grands murs en dehors.

Ces maisons sont en moellons bruts de calcaire enduits de chaux ; les murs, peu épais à la base, vont s'amincissant jusqu'au toit, lequel se compose de trois ou quatre petits dômes supportés par des poutres en palmiers ; la porte, très étroite, peut à peine donner passage à un

[1] Le *zeggoum* est un mets composé de crème et de dattes pétries ensemble.

homme plié en deux; de croisées, point : à moins qu'on ne veuille donner ce nom à un tout petit trou près de la porte, trou qui est plutôt un tuyau de cheminée, puisque c'est la seule issue par laquelle la fumée s'échappe. L'ameublement intérieur est des plus simples : à l'une des extrémités, deux ou trois grandes jarres en argile où sont conservées les provisions de dattes et de farine, et quelques piquets *enfoncés dans la muraille pour* la suspension des hardes et des armes. Le sable remplace le pavage, et de temps à autre une nouvelle couche de sable, ajoutée par la ménagère, supplée au balayage.

El Oued, principal centre du Souf, comprend un millier de petites maisons de cette espèce, aussi n'y a-t-il qu'à se lever sur la pointe des pieds pour la dominer tout entière. Les seules constructions un peu remarquables sont la casba, vaste enceinte crénelée, avec deux bastions (elle comprend la maison du khalifa) et une mosquée dont le minaret élancé s'aperçoit de fort loin. Les rues sont assez larges, mais tortueuses; le vent s'y charge de la propreté en y apportant du sable qui recouvre les ordures.

Je crois les Souafa issus d'un mélange d'Arabes et de Berbères, mais l'élément berbère domine. Leurs principales tribus sont les Throud et les Rebâïa.

D'après certains écrivains arabes, le nom de ضرود *Throud* ou de ضريد *Thrid* (comme on les appelle aussi), signifierait *les chassés, les bannis*, et dériverait de la racine ضَرَدَ *tharada, chasser, repousser.*

Ibn Khaldoun fait descendre les Throud de la grande tribu arabe des Beni Soleïm ibn Mannsour. Cette grande tribu des Soleïm qui, d'après l'historien des Berbères, habitait jadis la partie de l'Arabie Nedjed, se faisait redouter par son esprit d'insubordination et de brigandage.

Proscrits de l'Arabie par un khalife de Bagdad, elle partit pour la Haute-Égypte, d'où El Mostanncer la fit transporter en Ifrikia par son visir El Yazouri, avec mission d'aller combattre la dynastie des Sanhadja, qui refusait de reconnaître la suprématie des Fatémides (581 de l'Hégire, 1185 de J. Ch.) Plus tard, vers le milieu du XIIIe siècle, l'émir Yarhmoracenn, fatigué de leurs brigandages, les dispersa dans le Désert.

Quoi qu'il en soit de ces origines, si le Soufi se rapproche de l'Arabe par le physique, il s'en éloigne absolument par le moral : il est d'un naturel très gai, comprenant et aimant la plaisanterie, fort hospitalier et, quoique très religieux, tolérant pour les autres religions. Les Juifs ne sont point persécutés au Souf.

Les Souafa sont généralement honnêtes : tout voleur est impitoyablement chassé du pays, après avoir reçu la bastonnade. Or ici un voleur a peu de chances de rester impuni : les Souafa reconnaissent infailliblement de qui viennent les traces laissées sur le sable, à moins qu'elles ne soient celles d'un étranger, et encore sauront-ils dans ce cas à quelle nation, à quelle tribu cet étranger appartient.

Le costume des Souafa, hommes et femmes, est celui de tous les Arabes sahariens : mais ici (quoique la polygamie soit en honneur) le sexe faible jouit d'une certaine liberté ; il n'est même pas rare de voir des femmes et des jeunes filles se promener par les rues.

Les mœurs sont relâchées, grâce aux vagabondes habitudes des hommes qui s'en vont, les uns dans les villes du Tell pour exercer différentes industries, les autres (comme les Rebâïa) dans les dunes de l'Erg pour chasser la gazelle.

Les nomades du Souf étant riches en troupeaux, le pays fait un grand commerce de laines, qui s'expédient vers la Tunisie, et en moindre partie sur Biskra, Constantine et Rhadamès.

La fabrication des tissus est la principale industrie : les femmes font mouvoir près de 5000 métiers pour bernous, hhaïks, eksas, tapis, qui ne manquent pas d'élégance.

Les femmes faisant ici, comme partout ailleurs en pays arabe, à peu près tout l'ouvrage, sauf chasse et guerre, un homme a intérêt à prendre plusieurs femmes : ce sont autant d'ouvrières habiles qui lui procurent de beaux bénéfices. Pendant que ses moitiés travaillent (il serait plus exact de dire ses cinquièmes, puisque souvent il a quatre femmes), le mari fume gravement sa pipe en humant une tasse de *qahoua* (café), que lui apporte de temps en temps son voisin le *qahouadji* (cafetier).

Tous les tissus qui se vendent au Souf viennent de Tunis par le Djerid; ils portent tous des marques anglaises sauf les draps qui viennent d'Allemagne. Les Souafa ne prennent à Biskra que la bougie, le sucre et le café dont ils font une grande consommation. Les objets d'art, les ornements des femmes et jusqu'à la farine sont fournis par la Tunisie.

Je me remis donc en marche le mardi 23, par une splendide matinée, ayant pour chameliers Bel Kacem ben Bachir et deux de ses parents. Le khalifa, le cadi et plusieurs cheikhs m'accompagnèrent assez longtemps : ces braves gens avaient bourré mes tellis d'une quantité de vivres qui aurait suffi pour un long voyage.

Le 24, l'étape devait être longue, le vent du sud-est soufflait et la marche sur les sables était difficile : dans ces conditions, j'acceptai volontiers la belle mule que m'offrait Sidi Ali ben Azzouz, fils du marabout de Nefta (Tunisie) : ce grand personnage m'avait rencontré la veille et m'avait demandé d'accepter sa compagnie jusqu'à Touggourt.

Laissant Sidi Ali ben Azzouz, ses gens et les miens en arrière — car j'avais prévenu l'agha de Touggourt de mon arrivée ce jour-là — je partis avec le guide de Sidi Ali. Après une course effrénée pendant laquelle je roulai plus de dix fois du haut de ma mule sur les dunes, j'aperçus, vers les trois heures, une troupe de cavaliers descendant dans le lit de l'Igharghar, à l'endroit où le *fleuve mort* se confond avec le chotth qui est à l'est de Touggourt.

C'était Mohhammed ben Driss, avec ses frères, son secrétaire et des cavaliers de son makhzenn.

Une heure après, nous étions gaiement assis autour d'une table somptueusement garnie : du moins, elle me parut telle, car il y avait longtemps que je n'avais vu de table mise avec nappe et serviettes, et ma joie était grande de me retrouver au milieu d'amis.

Quittant Touggourt le 30, j'étais, le 31, à Ourhlana : M. de Lillo, l'officier chargé de la direction des sondages, me fit l'amitié de m'inviter à passer la journée avec lui. Nous allâmes ensemble en pèlerinage au modeste monument élevé à la mémoire de M. le lieutenant Lehaut, mort, le 13 mai 1860, victime de son dévouement à l'œuvre des sondages dans le Désert.

On ne saurait trop admirer le courage de ces officiers, esclaves du devoir et de l'honneur : ils consument le meilleur de leur jeunesse dans ces solitudes malsaines, loin de toute société civilisée, avec la certitude d'y laisser la santé, quelquefois la vie.

Le 4 avril j'étais à Biskra. M. le commandant Crouzet ne me reconnut pas tout d'abord, tant mon visage avait noirci.

Je me séparai d'Ali malgré moi : ce bon, ce fidèle serviteur voulait m'accompagner en France; je ne pus l'emmener, faute d'argent.

CONCLUSIONS

En 1875, je terminais la première édition de cet ouvrage par des conclusions que je reproduis en les résumant, afin de me ménager l'espace nécessaire pour parler des derniers événements et de la situation nouvelle qui nous est faite en Afrique :

« Après avoir vu la route de Rhadamès au Souf et m'être rendu compte des difficultés qu'elle présente, je crois que la création d'une voie directe, partant d'Ouargla, suivant la vallée de l'Oued-Miyâ, passant par Aïn-Çalahh et par les lacs d'Ez-Ziza et d'Anafis pour aller aboutir à Tombouktou sur les bords du Niger, serait le meilleur moyen de relier l'Algérie au Soudan et d'attirer vers notre belle colonie la plus grande partie du commerce qui lui échappe actuellement. Cette route présente l'immense avantage de ne jamais s'écarter beaucoup des lignes d'eau et de se prêter, lorsque le moment en sera venu, à l'établissement d'une voie ferrée, mais elle a par ailleurs l'inconvénient de passer dans l'oasis d'Aïn-Çalahh, dont les Marocains pourraient être poussés à nous disputer la possession.

« Dans le cas où il ne nous conviendrait pas de surmonter dès maintenant cette difficulté, on pourrait établir une voie centrale par le bassin de l'Igharghar et le Hhoggar : voie qui, arrivée au Hoggar, se bifurquerait, d'une part vers le Soudan oriental par l'Aïr, et d'autre part vers Tombouktou par l'oued Tarhit.

« Cette route commence à être envahie par les sables, et elle traverse le plateau central, où des travaux d'art seront nécessaires.

« Pour arrêter l'envahissement des sables, il n'y a d'autre remède que de forer une succession de puits artésiens dans le bassin de l'ancien fleuve, et de faire des semis sur les dunes de l'est.

« Quant aux Touareg, ils verraient bientôt que l'établissement de cette voie commerciale serait pour eux d'un grand avantage. Leurs mœurs et leurs préjugés de race s'opposent à ce qu'ils deviennent commerçants ; mais ils ont toutes les aptitudes voulues pour devenir d'excellents gendarmes, et c'est à faire la police du Grand-Désert que nous pourrions les employer.

« Je crois qu'il faut chercher, avant tout, à attirer vers le sud de l'Algérie les caravanes qui s'en écartent actuellement. Or, le meilleur moyen d'appeler à nous ces caravanes, c'est d'établir des comptoirs et de créer de grandes foires annuelles dans les oasis du Sahara algérien....

« Quant à moi, en attendant que nos Chambres de commerce sortent de leur indifférence, je me propose de conduire à Rhadamès, au mois de novembre 1875, des hommes de bonne volonté, munis de pacotilles.

Ces Messieurs, outre qu'ils se rendront compte de l'exactitude des renseignements recueillis, engageront les premières relations commerciales, puis conduiront et guideront en France les négociants de Rhadamès qui désirent y faire des achats... »

Comme je l'ai exposé dans la préface du présent ouvrage, j'ai fait ce voyage, de novembre 1875 à mars 1876. Différentes causes, et, je crains, de misérables intrigues, en ont anéanti ou du moins retardé les effets.

En 1877, j'ai aussi exploré la vallée de l'Oued-Miyâ, la plus belle qui s'ouvre au sud de l'Algérie pour gagner le Sahara central. Mais, là aussi, je n'ai pas été heureux : précédé peut-être par des calomnies, j'ai dû battre en retraite devant les bandes menaçantes des Touareg et des Oulad-Sidi-Cheikh.

Malgré tout, le « Transsaharien » n'est plus regardé comme une pure utopie, on ne traite plus de fous ceux qui l'ont « inventé »; le gouvernement, le parlement s'y sont intéressés, et de fortes sommes ont été votées pour les études préalables. Mais une catastrophe a brusquement interrompu ces études.

Le massacre de la mission Flatters, l'insurrection du Sud oranais, la main-mise sur la Tunisie, voilà les trois grands événements de 1881 à la lueur desquels il convient d'envisager l'avenir. Je ne crois pas, pour ma part, qu'ils aient pour cause un réveil général du monde musulman. L'Islam n'est plus qu'un corps agonisant secoué par la convulsion suprême.

De tout temps, la frontière orientale de l'Algérie (pour ne parler que de celle-là) a été exposée aux incursions des hordes tunisiennes, et il n'y a jamais eu, de ce côté, aucune sécurité pour nos colons ou pour nos tribus. Quant au Djerid tunisien, c'était le refuge favori des bandits échappés de notre territoire, et ces bandits guidaient chez nous les pillards étrangers. Dans le Sahara algérien plus encore que dans le Tell, où la frontière était mieux gardée, chaque jour amenait des razzias, des égorgements.

Malgré le bon vouloir dont il fit souvent preuve quand notre influence était sans rivale à Tunis, le bey Mohhammed-es-Çadoq (le Véridique) lui-même ne put jamais arrêter ces brigandages : aussi avait-il été plusieurs fois question (déjà même sous le gouvernement précédent) d'occuper militairement certains points de la Tunisie, afin de maintenir les tribus pillardes : on hésitait parce que le bey était notre allié, soi-disant notre ami.

Mais, dans ces derniers temps, Mohhammed-le-Véridique, travaillé par des intrigants de haut et bas parage, se retourna peu à peu contre nous et devint sourdement hostile à la France.

Enhardis par son appui caché, puissamment aidés par des ordres religieux fanatiques tels que les Snoussi, les Oulad-Sidi-Cheikh, et peut-être aussi par les chefs de la grande zaouïa de Nefta, nos ennemis organisèrent, de la Tripolitaine au Maroc, une vaste conspiration anti-française ; leur organe, *le Mostakel*, partout répandu à profusion, fit croire aux Arabes que nous étions la risée de l'Europe et qu'on pouvait nous braver sans péril.

Cette malheureuse propagande eut de sanglants effets : les agressions des Kroumirs[1], l'insurrection du Sud oranais, enfin, dans une certaine mesure, le massacre de la mission Flatters.

Le bey, poussé par l'étranger, étant devenu l'ennemi de la France et de l'Algérie, il fallait, sous peine d'entretenir à tout jamais une grande armée sur la frontière de la province de Contantine, réduire ce potentat à l'état de vasselage officiel, et, comme on l'a dit à la tribune française, prendre les clefs de la maison. C'est ce qui a été fait par le traité de protectorat signé le 12 mai 1881, à Ksar-Saïd.

L'occupation de la Tunisie est une mesure aussi légitime que le fut la prise d'Alger.

Honneur donc au « grand consul » qui, tenant haut et ferme le drapeau français, a préparé le triomphe de la France à Tunis ! son nom est cher à tous les hommes de cœur qui ont souci de la grandeur et de la prospérité de la patrie. Rien ne peut ternir l'éclat de ses services, et l'histoire lui rendra témoignage.

L'insurrection du Sud oranais semble également avoir

[1] Régulièrement *Khoumir*, nom donné à un *pays montagneux et boisé où il est facile de se cacher*, et, par extension, aux habitants de ce pays. — Dérive de *khamara* qui, à la 4e forme, signifie *être rempli de caches* (en parlant d'un pays).

eu pour cause première les déplorables intrigues tunisiennes.

Cette insurrection, signalée par le massacre des alfatiers, fût peut-être demeurée à l'état de fermentation sans des négligences coupables; mais le massacre de la mission Flatters ne se rattache que faiblement (c'est mon avis) à la propagande anti-française. Sans doute, quelques individus, quelques tribus peut-être chez les Touareg ont pu croire à notre impuissance, à notre sénilité, les agents tunisiens et tripolitains ont pu soulever contre nous quelques haînes; il n'en est pas moins vrai que la plupart des guides de la mission lui sont restés fidèles, et que quelques-uns ont payé ce dévouement de leur vie.

La mission serait probablement revenue saine et sauve sans l'imprudence qui la fit tomber dans un guet-apens maladroit.

Il n'est pas probable que M. Flatters fût trahi dès son départ d'Ouargla, mais certes il avait été bien mal renseigné, puisqu'il se trouvait parmi ses guides Châamba des scélérats bien connus, toujours en quête de mauvais coups : Cerhir ben Cheikh, par exemple, est bel et bien un bandit de profession, ancien émigré de 1871, connaissant parfaitement le Hoggar, où il a pris femme. Pour ma part, j'avais refusé de l'emmener en 1877.

Ces misérables n'avaient sans doute aucun plan arrêté au départ, mais ils pensaient profiter de l'occasion, du hasard.

Le massacre fut combiné, je pense, au Hhoggar même, où se trouvaient alors le fameux Bou-Saïd ben el Ghaouti, l'assassin de Dourneaux-Dupéré, grand ami de Cerhir ben Cheikh, ainsi que d'autres Châamba dissidents, émigrés de 1871.

Les Touareg, en général, accueillirent bien l'expédition; mais, comme l'atteste le colonel lui-même, dans une lettre à M. Duveyrier, « ils ne se souciaient guère de montrer le pays » dont la mission n'a sans doute traversé que les parties les plus arides.

L'expédition, augmentée de guides touareg parmi lesquels s'étaient glissés quelques conjurés, se dirigea vers le puits d'Assiou, entre Idelès et l'Aïr, où les bandits s'étaient eux-mêmes donné rendez-vous.

Il est, pour voyager dans le Sahara, une règle de prudence élémentaire que les caravanes arabes oublient quelquefois, quoiqu'il leur en cuise, mais dont il n'est permis de s'écarter à aucun explorateur européen.

Neuf fois sur dix, c'est près des puits que les bandits guettent les voyageurs. Or, s'il est nécessaire de faire éclairer une caravane en marche par des mahara, il est indispensable, quand on approche d'un puits, d'en envoyer épier les alentours jusqu'à deux ou trois heures de marche en tous sens. Il est même prudent de n'employer pour une reconnaissance de ce genre que des hommes éprouvés, appartenant à des tribus divisées d'intérêts, afin qu'ils ne puissent s'entendre dans le cas où quelques-uns auraient des idées de trahison.

Il n'apparaît pas que le colonel ait ainsi agi : épuisé sans doute par la fatigue et les privations, atteint peut-être d'un accès de fièvre qui lui enlevait une partie de son énergie et de ses facultés (car comment expliquer autrement une telle imprudence?), non seulement il méprisa les conseils de ceux de ses guides qui lui assuraient qu'il était trahi, mais encore, laissant son escorte en arrière, il se dirigea vers le puits avec les membres de la mission, accompagné seulement d'un petit groupe d'indigènes parmi lesquels se trouvaient les traîtres. Autre et grave insouciance : arrivés près du puits, les explorateurs se dispersèrent pour se livrer à leurs observations.

Les bandits purent donc frapper à l'aise. Le colonel et quelques-uns des guides se défendirent, mais que pouvaient-ils contre le nombre? On dit que des tirailleurs de l'escorte que la soif, sans doute, appelait vers le puits, furent témoins du massacre et qu'ils tirèrent sur les assaillants : ils en tuèrent plusieurs, mais ils durent se retirer après avoir épuisé leurs quelques cartouches. Si le colonel Flatters eût pris la précaution de faire reconnaître les alentours du puits, ou si même, ayant négligé de le faire, il eût marché vers le puits avec ses 49 tirailleurs et tous ses chameliers, les Touareg n'auraient jamais osé l'attaquer, ou, s'ils l'eussent tenté, leur punition eût égalé leur audace. La mission n'aurait plus eu à redouter aucune attaque de leur part.

Quelle situation nous est faite en Afrique par ces derniers événements ?

Du côté de la Tunisie, d'abord, la paix est assurée, et l'ocupation des ports de mer nous garantit contre une intervention européenne; puis, de même que par la possession de Temacinn dans le Sahara algérien, nous nous sommes assujetti les chefs de l'ordre religieux d'Ett Tidjani, la prise de Nefta dans le Sahara tunisien soumet à notre juridiction les directeurs de la zaouïa des *Khouann*, cet ordre si répandu, si redoutable, dont les affiliés mirent, en 1871, notre domination en péril; enfin, de ce côté, libre parcours du Sahara, où nous n'avons plus pour voisins que les Turcs de Rhadamès et de Rhât. Sans doute, les intrigants de Tunis transporteront à Tripoli, et peut-être à Constantinople même, le siège de leurs machinations; avec l'aide des Snoussi, ils chercheront encore à nuire à la France d'Afrique, mais, si désagréable que soit le voisinage des Turcs, il est préférable à celui des tribus nomades.

Du côté du Maroc, même situation troublée et incertaine jusqu'à ce que la France prenne cet empire ou le partage avec l'Espagne (ce qui serait une lourde faute, car le Tell africain est un et indivisible), ou jusqu'à ce que nous nous décidions à occuper au moins Figuig, l'Aouguerout et le Touât, refuges de nos ennemis les plus ardents et les plus acharnés, les fameux marabouts de l'ordre de Sidi-Cheikh.

Dans le Sahara central, cruelles appréhensions chez les Touareg, qui craignent la vengeance immédiate du désastre de la mission Flatters, mais aussi redoublement de haine de la part de ceux qui, de près ou de loin, ont participé à ce massacre, et perte de notre prestige jusqu'à l'heure du châtiment. Puisse l'heure être prochaine, et le châtiment terrible !

Dans les conditions ordinaires, aucun explorateur ne pourrait aujourd'hui se frayer un passage au delà du 30e degré de latitude nord ; de là, nécessité de procéder par des expéditions militaires, ou du moins conduites militairement[1]. Il faut absolument, après avoir châtié les coupables, occuper le Hoggar à poste fixe. Alors le Grand-Sud sera libre devant nous et les portes du Soudan ouvertes.

« Jamais l'avenir de la France n'a été aussi clairement « indiqué qu'aujourd'hui, m'écrivait dernièrement « M. Onésime Reclus. Plus nous nous engageons en « Afrique, plus nous marchons dans le sens de nos « vraies destinées : le Tchad et le Niger sont moins loin « que le Rhin, et le transsaharien vaut mille fois le grand « tunnel de la Manche, le chemin de fer du Simplon, le « canal de Bordeaux à Cette, et autres inutilités pom- « peuses. Le Soudan, c'est pour nous la perle de grand « prix ! »

Le Hoggar, future forteresse de la France au cœur du Désert, est une contrée très salubre, presque tempérée en été, plutôt froide en hiver, où des tribus blondes se sont conservées sans altération pendant des siècles ; il est sillonné de vallons arrosés, fertiles, où des postes peuvent s'élever dans les meilleures conditions.

La distance est grande, sans doute, d'Algérie en Hoggar : elle est de 275 lieues ; mais, à partir d'Ouargla, il n'y a plus que 200 lieues, et partout sur, ou plutôt sous la route, l'eau coule ou dort à une faible profondeur.

[1] Ces lignes étaient à peines écrites que déjà les journaux annonçaient l'assassinat, près de Rhadamès, de l'abbé Richard et de ses deux compagnons. Tous ceux qui ont tenté, après moi, d'explorer le Sahara, y ont succombé !...

On pourrait, dans celle de ces deux vallées que suivra la voie ferrée, Igharghar ou Miyâ, commencer dès à présent la construction de *qçour* ou villages fortifiés, espacés d'une journée de marche, et peuplés d'un noyau de volontaires français auxquels se joindraient bientôt des Nègres cultivateurs. Puisque l'on trouve des hommes pour aller dans les deltas des fleuves soudaniens mourir de la fièvre et de la dysenterie, à plus forte raison en trouvera-t-on pour aller respirer l'air pur du grand Sahara !

Ces *qçour*, à mesure qu'ils s'élèveraient, deviendraient autant de stations du chemin de fer, et leur création serait assurément moins dispendieuse que celle des stations du Soudan.

Cette œuvre devrait être entreprise par une association d'hommes dévoués qui se donnerait le nom d'*Association pour le peuplement et la culture des vallées sahariennes*. Les cotisations annuelles, les dons, les subventions de l'Etat, des Chambres de commerce et des départements algériens, etc., telles seraient les ressources de cette grande entreprise nationale. Au bout d'un certain temps, chaque *qçar* ou village rembourserait peu à peu les sommes dépensées pour lui.

Voilà, dans ses grandes lignes, le projet que je soumets aux lecteurs de cet ouvrage. Je le répète en terminant : Notre avenir, à nous Français, est en Afrique. D'immenses territoires, et non des moins riches et des moins salubres, s'étendent entre le lac Tchad et nos établissements du Sénégal. Nul ne peut nous les disputer.

Laissons nos rivaux tourner autour des côtes, et marchons droit au sud : la route est plus sûre et plus droite que celle de la mer, et nous en sommes les seuls maîtres !

Niort, le 31 décembre 1881.

V. LARGEAU.

TABLE DES MATIÈRES

PREMIÈRE PARTIE

LES ZIBAN. — L'OUED-RIRH.

DEUXIÈME PARTIE

LE HAMADA OU DÉSERT DE PIERRES. — L'IGHARGHAR. LES GRANDES DUNES DE L'ERG.

dans les creux du grès. — La Sebkhat-el-Malahh. — L'oasis de Zaouïa. — Les Foqaqir. 187

TROISIÈME PARTIE

RHADAMÈS — LES TOUAREG.

CHAPITRE I. — Entrée « triomphale » à Rhadamès. — Conférence intime avec les autorités. — Si Mohhammed bou Aïcha, caïmacam de Rhadamès. — Visite à Si El Hhadj Attiya. — Impossibilité de dépasser Rhadamès dans la direction de Rhât. 199

CHAPITRE II. — Origine de Rhadamès, la *Cydamus* des Romains. — Les Atryas, descendants des Égyptiens. — Légende de la fondation de Rhadamès. — La ville, les ruelles, les maisons. — Aïn-el-Fers. — Mœurs et coutumes, caractère, costumes, mariages, climat. — Insuffisance des eaux. — Marchés, industries. 209

CHAPITRE III. — État politique de Rhadamès. — Administration. — Impôts. — Excursions aux environs. — Le plateau rouge (*Hamadat-el-Hhômra*). — Les « Idoles », tombeaux des anciens rois du pays. — Tour antique ou *Nur-Hag*. 233

CHAPITRE IV. — Commerce. — Traite des noirs. — Itinéraires des caravanes. 243

CHAPITRE V. — Le Simoum. — Considérations sur l'origine des dunes au pays de Rhadamès. — Le Sahara : ce qu'il fut, ce qu'il pourrait, ce qu'il devrait devenir. — Un jugement sommaire. 257

CHAPITRE VI. — Les Touareg et les Imoucharh : leurs origines, leur histoire. — Les Azguer et les Hhoggarenn. — Les nobles et les serfs. — Mœurs et coutumes. — Leurs querelles et leurs guerres. 267

CHAPITRE VII. — Adieux de mon guide. — Visite aux ruines de Tekout. — Je cherche et trouve un nouveau guide, Bel Kacem ben Bachir. — Une diffa avec plat « pantagruélesque ». — Conférence politique et commerciale avec les notables. — Projet de traité de commerce entre les Français et les Rhadamésiens. — Départ pour le Souf. 279

QUATRIÈME PARTIE

LES DUNES DE L'EST. — LE SOUF.

www.ingramcontent.com/pod-product-compliance
Lightning Source LLC
Chambersburg PA
CBHW070900170426
43202CB00012B/2132